Foreign Market Entry Strategy

해외시장진출론

서민교 정갑연 공저

이프레스

머리말

최근 코로나 팬데믹 현상과 더불어 세계경제의 지속적인 저성장과 글로벌 공급망의 붕괴, 세계화의 쇠퇴와 미·중 간 그리고 한·일 간 무역마찰 등 대외무역환경이 한국기업에게 불리한 방향으로 전개되고 있다. 그동안 좁은 국내시장을 벗어나 해외시장에 높은 의존도를 보이는 한국경제는 더욱더 어려움을 겪을 것으로 예상되지만 이러한 위기를 극복하기 위해서는 보다 적극적인 글로벌 경영전략이 필요한 시점이라고 생각한다.

글로벌 시대에 기업은 국경을 초월한 경영과 경쟁을 해야 한다. 기업의 글로벌 경영은 국내와 다른 상이한 환경으로 인해 더 높은 위험부담을 갖게 된다. 이에 기업이 성공적으로 글로벌 경영을 하기 위해서는 철저한 사전준비와 치밀한 전략이 요구되며, 특히 해외시장에 진출하는 방안에 대한 이해와 관리가 매우 중요하다.

그동안 우리 기업들은 좁은 내수시장을 벗어나 더 큰 성장을 위해 필연적으로 해외시장에 진출할 수 밖에 없었으며, 성공적인 해외진출을 위해 효율적인 해외진출전략의 수립 및 집행이 중요하다고 생각한다. 보다 구체적으로 이를 위해 기업은 먼저 진출하고자 하는 해외 시장의 정치, 법률, 경제, 문화적 환경 등을 파악해야 하며, 그 다음에는 진출하고자 하는 해외시장에 대한 면밀한 조사가 필요하다. 해외시장 조사 후 기업의 내외부 역량 및 자원과 외부 상황 등을 고려하여 어느 해외시장에 언제, 어느 규모로 그리고 어떤 방식으로 진출해야 할지에 대한 의사결정을 내려야 한다. 이에 본서는 이와 같은 해외시장진출과 관련된 다양한 의사결정 분야를 살펴봄으로써 향후 해외시장에 진출하고자 하는 기업들의 성과 향상에 작게나마 도움이 되기를 기대하면서 저술되었다. 그리고 국제경영 또는 국제경제 분야에서 논의되었던 국제경영환경론·해외시장조사론·해외시장진출 및 사업론·해외지역경제 분야 등에서 해외시장진출과 관련된 내용을 선택과 집중의 원칙에 따라 정리하였다.

본서는 총 4부 14장으로 구성되어 있다.

제1부는 기업의 국제화와 해외시장진출론에 대한 이해로, 여기에서는 기업의 글로벌화와 촉진 요인, 그리고 다국적기업에 대해 살펴보고, 국제경영학과 해외시장진출론의 개념 및 특성을 파악하였다.

제2부는 해외시장환경과 해외시장조사에 대한 분석한다. 여기에서는 기업이 해외시장에서 경영활동을 하면서 겪게 되는 정치, 법률, 경제, 문화적 환경의 특성에 대해 분석하고, 해외시장조사의 중요성과 필요성, 그리고 해외시장조사의 과정에 대해 살펴보았다.

제3부는 해외시장진출 및 사업전략에 대한 이해로서 여기서는 기업이 해외시장에 진출할 때 고려해야 하는 요소와 진출과정에 대해 면밀하게 파악하고, 대표적인 해외시장진출전략인 수출, 라이선싱과 프랜차이징, 전략적 제휴, 해외직접투자에 대해 구체적으로 살펴본다.

마지막으로 제4부에서는 해외시장진출의 실제 사례를 분석한다. 여기서는 미국, 일본, 중국, 베트남, 인도 등 대표적인 선진국 시장과 신흥시장을 대상으로 각 시장의 특성, 시장진출장벽, 시장진출전략, 그리고 한국 기업들의 성공 및 실패사례에 대해 살펴보았다.

본서가 나오기까지 아낌없이 지원을 해주신 가족, 동료 교수님, 학생 등 모든 분들께 진심으로 감사드린다. 또한 본서의 편집과 출판에 수고해 주신 이프레스 출판사 관계자분들께도 진심으로 감사드린다. 저자들은 본서를 열심히 집필하였지만 많은 부족한 점들이 있음을 잊지 않고, 미흡한 부분은 향후 개정과정에서 수정 및 보완할 것을 약속드린다.

2020년 12월

저자 일동

차례

PART 04 해외시장진출의 실제 사례

01 PART

기업의 국제화와 해외시장진출론의 이해

Chapter 01 기업의 국제화와 다국적기업

Case 01 일본시장 현대자동차 진출 사례

현대자동차는 1967년 12월 29일 설립된 자동차 생산·판매 기업이다. 2018년 자동차 판매량 세계 5위의 회사로 세계 100대 브랜드 기업이자 울산, 아산, 전주공장을 비롯하여 유럽, 인도, 미국, 중국 등 해외에 생산·판매 법인을 두고 있는 다국적기업이다. 현대자동차의 해외진출 현황은 전 세계에 28개 생산 공장, 21개 해외 판매법인 및 지역본부를 두고 있다. 또한 글로벌 시대에 따른 해외인재의 적극적인 활용을 위해 6개국에 13개 거점의 R&D연구센터를 두고 있다. 현대자동차는 1976년에 수출을 시작한 이후 지속적으로 영업망을 해외로 확대시켜나가고 있다. 현대자동차는 4개 지역본부제를 도입하여 세계시장을 9개의 권역으로 구분해 경영활동을 펼치고 있다. 이러한 현대자동차의 글로벌한 조직망은 글로벌 시대에 자동차 산업을 선도하겠다는 전략을 의미한다고 볼 수 있고, 특정 시장에만 집중하기보다는 다양한 전략적 접근을 통해 해외시장을 개척하여 여러 국가에서 제품을 판매하기 위한 노력을 하고 있다. 현대자동차는 2000년도에 들어 진출을 보류했던 일본시장으로의 본격적인 진출에 나섰다.

일본 진출 당시 일본의 자동차 시장규모는 600만대 규모로 현대자동차의 글로벌 전략 달성을 위해 일본 자동차 시장의 진출은 필수적이었다. 현대자동차는 일본 진출 전 미국과 유럽의 자동차산업 선진국들로의 진출을 통해 축적해온 경험을 발판삼아 일본시장에서의 성공을 이루겠다는 야심찬 의도를 가지고 있었다. 특히, 일본시장 공략에 성공한다면, 전 세계에 현대자동차의 브랜드 이미지를 확고하게 구축시키는 계기가 될 수 있었다. 또한 일본의 자동차기업 도요타가 2001년 렉서스 시리즈를 통해 한국시장에 진출할 예정인 시점에서 현대자동차는 일본시장으로의 역(逆)진출을 통한 맞대응을 통해 일본자동차 기업들과의 글로벌 경쟁을 펼쳐보겠다는 의도도 있었다. 현대자동차는 2001년 1월 7일

일본에 현지 판매법인 Hyundai Japan 창립을 통해 야심차게 일본시장에 진출하였지만, 9년 동안 자동차 판매가 1만 5천대에 그치는 극심한 판매부진을 겪었으며, 투자대비 매출은 매달 수 십대 판매정도였다. 현대자동차의 일본 수입차시장 점유율은 0.54%에 그쳐 일본시장 진출결과는 비참했다. 결국 현대자동차는 2009년에 일본시장에서의 철수결정을 하게 되었다.

현대자동차가 일본시장에서 실패한 이유는 다음과 같다. 현대자동차가 진출한 일본은 진입이 어렵고, 소비자들이 까다로운 시장이다. 일본은 미국과 중국에 이어서 세계에서 3번째로 큰 내수시장을 가진 국가이지만, 소비자들이 다른 해외시장에 비해서 해외제품에 대해 부정적인 태도를 보인다. 일본 소비자들은 특유의 보수적인 문화와 민족성의 영향을 받아 해외제품보단 국산품을 선호하는 경향이 높다. 자동차 구매에 있어서도 수입자동차보다는 일본자동차를 구매하는 편이다. 통계적인 수치를 통해 살펴보더라도, 일본시장에 판매되는 자동차의 점유율은 일본 국산자동차가 85% 이상을 차지하고 있다. 시장점유율을 놓고 볼 때, 일본 자동차 시장은 외국자동차 기업들이 진입하기에는 대단히 어려운 시장이다. 일본은 자국의 자동차와 전자제품이 세계 최고라는 인식을 가지고 있고, 실제로도 뛰어난 품질의 제품들을 생산해내고 있다. 이런 일본시장의 특징을 생각해보면, 현대자동차의 일본시장 진출은 처음부터 어려움이 예상되었다고 평가할 수 있다.

또한 일본자동차 시장의 경우, 이미 독일의 선진 자동차 기업들이 진출한 상태였는데, 현대자동차의 글로벌 경쟁력은 일본시장에 진출한 독일의 자동차기업들에 비해서 턱없이 부족했다. 일본 소비자들을 만족시키기에는 현대자동차의 기술수준과 브랜드 이미지는 일본기업들과 독일기업들에 비해 낮았다고 사료된다. 특히, 일본은 서양문화에 대한 동경심이 많아 유럽기업 제품들에 대해서는 좋은 이미지를 가지고 있고, 이러한 사실 때문에 독일 브랜드의 자동차들이 일본시장에서 보다 쉽게 높은 인기를 구가하고 있다. 심지어 일본에서는 자국의 자동차 렉서스보다 독일의 벤츠와 Bmw를 더 높게 평가하고, 아우디, 폭스바겐 같은 자동차도 그에 못지않게 인기를 끌고 있다. 아시아 국가의 제품들을 다소 업신여기는 일본 소비자들의 특징상 현대자동차의 일본진출은 유럽기업들에 비해 불리했으며, 결국에는 낮은 시장점유율로 귀결되었다.

한국과 일본은 지리적으로는 가까운 나라지만 자동차 소비성향에서는 상이한 모습을 보인다. 이와 같은 관점에서, 제대로 된 면밀한 조사를 사전에 시행하지 않음으로써 일본 소비자들의 취향을 고려하지 않은 차종을 선정한 것이 현대자동차의 또 다른 실패원인으로 작용하였다. 일본시장에서의 자동차 수요는 대개 소형차와 경차로 이루어지고 있고, 특히 경차 비율은 무려 20%를 넘는다. 일본은 우리나라와 달리 660Cc 이하를 경차로 분류한다. 현대자동차는 일본의 경차에 해당하는 차량을 생산하지 않아 한국 소비자의 성향을 일본 소비자의 성향과 동질화시켜 중형차 차종을 필두로 일본에 진출하는 오판을 범하였다. 일본의 교통인프라 특성상 도로의 차선폭이 좁고 차고지 증명제 제도로 인해 각 가정집은 좁은 공간을 활용해 주차장을 확보한다. 이런 일본의 현지 환경을 생각해 보면 일본 소비자들이 왜 소형차와 경차를 애용하는지 명확해짐에도 불구하고, 그랜저나 소나타 같은 중형차를 주력으로 판매하고자 했기 때문에 자동차가 왜 일본시장에서 팔리지 않았는지 그 이유가 분명해진다.

Question

1. 현대자동차가 일본시장에서 굴욕을 맛볼 수밖에 없었던 이유들을 체계적으로 나열하시오.
2. 일본시장에서 성공하기 위한 현대자동차의 전략을 제시하시오.
3. 현대자동차가 글로벌 시장에서 성과를 견인하기 위한 전략을 특정 국가를 대상으로 하여 구체적으로 설명하시오.

1. 글로벌화란?

1) 시장의 글로벌화

세계무역기구(World Trade Organization: Wto)가 출범하면서 국가 간 무역 및 투자에 대한 정책이 완화되고, 통신 및 수송 수단의 급속한 발달, 세계적 미디어의 보급으로 인해 전 세계 소비자들의 기호가 유사해졌으며, 그 결과 시장의 글로벌화(Globalization)가 빠르게 진행되고 있다. 이러한 시장의 글로벌화에 맞춰 기업의 마케팅 및 생산도 급속하게 글로벌화되고 있다.

글로벌화에 대한 정의는 학자마다 상이할 수 있으나, 일반적으로 기업이 각 국가시장에 대해 다른 전략을 시행하기보다는 전 세계시장을 하나의 시장으로 보고, 동합된 전략을 수립하는 것을 의미한다. 글로벌화는 국제화와와 다르게 정의될 수 있는데, 국제화(Internationalization)가 국가단위로 시장이 구성되었던 상황에서 한 국가에 있던 기업이 다른 국가로 진출하는 것을 의미하는 반면, 글로벌화는 국경에 따른 시장구분이 없어졌다는 것을 뜻한다. 글로벌화된 환경에서는 제품 · 기술 · 서비스가 각국으로 자유롭게 이동하며, 인적자원과 자본의 흐름도 자유롭다.

시장의 글로벌화 현상으로 인해 글로벌 브랜드들이 우리 일상생활에 많이 퍼져 있다([그림 1-1] 참조). 예를 들어 신발시장의 경우 전 세계 신발 시장의 90% 이상을 나이키(Nike), 아디다스(Adidas) 등 글로벌 브랜드들이 지배하고 있다. 또한 패스트푸드(Fast Food)사장도 음식에 대한 소비자의 기호가 유사해 지면서 맥도널드(Mcdonald), 버거킹(Burger King) 등 글로벌 브랜드들이 전 세계 시장에 진출해 좋은 성과를 내고 있다. 의류시장도 국가 간 디자인의 선호도가 비슷해지면서 국내 브랜드 보다 자라(Zara), 유니클로(Uniqlo), 폴로(Polo) 등 글로벌 브랜드에 대한 선호도가 높아져 시장이 글로벌화되고 있다.

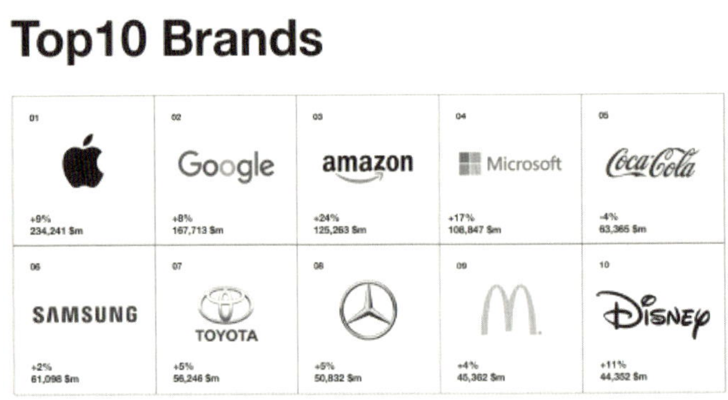

그림 1-1 ▌ Top 10 글로벌 브랜드(2019년 기준)

시장의 글로벌화가 빠르게 진행되면서 전 세계적으로 유사한 선호도와 구매 패턴을 보이는 글로벌 고객들이 제품별로 생겨나기 시작하였다. 즉, 국경을 뛰어넘어 전 세계 소비자들 사이에 제품별로 유사한 소비패턴을 보이는 고객들의 규모가 점차 커지고 있다. 예를 들어 자동차 시장의 경우 유사한 선호도와 구매패턴을 보이는 고객들이 전 세계에 하나의 시장으로 존재하고, 이 시장규모는 점차 확대되고 있다.

시장의 글로벌화로 인해 전 세계적으로 소비자들의 기호와 선호도가 통합되고,

글로벌 브랜드를 선호하는 고객들이 전 세계적으로 확산되면서, 기업들의 경영활동도 빠르게 글로벌화되고 있다. 과거에는 국가별로 차별화된 마케팅 활동을 수행하던 기업들이 이제는 전 세계시장을 대상으로 한 글로벌 마케팅을 활발하게 전개하고 있다. 예를 들어 삼성전자는 신제품 공개에 앞서 전 세계인들에게 생중계되는 제92회 아카데미 시상식에 새로운 폴더블 스마트폰인 '갤럭시 Z 플립'을 Tv광고로 선보였다. 또한 현대자동차는 뉴욕 타임스퀘어에 방탄소년단이 출연한 '글로벌 수소 캠페인' 영상을 최초로 공개하였다. 이 영상의 주제는 '아름다운 대자연이 삶에 주는 감동'이었는데, 영상 속에서 방탄소년단 멤버들이 각각 파란 하늘, 첫눈, 숲, 파도 등을 배경으로 자연의 메시지를 담은 손 글씨를 쓴 후 현대자동차의 수소전기차인 '넥쏘'가 등장한다. 이는 향후 현대자동차가 그려나갈 미래 수소 사회에 대한 비전과 노력을 전 세계 소비자들에게 각인시키기 위한 것이다([그림 1-2] 참조).

그림 1-2 **삼성전자와 현대자동차의 글로벌 브랜드 광고**

시장의 글로벌화가 과거에는 소수 제품에 국한되었지만, 최근에는 많은 제품으로 확산되고 있다. 또한 소비재보다는 산업재가 보다 활발하게 이루어지고 있다. 소비재 시장에서는 국가별로 소비자의 기호와 선호도가 다른 제품이 많이 있지만, 기업을 대상으로 하는 산업재는 전 세계적으로 제품의 디자인 및 사양이 표준화되고 있기 때문에 시장의 글로벌화가 손쉽게 이루어지고 있다. 예를 들어 원유, 밀 등과 같은 원자재 시장과 반도체, 철강, 컴퓨터 소프트웨어 등과 같은 산업재 제품은 전 세계적으로 글로벌 시장이 형성되어 있다.

많은 제품시장에서 시장의 글로벌화로 인해 과거 역사적 배경이 전혀 다르고, 분리되어 있던 국가별 시장들이 하나의 거대한 글로벌 시장으로 통합되고 있으며, 글로벌 고객의 존재가 전 세계적으로 확산되고 있다.

2) 생산의 글로벌화

시장의 글로벌화와 동시에 일어나는 변화는 생산의 글로벌화로 과거에는 제품을 개발한 국가에서 주로 생산이 이루어졌지만, 이제는 세계 각지에서 생산 활동이 수행되어 전 세계로부터 제품 및 서비스의 공급이 이루어지고 있다. 생산의 글로벌화는 국가 간에 존재하는 생산요소(노동, 자본, 토지 등)의 가격과 품질의 차이를 활용하여 전 세계 여러 국가에서 제품 및 서비스를 공급하는 추세를 의미한다. 예를 들어 미국 보잉사의 보잉777항공기는 제작을 위해 8개의 일본 기업들이 동체, 출입장치, 날개를 생산하여 공급하였으며, 싱가포르에 있는 부품업체가 앞바퀴 착륙장치 개폐기, 이탈리아의 부품업체가 보조날개를 공급하였다. 그 결과 보잉777항공기의 약 30%의 부품은 해외 협력업체들에 의해 생산·공급되었다([그림 1-3] 참조). 보잉사는 부품의 글로벌 소싱을 강화하여 가장 최신 기종인 787 항공기의 생산에서 전체 가치의 65%를 전 세계의 부품업체로부터 조달할 계획에 있다. 이러한 생산의 글로벌화는 대체로 제조업 분야에 국한되어 있는 것이 사실이다.

최근 인터넷의 발달로 인해 서비스 분야에서도 비용이 저렴한 국가에서 원자재 및 부품을 공급받고 있다. 예를 들어 Ibm을 포함한 미국 소프트웨어 기업들은 미국에서 디자인하여 개발한 소프트웨어의 유지 보수 기능을 인도의 엔지니어들에게 맡기고 있다. 이들 기업들은 미국과 인도의 시간 간격을 이용하여 미국의 밤 시간 동안 미국에서 개발한 소프트웨어를 인도에서 교정하는 작업을 수행하도록 하고, 교정된 소프트웨어를 인터넷을 통해 미국으로 전송하여 미국에서 다음 날 작업할 수 있게 한다. 이와 같이 제품개발 및 생산 활동을 전 세계적으로 배치하여 새로운 제품개발에 드는 시간과 비용을 대폭 감축시킬 수 있다.

그림 1-3 ▌ 보잉 777항공기 제조 공정

2. 글로벌화를 촉진시키는 요인

글로벌화를 촉진시키는 요인에는 크게 규모의 경제, 기술진보, 소비자 수요의 동질화, 무역장벽의 감소 등이 있다.

1) 규모의 경제

글로벌화를 촉진시키는 첫 번째 요인은 무엇보다도 자본집약적인 생산방식과 규모의 경제(Economy Of Scale)가 점점 더 중요해진다는 사실이다. 전 세계적으로 거의 모든 산업에서 나타나는 가장 두드러진 변화 중의 하나는 생산방식이 점차 노동집약적인 생산방식에서 자본집약적인 생산방식으로 전환하고 있다는 것이다. 따라서 거의 모든 산업에서 인간의 노동력이 자동화된 기계, 로봇, 컴퓨터로 조작되는 정밀기계로 대체되고 있다. 예를 들어, 자동차 산업 전체 자동차생산비용 중에서 노동자 임금이 차지하는 비중은 미미하며, 이 비율은 계속 낮아지고 있다.

이와 같이 모든 산업에서 노동 임금이 차지하는 비중은 점차 줄어들고 있으며, 이러한 상황은 전자, 철강, 화학 산업 등에서도 두드러지게 나타나고 있다.

이와 같이 노동비용은 점차 감소하는 반면에 자본비용이 차지하는 비중은 크게 증가함에 따라서 규모의 경제도 커지게 된다. 자본재에 대한 막대한 투자를 회수하기 위해서는 대규모 생산체제를 갖추지 않으면 안 된다. 따라서 이 같은 산업에서 기업들은 단지 내수시장의 수요만으로는 자본재에 대한 막대한 투자를 감행하기가 어렵기 때문에 전 세계 시장의 수요를 목표로 삼고 자본재에 대한 투자를 한다. 예를 들어, 소비내구재, 자동차, 항공기, 전기, 전자, 철강, 화학 산업들은 모두 자본집약적인 산업으로 전 세계적으로 소수의 다국적기업들이 지배하고 있는 산업이다.

2) 기술진보

글로벌화를 촉진시키는 또 하나의 요인은 빠른 기술진보와 함께 이를 가능하게 하는 연구개발(R&D)투자에 있다. 예를 들어, 첨단산업이라고 할 수 있는 전자, 통신, 컴퓨터, 정밀화학, 의약품 제조 산업 등에서 총매출액 중 연구개발비용이 차지하는 비율은 높게는 15~30%까지 이른다. 이와 같이 연구개발비용이 많이 투자되는 사업에서 국내시장의 수요만으로는 그처럼 높은 연구개발비를 충당하기가 힘들다. 이와 같은 첨단산업에서는 전 세계시장을 염두에 두고 신제품개발과 판매를 하여야 지속적으로 연구개발에 투자를 할 수 있다.

예를 들어 화학 산업에서는 1980년대 이후부터 정밀 화학분야가 각광받기 시작했다. 일반기초석유화학분야에서는 전체 매출에서 연구개발이 차지하는 비중이 2~3%에 불과한 반면, 정밀 화학분야에서의 연구개발비용은 총매출의 9~10%까지 달하고 있다. 더 나아가 의약품산업에서의 연구개발투자비용은 전체매출액의 20~30%까지 높아지게 되었다. 따라서 1980년대 후반부터 화학 산업 및 의약품산업에서 급속도로 글로벌화가 진행되어 많은 기업들이 해외진출을 꾀하였고, 또한 화학 산업 내 기업들 간에 국제적인 인수합병이 활발히 이루어졌다. 이는 대규모의 연구개발투자를 할 수 없는 기업들은 외국의 대형 다국적기업들에게 인수됨으로써 예전의 각 개별기업들로서는 수행하기 힘들었던 대규모의 자금이 소요되는 연구개발투자가 가능해졌음을 의미한다.

3) 소비자 수요의 동질화

앞서 글로벌화의 요인으로서 살펴본 자본집약적 생산방식과 기술발달 그리고 연구개발비의 증가로 인한 '규모의 경제'의 확대는 글로벌화를 촉진시키는 필요조건은 될지 모르지만 충분조건은 되지 못한다. 글로벌화의 가장 큰 요인 중 하나는 과거 이질적이었던 각국의 소비자와 기호가 점차 동질화되어 간다는 점이나. 코카콜라와 펩시콜라가 진 세계직으로 각광을 받는 청량음료기 되고, 맥도날드 햄버거가 러시아에서도 성공하고 있는 것은 그만큼 젊은 세대를 중심으로 소비자의 수요나 구매행태가 동질화되고 있다는 것을 의미한다.

이와 같은 소비자 수요의 동질화를 이루게 한 것은 다름 아닌 커뮤니케이션 기술의 발전이다. 예를 들어 오늘날의 젊은이들은 인터넷을 토대로 전 세계적으로 동시에 접속 가능한 페이스북(Facebook)과 같은 커뮤니케이션 매체를 통해 점차 동질화된 취향을 갖게 된다. 이를 통하여 미국에서 발표된 신곡도 한국이나 유럽, 일본 등 모든 국가의 젊은이들이 동시에 듣고 즐길 수 있게 된 것이다. 또한 새롭게 유행하는 패션도 며칠 간격으로 전 세계적으로 퍼져 나가고 있다. 그 결과 전 세계의 모든 사람들이 동일한 것을 보고 느끼고 경험할 수 있게 되었다. 이와 같은 커뮤니케이션 기술의 발달은 전 세계적으로 소비자 수요의 동질화를 촉진시켰고, 결국 기업들은 과거와는 달리 전 세계를 단일시장으로 보고 빠른 시간에 전 세계 소비자들의 수요에 부응할 수 있는 제품을 만들어야 성공할 수 있게 된 것이다.

이러한 소비자 수요의 동질성은 과거의 국제화에서의 역할과 크게 다르다. 과거에는 다국적기업이 우선 선진국에서 제품을 개발한 후 이 신제품이 점차 표준화되고 가격이 하락함에 따라 저개발국가로 이동하는 제품수명주기이론(Product

Life Cycle Theory)을 따라서 활동하였다. 이러한 이론은 후진국의 소득이 높아짐에 따라서 선진국의 수요패턴을 모방한다는 가정 하에 성립되었다. 그러나 최근의 경향은 소비자의 수요가 커뮤니케이션 기술에 기반 하여 전 세계적으로 동시화되고 있다. 인터넷시대에 제품수명주기이론과 같이 현재의 상황에 맞지 않는 낡은 이론에 기초하여 기업의 전략을 수립할 경우 전 세계에서 동시다발적으로 신제품을 내는 기업에 비해 시장진입이 늦을 뿐만 아니라, 그 결과 높은 마진도 보장받을 수 없게 된다.

수요의 동질성이 심화되는 또 하나의 이유는 전 세계적인 구매력의 증가이다. 경제 개발을 이룩한 신흥공업국의 국민들은 소득수준이 향상됨에 따라 선진국에서 생산되는 제품을 소비하려는 경향이 있다. 이들은 높은 교육수준과 소득수준을 보유하게 되면서 글로벌 제품을 구매·소비할 수 있는 능력을 갖추게 되었다. 이처럼 소비자 수요가 빠른 속도로 동질화되어 간다는 점은 산업과 경쟁의 글로벌화를 촉진시키는 중요한 요인이 되고 있다.

4) 무역장벽의 감소

마지막으로 전 세계적으로 무역장벽이 낮아지고 있으며, 자본의 이동도 자유로워지고 있다는 점에서 글로벌화는 보다 급속히 진행될 것으로 보인다. Wto체제의 출범에 따라서 각국에서 무역장벽이 제거되고 있으며, 지적재산권에 대한 보호도 강화되고 있어 기술이전도 과거보다 훨씬 자유로워졌다. 자본시장 역시 개방되어 국가 간 자본이동이 전 세계적으로 활발하게 일어나고 있다. 이상의 생산설비에서의 규모의 경제, 높은 R&D비용, 수요의 동질화, 무역장벽의 감소 등은 글로벌화를 촉진시키고 있다. 기업의 글로벌화를 촉진시키는 요인들을 종합해 보면 다음 〈표 1-1〉과 같다.

표 1-1 ▎ 기업의 글로벌화 촉진요인

1. 국제무역환경의 자유화	2. 기술의 발전
• 보호무역장벽의 감소 • 사회주의 경제의 개방	• 커뮤니케이션 • 정보 가공기술 • 수송기술
3. 통신수단의 발전	**4. 소비자기호의 동질화**
• 국제 조정 및 통합 능력의 향상 • 국제적 정보탐색능력의 증대 • 정보지식의 국제교류 확대	• 제품의 현지적합성 증가 • 국제적 단일시장의 증가

3. 다국적기업

1) 다국적기업의 정의

글로벌화된 산업에서는 제품, 기술, 서비스가 각국으로 자유롭게 이동하며 인적자원과 자본의 흐름도 자유롭게 이루어지고 있다. 이렇게 국제무역에 의하여 제품과 서비스가 이동할 뿐만 아니라, 기술 및 자본과 인적자원 등 생산 요소의 이동도 자유롭게 되는 것은 세계 각국에 직접투자형식으로 자회사를 설립한 다국적기업들에 의해서 활발하게 이루어지고 있다. 다국적기업(Multinational Corporation)에 대한 정의는 학자마다 상이할 수 있으나, 원래 의미대로 해석하면 "두 개 국가 이상에서 현지법인을 운영하고 있는 기업"이면 모두 다국적기업이라고 부를 수 있을 것이다.

또한 다국적기업을 정의함에 있어서 그 기업의 활동 내지 성과로 나타나는 몇 가지 척도들을 기준으로 할 수 있는데, 주로 해외자회사의 수와 총 사업에서 해외사업이 차지하는 비율 등이 가장 널리 사용되고 있다. 해외자회시의 수를 기준으로 다국적기업을 정의한 대표적인 예는 다국적기업에 대한 많은 실증적 연구를 남긴 하버드대학의 연구프로젝트를 들 수 있는데, 이들은 6개 이상의 해외자회사를 가진 기업을 다국적기업으로 정의했다. 총 사업 중에서 해외사업이 차지하는 비중은 생산액, 매출액, 자산, 고용자수 등의 기준이 적용되며, 일정수준(예를 들어 20%) 이상의 해외사업 비중을 가진 기업을 다국적기업으로 정의한다.

다국적기업의 정의는 학자에 따라 강조점을 두는 측정 기준들이 이질적이기 때문에 정의가 상이하다. 또한 각각의 정의 모두 그 자체로 이론적인 타당성을 지니고 있으면서도 한계점을 동시에 가지기 때문에 다국적기업에 대한 어떤 독립적이고 포괄적인 개념정의를 정립하는 것은 용이한 일이 아니다. 따라서 어떤 기업이 다국적기업으로 분류되고 인정받으려면 대체로 다음과 같은 몇 가지의 공통기준을 만족시킬 수 있는 기업이라야 한다.

① 적어도 2개국 이상에서 해외자회사를 가진 기업으로서 그 자회사들이 본사에 의해 계획, 통제되는 기업이라야 한다.
② 총자산, 판매고, 이익, 종업원 등의 상당한 비율이 해외기업경영에서 이루어지는 국제성을 가진다.
③ 이러한 객관적 기준들과 관련하여 그 기업이 시장과 이익을 추구함에 있어서, 경영층의 사고와 활동이 국제적인 관점과 시야에서 이루어진다.

다국적기업은 해외직접투자(Foreign Direct Investment)에 의해서 형성된다. 해외직접투자는 다른 나라에 투자를 하여 생산 또는 판매자회사를 설립하는 것을 의미한다. 다국적기업은 이와 같은 수많은 해외직접투자활동을 통해서 각국에 활동거점을 확보한 후 이들 자회사와 본사를 연결한다. 해외직접투자의 대상 국가는 과거에는 주로 선진국을 중심으로 일어나고 있었으나, 개발도상국에 대한 다국적기업의 투자가 꾸준하게 증가하는 추세를 보이고 있다. 특히 이들 미국, 유럽, 일본을 중심으로 한 다국적기업들이 트라이어드(Triad) 외의 지역, 특히 신흥개발국 등에 해외직접투자를 함으로써 다국적기업화의 정도가 더욱 심화되는 현상을 보여주고 있다.

이와 같이 다국적기업이 경제활동에서 차지하는 비중은 날로 커지고 있지만 다국적기업을 보는 시각이 항상 긍정적인 것은 아니었다. 과거의 다국적기업은 거대하고 무자비하며 국가에 대한 충성심도 없는 기업으로 생각되어 왔다. 이들 다국적기업은 과거 저개발국에 진출하여 자원을 탈취하고, 노동력을 착취했으며 더 이상 그 나라에 투자할 가치가 없으면 미련 없이 떠났던 전례를 갖고 있다. 또한 다국적기업들이 저개발국의 정부를 매수하거나 배후에서 조정 하는 것과 같은 역할을 했던 것도 사실이다. 예를 들어 서구의 주요 석유회사들은 과거 중동지역에 친미적 성향을 가진 정부가 입각하도록 쿠데타를 지원하기도 했고, 반 서방노선을 취하는 국가에 대해서는 게릴라활동을 지원하기도 했다. 또한 이들 다국적기업들은 저개발국가에서 자신의 기업경영활동을 원활히 수행하기 위하여 뇌물을 주는 것을 서슴지 않았고, 그에 따라 다국적기업이 제3세계의 부정부패의 원흉이 되었다는 지적을 받았었다. Vernon은 일찍이 'Sovereignty At Bay'라는 저서를 통해서 다국적기업들이 제3세계 국가들의 주권을 짓밟고, 또한 자신의 본국에게도 충실하지 않는 국적이 없는 기업의 성격을 가지고 있음을 통렬히 비판하였다.

이러한 다국적기업에 대한 부정적 시각은 비단 과거의 현상으로만 볼 수는 없다. 예를 들어 스위스의 Nestle는 총자산과 매출의 대부분이 해외에서 일어나나, 스위스에서 고용하는 종업원은 극히 일부에 불과하다. 이러한 점에서 볼 때 과연 Nestle가 스위스 기업인가 하는 점에서는 의문을 가질 수밖에 없다. 최근에는 이러한 현상을 가리켜 더 이상 순수한 의미의 다국적기업은 존재하지 않고 국가라는 경계를 초월하는 존재로서의 초국적기업 또는 무국적기업(Transnational Corporation)으로 부르기도 한다. 이는 더 이상 다국적기업이 국가라는 경계를 의식하지 않고, 세계시장을 하나의 대상으로 해서 경제활동을 펼친다는 의미이다.

이와 같이 세계경제가 글로벌화되고 모든 기업들이 다국적기업 또는 더 나아가서 초국적 기업화되는 상황에서 우리가 과거에 다국적기업에 대해 가졌던 부정적인 시각으로 인해 다국적기업의 필요성을 잘못 이해해서는 안 될 것이다. 물론 최근의 영국의 Eu탈퇴, 미국 트럼프대통령의 자국우선주의 정책 등으로 일시 보호무역주의가 부상하고 있으나, 세계경제의 글로벌화는 피할 수 없는 시대적 조류이며 이러한 경제 환경의 글로벌화에 따른 기업들의 다국적기업화 또는 초국적기업화 현상 역시 피할 수 없는 시대적인 조류인 것이다.

미국 경제전문지 〈포춘〉이 매년 매출액 기준으로 세계 대기업 500개 순위를 선정하여 발표하고 있다. 세계 500대 기업은 2018년에 매출 32조 7000억 달러(39,698조 원)의 매출(Revenues)과 2조 1500억 달러(2,610조 원)의 수익(Profits)을 창출했다. 상위 500대 기업은 전 세계적으로 6,930만 명의 직원을 고용했으며 34개국으로 〈포춘지〉가 선정한 2019년 다국적기업의 순위를 살펴보면 다음 [그림 1-4]와 같다.

순위	기업		국가	연평균 매출액	순위변동 (진년대비)
1	Walmart	월마트		5,144억 달러	-
2		중국석유화공		4,146억 달러	1↑
3		로열 너지 쉘		3,965억 달러	2↑
4		중국 석유		3,929억 달러	-
5		국가전망공사		3,670억 달러	3↓
6		사우디 아람코		3,559억 달러	-
7		비피(BP)		3,037억 달러	1↑
8	Exxon	엑슨 모빌		2,902억 달러	1↑
9		폭스바겐		2,783억 달러	2↓
10		도요타		2,726억 달러	4↓
11		애플		2,655억 달러	
12		버크셔헤더웨이		2,478억 달러	2↓
13	amazon	이미존		2,328억 달러	5↑
14		유나이티드헬스그룹		2,262억 달러	1↑
15		삼성전자		2,215억 달러	3↓

그림 1-4 ▌ 2019년 포춘 글로벌 500대 기업

2) 다국적기업의 행태적 특성

펄뮤터(H.V. Perlmutter)는 다국적기업을 정의함에 있어서 세계 여러 나라에서 현지생산을 많이 하는가? 또는 해외매출비중이 높은가? 등과 같은 것으로 볼 수 있으며, 계량화할 수 있는 지표로는 진정한 의미에서의 국제화를 나타내지 못한다고 하였다. 그에 의하면 결국 다국적기업이란 하나의 생동적 현실(Living Reality)이므로 그 경영층이 세계를 대상으로 하는 기업경영을 행함에 있어서의 생각하는 방식, 즉 사고 상태가 무엇인가를 분석하는 것이 다국적기업을 가장 올바르게 정의하는 것이라고 볼 수 있다는 것이다. 따라서 그는 경영자가 어떤 생각, 어떤 태도 또는 행동으로 임하는 것인가가 특정기업체의 다국적성을 판정하는 결정적 중요성을 지닌다고 말하면서, 기업을 본국지향형(Ethnocentric), 현지지향형(Polycentric), 세계지향형(Geocentric) 기업으로 구분하였다.

먼저 본국지향형 기업은 본국의 사고방식, 가치관, 회사운영방법들을 그대로 해외에 나가서 적용하려는 태도를 갖는다. 이 형태의 경우 주로 본국 시장수요를 충당하기 위해 해외활동을 하며, 해외활동은 본사의 생산 활동에 부수되는 부차적인 사업 활동이다. 따라서 현지국 자회사에 대한 경영통제권은 본사에 귀속되며 본사가 사용하는 제반 경영전략이 별다른 수정 없이 현지국 시장에 그대로 적용된다.

다음으로 현지지향형 기업은 의사결정에 있어서의 권한, 의사소통방법, 인원구성 등의 여러 조직과 경영면에서 경영자들이 자회사 중심적인 태도를 가지는 경우이다. 유럽이나 미국의 기업들은 과거 현지국에 진출한 후, 그 나라에서의 활동은 모두 현지관습에 맞추어 임하도록 하였다.

마지막으로 세계지향형 기업은 경영자가 전 세계를 하나의 활동무대로 보며, 특정국에 구애받지 않는 태도를 가진 기업으로 펄뮤터는 진정한 의미의 다국적기업은 이런 형태의 기업이라고 주장했다. 세계지향형 기업은 본국과 현지국에 보편적으로 사용될 수 있는 경영방법을 모색하고, 전 세계를 무대로 합리적인 경영전략을 수립하고, 이러한 전략을 현지국에서 수행할 때 현지조건에 맞추어 수정하려는 태도를 지닌다. 또한 직원채용에 있어서도 국적에 관계없이 가장 능력 있는 사원을 적재적소에 배치한다. 세 가지 형태의 기업을 다양한 측면에서 자세하게 비교하면 다음의 〈표 1-2〉와 같다.

표 1-2 ▌ 행태별 기업의 분류 및 특성

	본국지향형(Ethnocentric)	현지지향형(Polycentric)	세계지향형(Geocentric)
조직의 복잡성	본사에서 복잡하나 자회사에서는 단순	다양하고 독립적	세계시장에 기반을 둔 고도의 상호 의존적인 복합형태
권한 및 의사결정	본사 중심	비교적 본사의 권한이 적음	본사와 전 세계 자회사의 공동참여에 의한 의사결정
평가 및 통제	본사 기준에 의한 평가	현지국 시장중심으로 결정	전 세계 및 지역적으로 결정
의사소통	본사가 자회사에게 주로 명령	본사로부터의 간섭이 거의 없으며, 자회사 간의 정보교환도 없음	본사 및 자회사간 활발한 정보교환
조직원의 국적	본사국 국적이 절대 다수임	현지국의 국적이 많음	범세계적인 국적구성
인사관리	전 세계 요직에 본국 인재 배치	현지국 국민을 중용	국적에 관계없이 최적의 인물 중용

토의문제

1. 시장 및 생산의 글로벌화의 개념 및 특성에 대해 설명하시오.
2. 글로벌화를 촉진시키는 요인들에 대해 설명하시오.
3. 다국적기업의 정의와 행태적 특성에 대해 설명하시오.

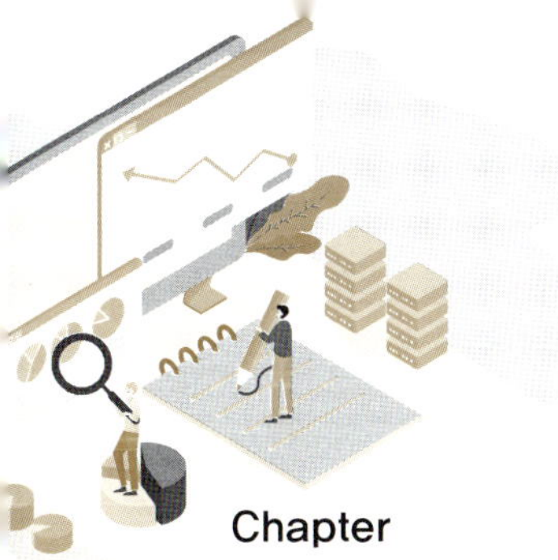

Chapter 02 국제경영학과 해외시장진출론의 이해

Case 02 현대아산 금강산 관광 사례

세계에서 가장 진출하기 어려운 시장을 꼽으라면, 북한일 것이다. 북한은 세계와 교류를 단절하고 있는 폐쇄적인 국가이며, 국제사회와 역행하는 모습을 보이고, 범국가적 제제를 받고 있는 나라이다. 최근 북핵 폐기, 판문점선언 등 국제사회와 다시 교류하는 모습을 보이고 있지만, 여전히 정치적, 경제적 위험이 높아 투자를 감행하기 어려운 환경을 가지고 있다. 북한은 전반적으로 산업 기반은 물론 사회간접자본 역시 낙후되어있다. 상황적 여건 즉, 남북한의 통일, 최소한 남북한 간의 정세가 지속적으로 안정적인 상황이 온다면 반드시 개발이 이루어질 것이고, 개발과 관련된 각종 사업은 많은 경제적 효과를 창출할 것이다. 반면, 안정적인 상황이 오지 않는다면, 국제제재를 받고 있는 북한과 실질적이고 실효적인 사업을 진행하기 어렵다. 이러한 북한의 특수한 환경에도 불구하고 과거 북한으로부터 사업권을 획득하여 적극적인 투자에 나선 기업이 있다. 바로 '현대아산'이다.

현대아산은 1998년 금강산 관광 사업권과 더불어 사회간접자본사업권을 확보했다. 그리고 '금강산관광사업에 관한 합의서'를 통해 금강산관광지구 내에서의 면세특혜, 간편한 출입절차 보장, 시설관련 건설 및 운영 등에 관한 관계기관의 협력 보장 등, 북한으로부터 특혜를 받았다. 그러나 독점적 금강산 관광 사업권을 얻는 비용으로 9억 4,000만 달러에 이르는 비용을 북한에 지불해야 했다. 북한에 대한 사업은 단순 관광과 개발로써 창출되는 이익만을 보고 현대아산이 나선 것은 아니다. 남북 관계가 악화되면 언제든지 사업에 악영향을 미칠 것이라 예견할 수 있었기에 오히려 금강산 관광은 사업성 측면에서는 많은 부담이 예상되었던 사업이다. 그럼에도 불구하고 대북 사업은 한 기업이 행하는 비즈니스 차원을 넘어 국가 정책의 성격을 가지고 있으며, 더불어 남북관계 발전이라는 민족적 소망을 담보해 낼 수 있는 의미 있는 사업이었다. 또한 통일이후의 상황을 고려하여 장기적인 시각으로 바라볼 필요도 있었다. 물론 이런 사업이 기업의 이미지에 유리하게 작용할 것과 정부가 추진하는 남북관계 개선에 협력함으로써 얻을 수 있는 정부의 공로인정 등 다양한 부수적 이익 역시 고려되었을 것이다.

현대아산의 금강산 관광 사업은 관광에 필요한 시설을 건설하는 것으로 시작 했다. 관광객을 유치하기에는 금강산 지역의 기반 시설이 부족했기 때문이다. 현대아산은 해로(海路) 관광을 위해 7,200만 달러를 들여 금강산 장전항 전용부두를 준공하였다. 또한 육로 관광이 가능하도록 금강산 지역의 도로 포장 공사에 착수했고, 금강산 호텔 및 외금강 호텔 신축 공사 등 금강산 지역의 숙박시설에도 투자를 아끼지 않았다. 1998년 11월 금강산 관광선 '금강호'가 처음으로 출항을 하며, 금강산 관광이 본격적으로 시작되었고, 2003년에는 금강산 육로 관광이 개시되었다. 2005년까지 금강산 지역 온천장, 문화회관, 해금강호텔, 해수욕장, 부대시설 및 안내시설 확충 등 약 1억 2,600만 달러의 대규모 시설 투자가 행해짐에 따라 금강산은 더욱 관광지로서 활기를 띠게 되었고, 2007년에는 관광의 허용 지역이 내금강으로 확대되었다. 금강산 관광객 수는 1999년 약 15만 명이였던 것이 2007년에는 약 34만 명까지 증가하였으며, 10년간 누적 관광객 수는 193만 명에 이르렀다.

〈금강산 관광객 현황〉

	'98-'99	2000	2001	2002	2003	2004	2005	2006	2007	2008	2009	계
해로	158,628	213,009	57,879	84,727	39,902	449	–	–	–	–	–	552,998
육로					34,432	267,971	298,247	234,446	345,006	199,966	–	1,381,664
합계	158,628	213,009	57,879	84,727	74,334	268,420	298,247	234,446	345,006	199,966	–	1,934,662

출처: 통일부(2010). 남북교류협력 분야 통계자료.

그러나 금강산 관광의 실질적인 수익성에 대해서는 앞에서도 우려했듯이 부족함이 많았다. 관광객 수는 증가 추세였으나 현대아산이 기존에 예상 했던 수보다는 적었고, 금강산 관광 초기의 개발 비용과 북한에 지불해야하는 관광 대가는 지속적인 수익성의 악화를 초래했다. 현대아산은 금강산 관광과 관련하여 막대한 적자를 기록하였고, 2000년도에 이르자 초기 4,500억 원에 이르는 자본금은 잠식되어 버렸으며, 북한에 매월 지불해야 하는 1,200만 달러의 관광 대가를 주지 못하는 사태도 발생했다. 2002년까지 현대아산은 7,600억 원이 넘는 적자를 시현했으며, 정부의 적극적인 지원 없이는 더 이상 사업을 진행할 수없는 상황에 처하게 되었다.

2001년 현대아산과 북한과의 합의하에 한국관광공사가 금강산관광사업에 참가하여 현대아산 측이 밀린 관광 대가 비용 2,200만 달러를 대납해 줌으로써 금강산 관광사업이 지속될 수 있었다. 한국관광공사는 현대아산의 경영악화를 해결하기 위해 남북협력기금을 활용하여 450억 원 규모의 대출을 해주고, 금강산 관광사업에 844억 원을 투자하는 등 현대아산에 적극적으로 협력하였다. 한국관광공사 외에도 통일부 또한 금강산 관광객 수를 늘리기 위해 선생님과 학생(초, 중, 고, 대)들을 대상으로 2002년부터 관광경비를 지원하기로 결정하였다. 정부의 전폭적인 지원 하에 금강산 관광은 조금씩 활기를 보였고, 현대아산은 2005년 처음으로 50억에 이르는 흑자를 기록했다.

그러나 2008년을 기점으로 금강산 관광은 상황이 급변한다. 정권이 민주정부에서 보수정당으로 교체되면서 정부의 대북관에도 변화가 생겼으며, 결정적으로 금강산 관광객 피격 사건이 발생하여, 관광객이 사망함으로서 금강산 관광은 중단되었다. 이 사건을 계기로 남북 관계는 급속도로 경색되었고, 현대아산은 금강산 관광 중단으로 인한 영업 적자를 떠안게 되었다. 또한 북한이 일방적으로 12.1조치를 통보하고, 남북의 육로 통행을 제한해 버리면서 금강산 관광의 정상적 운영은 더욱 어려워졌다. 비록 이 조치는 다음 해인 2009년에 해제되지만, 2010년 '천안함' 폭침 사건이 발생하고, 이로 인해 대한민국 정부의 '5.24 대북 제재 조치'가 선포되면서 남북 관계는 걷잡을 수없이 경색되었다. '5.24 조치'는 남북교역 중단, 대북 지원 사업 보류 등의 내용을 담고 있지만, 개성공단과 금강산의 방북은 허가하는 등, 금강산 관광의 재개에 실낱같은 희망을 남겨놓았으나 현실적 여건은 여의치 않았다. 이후로도 북한의 연평도 포격 사건, 북핵 추가 실험 등 남북 관계는 나날이 험악해졌는바, 급기야 2011년 4월 북한이 '금강산국제관광특구법'을 발표하며 한국의 금강산 관광을 제한하고, 현대아산의 금강산관광사업의 독점권을 취소, 자산을 몰수함에 따라 사실상 현대아산의 금강산 사업은 종료되었다. 게다가 북한과의 합작 사업을 금지하는 내용이 포함되어있는 Un안보리의 대북 제재 결의안이 발효되어 남·북 정부 간의 규제뿐만 아니라 전 세계적 전방위 규세가 북한에 행해졌다. 사업의 강제적인 종료로 현대아산은 천문학적인 매출 손실을 입게 되었고, 정부가 남북 경제 협력을 하는 기업에게 남북 협력 기금을 활용하여 낮은 금리로 차관을 제공하는 등 자금을 지원하였으나, 사업의 정상화가 이루어지기 전까지 현대아산의 부진은 지속될 전망이다. 최근 남북한 간에 평화 분위기가 조성되고 있기 때문에 금강산 관광과 개성공단을 비롯하여 중단되었던 남북 협력 사업이 재개될 수 있을 것이란 전망이 나타나고 있다.

Question

1. 남북한 간 교류협력과 투자가 국제경영에 어떠한 영향을 미치지는 지를 설명하시오.
2. 남북한 간 교류협력과 투자가 한반도 평화에 기여하는지, 한반도 통일은 어떠한 긍정적인 효과가 있는지를 설명하시오.

1. 국제경영

1) 국제경영의 의미

국제경영이란 두 개 이상의 국가와 관련하여 이루어지는 모든 기업 활동 또는 이를 경영하는 활동을 말한다. 즉, 기업의 모든 경영활동이 국내에서만 이루어지지 않는다면, 이 기업은 국제경영에 참여하고 있다고 할 수 있다. 오늘날 거의 대부분의 기업들은 직·간접적으로 국제경영활동과 관련되어 있으며, 일반인들의 일상생활 역시 기업의 국제경영활동과 밀접하게 연관되어 있다. 원자재나, 부품, 완제품 등을 해외에서 직접 또는 다른 기업들은 통해 조달, 판매하는 것은 물론 국내에서 생산하여 국내에서 판매하더라도 해외에서 수입된 제품과 경쟁할 수밖에 없기 때문이다. 다시 말해 세계 경제의 개방화와 글로벌화가 진전되면서 수출, 해외직접투자 등과 같이 기업이 직접적이고, 가시적인 국제경영활동에 참여하지 않더라도 해외시장의 동향이나, 외국기업의 활동에 직·간접적으로 노출되어 있다는 점에서 오늘날 대부분의 기업들은 국제경영활동을 하고 있다고 할 수 있다.

대표적인 국제경영활동의 형태는 수출입과 해외직접투자 등을 통해 해외에 진출하는 활동이다. 이외에도 라이센스 및 프랜차이징, 턴키(Turnkey)계약 등의 계약방식, 관광, 수송, 보험 등의 각종 국제 서비스 활동도 국제경영의 주요 형태라 할 수 있다.

국제경영활동은 일반 민간기업은 물론 국영기업에 의해서도 수행된다. 물론 민간기업은 영리를 목적으로 국제경영 활동을 하지만, 국영기업은 반드시 영리를 목적으로 하지는 않는다. 모든 기업은 다양한 형태의 국제경영 활동 중 일부를 부분적으로 하고 있지만, 일반적으로 국제경영 활동을 하는 모든 기업을 다국적 기업이라 하지 않는다.

2) 국제경영과 국내경영의 차이

(1) 경영환경의 차이

국제경영활동과 국내경영활동은 기본적으로 경영원칙은 동일하다. 그러나 가장 큰 차이점은 국제경영이 해외시장을 대상으로 경영활동을 수행하기 때문에 국내경영과는 기업을 둘러싼 시장 및 기업환경이 매우 다르다는 것이다. 즉, 국제경영은 환경이 매우 다른 시장 및 국가에서 경영활동을 수행하기 때문에 단일 환경에서 이루어지는 국내경영과는 많은 차이가 있다. 대표적으로 고려해야 하는 환경에는 경제, 문화, 법률 등이 있다.

첫째, 경제적 환경의 차이이다. 이는 국가마다 다른 소득수준 및 인프라 수준, 경제발전 정도 등을 의미한다. 예를 들어 한국은 디지털 카메라나 Lcd Tv 등이 성숙기 단계지만, 많은 개발도상국은 아직도 도입기 단계에 있다. 이와 같이 국가 간에는 경제적 환경이 다르기 때문에 경영활동을 다르게 수행해야 한다.

둘째, 문화적 환경의 차이이다. 국제경영과 국내경영의 일반적인 차이는 문화적 환경의 차이에서 비롯된다고 할 수 있다. 예를 들면 국가마다 다른 리더십, 인사관리, 마케팅전략 등은 문화적 환경의 차이에서 기인한다. 이처럼 국제경영활동에 영향을 미치는 문화적 환경으로 국가 간 가치관, 종교, 시간개념, 미적 기준 등의 차이를 들 수 있다.

셋째, 법률적 환경의 차이이다. 국가마다 다른 법률적인 시스템을 가지고 있고, 집행하는 절차 또한 다르다. 예를 들어 제품에 대한 안전성에 문제가 있을 때 제기되는 손해배상의 내용과 법적 절차는 국가마다 많은 차이가 있다. 따라서 법률적 환경의 차이를 잘 이해했을 때 기업은 해외시장에서 좋은 성과를 거둘 수 있다.

(2) 국제경영의 위험

국제경영은 국내경영에서는 겪지 않는 다음과 같은 위험에 직면한다.

첫째, 국제경영은 환율변동에 따른 환위험을 겪게 된다. 환율변동에 따라 기업은 이익을 얻을 수도 있고, 손실을 볼 수도 있다. 기업이 해외시장에서 경영활동을 수행할 때는 보통 현지 통화로 결제를 많이 한다. 그렇지만 현지통화가 국내 원화로 바뀔 때에는 환율의 변동에 따라 위험에 직면한다. 즉, 환율의 변동에 따라 손실을 볼 수도 있고, 이익을 볼 수도 있다. 따라서 국제경영에서는 환율변동에 따른 환위험을 이해하고, 잘 관리해야 한다.

둘째, 국제경영은 국가마다 다른 정체체제에서 경영활동을 하기 때문에 정치적 위험에 직면할 수 있다. 글로벌 기업이 해외에서 기업활동을 수행하다가 현지 정부에 의해 재산을 몰수 또는 수용당하거나 경영활동에 대한 규제 또는 차별대우를 받는 경우를 정치적 위험이라 할 수 있다. 예를 들어 현대아산의 경우 북한에 금강산 관광 사업을 위해 많은 투자를 하였으나, 북한 정부가 투자재산을 몰수함으로써 큰 어려움을 겪고 있다([그림 2-1] 참조). 이와 같은 사례가 국제경영의 정치적 위험이라 할 수 있다.

그림 2-1 ▌ 현대그룹의 금강산 호텔

3) 국제경영의 발전단계

기업의 글로벌화가 가속화되면서 국제경영활동도 발전하게 된다. 국제경영의 첫 번째 단계는 수출경영(Export Management)이다. 즉, 한 나라에서 완제품, 반제품 등을 만들어 해외의 고객에게 판매하는 수출활동을 관리하는 단계이다. 수

출시장이 커지고 해외고객의 중요성이 증가하면서 기업이 현지 기업들과의 경쟁에서 불리하게 되면, 기업은 현지 경영활동을 수행할 필요성을 느끼게 되는데, 이 단계에서 기업은 해외직접투자를 하게 된다.

그리고 기업의 해외직접투자 국가가 늘어나고, 현지에서 경영활동을 직접 수행하게 되면, 기업의 국제경영활동은 다국적 경영(Multinational Management) 단계로 넘어가게 된다. 이러한 현지 경영활동을 수행하는 국가의 수가 늘어나고, 시장이 전 세계적으로 확대되면, 기업은 가치창출활동(연구개발, 제품기획, 제조·생산, 판매·마케팅, A/S 등)을 전 세계적으로 배치하면서, 이들 활동들을 통합·조정하여 이익의 극대화를 꾀하게 된다. 이 단계가 국제경영의 마지막 단계인 초국적 경영(Transnational Management)이다(〈표 2-1〉 참조).

표 2-1 ▎ **국제경영의 발전단계**

	수출경영	다국적경영	초국적경영
경영자의 사고	본국지향	현지시장지향	세계시장지향
마케팅전략	수출마케팅전략/표준화	다국적 마케팅전략/차별화	글로벌 마케팅전략/통합
세계관	국내시장의 연장	현지시장 중심	세계시장 중심
주요 자산	핵심능력 집중	분권화/현지 자립	전 세계적 배치
경쟁우위	• 가격경쟁력 • 납기수준 • 안정적 품질	• 현지 시장에 대한 유연성 • 응능력	• 세계적 통합 • 조정능력

4) 국제경영에 대한 접근 태도

국제경영에 대해 경영자들은 다음의 태도와 사고를 가지고 접근해야 한다. 첫째, 국제경영활동은 서로 다른 환경에서 경영활동이 수행되기 때문에 해외시장의 상이한 정치, 경제, 사회·문화, 법률 등의 환경 차이를 잘 이해하는 것이 중요하다. 따라서 경영자가 해외시장의 환경 차이를 잘 이해하고, 환경에 효과적으로 맞출 때 해외시장에서 성공할 가능성이 높아진다.

둘째, 해외시장에서 환경 차이를 잘 이해하고, 경영활동을 성공적으로 수행하기 위해서는 자기준거기준(Self-Reference Criterion: Src)을 탈피해야 한다. 자기준거기준은 자신에게 익숙한 가치관, 행동기준, 관행 등을 의미한다. 따라서 경영자가 해외시장에서 성공하기 위해서는 자신이 익숙한 가치관, 행동기준, 관행에서 벗어나 현지 시장을 이해하고, 현지 소비자들의 시각으로 경영활동을 수행해야 한다.

셋째, 경영자는 혁신적인 적응이 요구된다. 해외 현지의 기업들과의 경쟁에서 이기기 위해서는 현지 기업들이 갖고 있지 않은 새로운 경영기법, 경영관리 노하우, 신제품 및 서비스 개발 등과 같은 경쟁우위를 창출하는 혁신이 반드시 필요하다. 따라서 경영자는 해외시장의 성공을 위해 현지에 적응하면서 동시에 혁신적인 적응을 모색해야 한다.

2. 국제경영학

1) 국제경영학의 연구대상 및 의의

국제경영학(International Business)은 국제경영 활동, 그리고 국제기업의 활동과 관련된 제반 문제를 다루는 학문이다. 국제경영학의 대상을 국제경영 활동이나 국제기업 둘 중의 하나로 국한하지 않는 것은 국제경영 활동을 수행하는 모든 기업들이 국제경영 활동만 수행하는 것이 아니라, 국내 활동도 수행하기 때문이다. 국제기업 또는 다국적기업을 연구대상으로 국한하면 일반적으로 다국적기업이라 부를 수 없는 기업의 국제경영 활동이 연구대상에서 제외되며, 국제경영 활동을 연구대상으로 국한하면, 국내 활동을 포함한 다국적기업의 종합적인 경영활동에 대한 체계적인 접근이 불가능해진다.

따라서 국제경영학은 국제경영이나 국제기업과 관련된 제반 현상을 포괄적으로 다루는 학문으로 정의할 필요가 있으며, 글로벌 경영환경은 물론 서로 다른 각 국가별 정책 및 환경의 이해를 기반으로 해야 하기 때문에 매우 거시적이며 종합적인 접근을 필요로 한다.

2) 국제경영학의 정체성 및 필요성

국제경영 활동은 국내 환경과는 본질적으로 판이하게 다른 글로벌 환경 및 복수 국가의 개별적 환경 속에서 전개되기 때문에 추가적인 이해와 국내와는 다른 접근을 필요로 한다. 즉, 정치, 경제적 측면에서의 국제관계는 물론 경영활동의 무대가 되는 개별 국가의 정치, 경제, 사회·문화, 법적 환경의 제약을 받기 때문에 이러한 환경에 대한 이해와 적절한 대응이 필요한 것이다. 따라서 국제경영학은 다양한 환경을 지닌 복수 국가를 대상으로 이루어지는 경영활동을 연구대상으로 한다는 점에서 독특성을 가진다. 국제경영학의 특성 및 필요성을 보다 구체적으로 설명하면 다음과 같다.

첫째, 기업환경은 경영활동의 제약요인인 동시에 기회요인이 되기도 한다. 따라서 효율적인 경영을 위해서는 이러한 환경에 대한 철저한 이해와 분석이 필요하다. 국제경영학의 출발은 바로 이러한 글로벌 및 국가 간 환경의 차이를 인식하고 이해하는 것에서 이루어진다. 그리고 여기에 대응하는 적절한 경영활동 및 경영방식의 대안을 모색하고, 선정하는 과정에 대한 연구도 필요하다.

둘째, 국제경영학은 재화와 용역의 국가 간 이전을 전제로 한다는 점에서 독특성을 가진다. 완제품을 수출입의 형태로 이전할 수도 있으며, 기술만을 라이선싱의 형태로 이전할 수도 있고, 자본, 기술, 경영 등을 해외직접투자(FDI)라는 복합적인 형태로 이전할 수도 있다. 물론 간단히 언급한 이 세 가지 형태에도 구체적으로는 매우 다양한 방식이 존재한다. 따라서 이러한 다양한 이전방식에 대한 이해와 함께 이전 방법 결정에 영향을 미치는 국제기구 및 협약, 각국의 정책 및 환경, 기업의 내부 요인 등에 대한 종합적인 검토가 필요하다.

셋째, 국제경영 활동은 복수의 국가를 대상으로 동시에 이루어지기 때문에 국가 간 활동의 조정(Coordination)과 통합(Integration)이라는 새로운 과제를 제시한다. 기업의 자체 조직은 물론 각국의 다른 기업과 연계된 네트워크 형태의 조직으로 확대될 경우 이러한 거대 조직 및 활동의 조정과 통합은 매우 중요하면서도 어려운 과제가 된다. 이러한 과제를 인식하고 해결을 모색하는 것이 국제경영학의 또 하나의 독특한 연구 대상이다.

그러나 학문으로서의 국제경영학에 대한 접근은 최근 들어 부분적인 변화가 있는 것도 사실이다. 독립된 분야로 인식하기보다는 전통적인 경영학의 각 분야에서 관심 영역을 확대하여 국제경영 활동을 이해하고 연구하는 추세가 있다. 예를 들면 마케팅 분야에서 국제마케팅 활동을 다루고 재무관리 분야에서 국제재무관리를 다루는 식이다. 이러한 추세는 세계 경제의 글로벌화 추세와 무관하지 않다. 즉, 국제화, 글로벌화, 국제경영이라는 것이 이제는 별도의 접근을 필요로 하는 새로운 현상이 아니라, 일반화된 당연한 현상이기 때문에 기존의 경영학 분야에서 각각 다룰 수 있다고 보는 것이다. 그러나 기존의 경영학 분야에서 다루어지지 않는 부분이 여전히 존재하며, 여러 분야를 국제적 시각에서 종합적으로 접근할 필요성이 존재하기 때문에 국제경영학의 학문적 가치와 필요성은 계속 남게 된다.

3) 국제경영학의 내용 및 구성

(1) 국제기업환경

국제경영 및 국제경영학의 가장 큰 특성 중 하나가 국가 간 환경의 차이라는 점에 있다. 따라서 국제경영 활동의 기회 및 제약요인이 되는 국제기업환경에 대한 이해는 국제경영학에서 주요 내용이 된다. 국제기업환경은 대개 경제적 환경, 법·정치적 환경, 사회·문화적 환경 등으로 구분하여 다루는데 환경 차이 자체는 물론 이러한 차이에 어떻게 대응하느냐 하는 것이 주요 과제가 된다.

우선 경제적 환경에서는 기업 활동에 영향을 미치는 주요 환경요인을 파악하고, 이들이 국가별로 어떻게 다른지 이해하는 것이 필요하다. 또한 특정 국가에 국한되지 않는 국제 경제 환경, 예를 들어 Wto와 같은 국제기구, 지역경제통합, 다자간 협상 등도 기업의 국제경영 활동에 영향을 미치는 주요 환경요인으로 인식해야 한다.

법·정치적 환경 역시 개별 국가 차원과 국제관계 차원 모두에서 파악되고 이해되어야 한다. 과거에 비해 정치적 위험은 많이 줄어든 것이 사실이지만 아직도 상당수 국가에서는 정치적 불안이나 위험으로 인해 기업이 주도적으로 효율적인 경영활동을 전개하는 것이 불가능할 수도 있으며, 이미 투자한 생산시설이나 경영활동 자체를 포기해야 하는 상황이 올 수도 있음을 인식해야 한다. 상이한 국가 간의 법체계, 대(對)정부관계 관행 및 절차, 외국기업에 대한 국수주의적, 민족주의적 성향 등도 법·정치적 환경에서 다루어야 할 주요 내용이다.

사회·문화적 환경도 전반적인 국제경영 활동에 영향을 미치지만 기능 분야 중에서는 노사관계 및 인적자원 관리, 그리고 마케팅 분야에서 가장 직접적인 영향을 미친다고 볼 수 있다. 이는 사회·문화적 환경이 가치관 및 태도, 행동양식 등 인간의 기본적인 사고와 행동과 관련이 있으며, 이 두 분야는 바로 직원과 소비자라는 인긴을 주로 상대하기 때문이다. 물론 사회·문화적 환경은 이 외에도 진입방식 결정, 조직구조, 경영방식, 전략 등 국제경영 활동 모든 측면에 영향을 미치기 때문에 중요하게 고려되어야 할 환경요인이다.

(2) 시장진입방법

수입을 제외한 국제경영 활동에 있어 일차적으로 내려야 할 경영 의사결정은 시장선택과 진입방법 결정이다. 이 중 진입방법(Entry Mode, 혹은 Mode Of Operation) 결정은 기업의 경영자원 투입과 직결되어 있고, 시장진입의 성패를 가늠할 수도 있다는 점에서 매우 중요하게 다루어진다. 가장 기본적인 시장진입방법의 형태는 수출, 리이선싱, 해외직접투자 등이다. 진입방법과 관련하여 국제경영학에서 다루는 내용은 각 진입방법의 특성과 이의 선택 문제다.

수출(Export)은 국제경영 활동 초기에 대표적으로 선택되는 시장진입방법이다. 바이어(Buyer) 선정, 신용장 관리, 통관 및 수송 등 실무적인 문제들에 대한 기본적인 이해가 필요하며, 상표 결정을 포함한 마케팅믹스 결정 등 마케팅 측면에서의 논의가 주로 이루어진다. 국제무역이론에 대한 이해도 필요하지만 이 분야는 대개 국제경영학에서 직접 다루어지지 않고, 무역이론 등 경제학 분야에서 다룬다.

라이선싱(Licensing)은 프랜차이징(Franchising)과 함께 이른바 계약방식에 의한 시장 진입방법의 대표적 형태다. 이러한 방식의 특징 및 장단점, 이 방식이 선호되는 상황 등을 중심으로 다루어진다.

해외직접투자(FDI)는 인적, 물적 자원의 투입이 가장 많고, 그만큼 이익 창출 기회와 동시에 위험도 많은 시장진입 방식이다. 해외직접투자의 기본적인 형태와 각각의 특성, 해외직접투자를 설명하는 이론, 투자국(Home Country)과 투자대상국(Host Country)에 미치는 영향 등이 다루어진다. 직접투자의 한 형태인 합작투자(Joint Venture)나 인수(Acquisition) 등에 대해서는 별도로 상세히 다루어지기도 한다.

(3) 기능별 접근

경영학의 전통적인 기능분야, 즉 생산, 마케팅, 재무, 인적자원관리, 조직, 회계학 등은 국제경영학에서도 다루어진다. 이들 중 생산관리는 부품생산 및 조립의 국제적 입지결정 문제, 인적자원관리는 국제인력의 선발, 교육훈련, 평가 및 보상 문제, 조직은 기업의 국제조직구조 및 본사-자회사 관계, 회계학은 외화환산과 관련된 문제 등을 중심으로 비교적 간략하게 다루어지며, 국제마케팅이나 국제재무관리는 독립된 과목으로 비교적 상세하게 다루어지는 편이다.

국제마케팅에서는 국제경영학에서 다루는 시장진입 방법을 포함하여 해외시장조사, 해외시장 세분화, 국제마케팅믹스 프로그램 및 이의 표준화와 현지 적응화 문제 등을 주요 내용으로 다룬다. 한편 국제재무관리는 국제금융환경, 환율결정 등 거시적 환경은 물론 국제자금조달, 환위험관리 등 기업차원에서의 관리문제 등을 다루게 된다. 국제마케팅이나 국제재무관리는 독립된 과목으로서는 이러한 문제들을 비교적 상세하게 다루지만 국제경영학 과목에서는 중심 내용만 비교적 간단하게 다루는 것이 일반적이다.

(4) 국제경영전략

국제경영전략에서는 경영전략에서 일반적으로 다루어지는 기초 개념 및 전략 모델 외에 글로벌 차원에서 맞게 되는 추가적인 과제와 현상들을 다룬다. 글로벌 차원에서의 배치와 조정(Configuration And Coordination) 문제, 글로벌 통합(Global Integration) 문제, 글로벌 전략적 제휴(Global Strategic Alliance)와 관련된 파트너 선정 및 경쟁과 협력 문제 등이 주요 추가적 과제들이다.

3. 해외시장진출론

1) 기업의 해외시장진출

기업들은 여러 가지 동기로 해외시장에 진출한다. 일부 기업들은 국내시장이 침체되어 가는 데 반해, 해외시장은 급속한 성장을 보이기 때문에 더 높은 수익을 올리고자 해외시장으로의 진출을 시도한다. 서비스기업들은 그들의 주요 고객인 제조업체가 해외시장으로 진출함에 따라, 이들에 대해 지속적인 서비스를 제공하고자 동반진출을 꾀한다. 또한 국내시장에서 독과점적 경쟁 상태를 유지하고 있는 기업은 그들의 경쟁업체가 해외시장으로의 진출을 시도함에 따라, 이에 자극을 받아 해외시장으로의 진출을 꾀하거나, 국내시장으로 침투해 들어오는 해외기업들에 대한 역대응 전략으로 해외시장을 공략하기도 한다. 그리고 일부 기업들은 '규모의 경제' 효과를 누리기 위해 해외시장에 진출한다. 즉, 해외시장에서의 판매량 증가로 인해 생산원가를 줄이고, 나아가서 국내·외 시장에서 가격경쟁력을 증진시킬 목적으로 해외시장으로 진출하는 것이다. 그러나 대체적으로 기업들은 일단 해외시장에 진출한 후에 그들의 해외시장 진출 목표와 방향이 구체화되는 경험을 겪는다.

해외시장진출을 꾀하는 기업은 즉각적인 판매량 증가로 인한 수익 향상에 높은 기대를 건다. 해외시장으로부터 기대되지 않던 우연한 주문을 접할 때, 해외로의 물품선적이 국내시장에서의 판매활동을 저해시키지 않는 한 기업은 해외로부터의 주문에 장기적인 계획 없이 즉각적으로 응하게 마련이다. 일부 기업들은 국내시장에서 이미 사용된 기술에 대해 부수적인 수익을 올리고자, 해외기업과 라이선싱을 체결하기도 한다. 이러한 우발적이며 단기적인, 그러나 성공적이라 할 수 있는 수출이나 라이선싱 과정을 거친 후에 기업들은 서서히 장기적 차원에서의 해외시장진출전략의 입안을 고려할 수 있게 된다.

특히, 기업들은 국내시장만으로는 그들의 성장목표를 달성할 수 없다고 판단할 때 해외시장으로의 적극적인 진출을 시도한다. 급속도로 진행되어 가고 있는 전세계의 글로벌화 추세는 앞으로 세계 각국의 기업들의 해외진출 속도를 더욱 가속화시킬 것이 분명하다. 따라서 중소기업이든 대기업이든 간에 또는 내수기업이든 국제기업이든 간에 모든 기업들은 어떠한 방식으로든지 해외시장에 개입하지 않고서는 그들의 성장목표를 달성하기 어렵게 될 것이다.

이러한 추세에서는 어떠한 국가의 시장도 외국기업들의 진입에 따른 경쟁으로부터 안전할 수가 없게 되며, 또한 오직 국내 판매에만 전념하고 있던 기업들도 곧 그들이 국제경쟁 속으로 휩쓸리고 있음을 깨닫게 될 것이다. 자동차, 가전제품, 카메라, 스포츠용품, 오토바이, 신발 등에 걸쳐 미국산 제품들이 미국시장에서 외국으로부터 들어온 제품들에 의해 밀려난 것이 하나의 좋은 예이다. 앞으로는 어떠한 기업도 자국의 정부에 의한 관세, 쿼터 등의 수입 장벽을 통해서 더 이상 보호될 수는 없다. 왜냐하면 외국의 경쟁업체들은 현지생산을 통하여 이러한 수입 장벽을 뛰어넘을 수 있기 때문이다.

소극적인 안목에서는 세계경제의 글로벌화는 내수지향 기업들에게 위협적인 요인으로 작용할 것이지만, 적극적인 안목에서 글로벌화는 그들에게 더 거대하고 높은 성장잠재력을 지니고 있는 해외시장으로 진출하게 하는 촉매제 역할을 할 것이다. 이미 일부 기업들은 국내시장에 있어서 외국경쟁업체들의 도전에 대한 최선의 방어책은 해외시장에서 그들에게 도전하는 것이라는 사실을 깨닫고 있다. 만일 미국의 Tv 제조업체들이 일본의 경쟁업체들에게 일찍이 이러한 역대응 전략을 구사하였더라면 지금의 상황처럼 참패하지는 않았을 것이다.

물론 모든 기업들이 해외시장에 진출할 수 있는 요건을 갖추고 있는 것은 아니다. 그러나 글로벌 경쟁 속에서 살아남고, 나아가서 지속적인 성장을 도모하기 위해서는, 현재 자사가 국내시장에만 머물러 있거나 또는 외국시장에 진출해 있는지 간에 모든 기업들은 글로벌 차원에서 경쟁할 수 있는 능력을 갖출 수 있도록 혁신적인 노력을 기울여 나가야만 할 것이다. 대다수의 기업들은 여전히 국내시장에만 머물러 있으려고 할 것이나, 현재보다 훨씬 더 많은 기업들이 해외시장으로의 진출이 가장 전망이 밝은 성장전략이라는 결론에 도달하게 될 것이다. 따라서 기업들은 현재 그리고 미래의 글로벌 경쟁에서 경쟁적이 될 수 있도록 자신들에게 맞는 장기적인 해외시장진출전략을 수립하고 실행해 나가야 한다.

2) 해외시장진출론

해외시장진출론(Foreign Market Entry Strategy)은 전 세계 시장을 상대로 해서 지속적이고 안정적인 성장을 달성할 수 있도록 장기간 기업의 국제경영활동을 지도할 목적, 목표, 자원배분, 정책 등을 설정하는 하나의 종합적인 계획인 해외시장전략을 학습하는 것이다. 해외시장진출전략은 하나의 '단일'계획으로 간주되기 쉽지만, 사실 경영자들은 각 제품별 및 시장별로 단일 진출 전략을 수립한 후, 이들에 대한 종합적인 검토 및 분석과정을 거쳐 하나의 '통합'된 해외시장진출전략을 수립할 수 있어야 한다. 따라서 해외시장진출론은 해외시장진출전략의 주요 결정사안인 '목표제품과 표적국가 시장의 선택', '표적국가 시장에 대한 진출 목적과 목표', '진입방식의 선택', '표적국가 시장에 대한 경영활동 계획', '표적국가 시장에서의 사업 활동에 대한 통제시스템' 등의 내용을 다룬다.

해외시장진출론에서 나루는 주요 내용들은 단절되어 있는 것이 아니라 상호 연관되어 있다. 예를 들면 진입방식(Entry Mode)의 결정은 이미 결정된 표적국가 시장(Target Country Market)에 대한 진출목표와 목적의 수정이 필요시 되기도 하고, 때로는 진출하고자 하는 표적국가 시장의 변경이 불가피하게 되기도 한다.

또한 경영활동 계획에 있어서는 이미 결정된 진입방식의 사용에 대해 의문이 제기될 수도 있다. 경우에 따라서는 표적국가 시장에 이미 진출한 후, 만일 기대하지 않았던 사업성과가 발생된다면 통제시스템의 과정을 거쳐 해외시장진출전략에 관한 전반적인 계획이 재조정될 수도 있는 것이다. 따라서 해외시장진출론은 해외시장진출전략을 구성하는 모든 내용들의 상호 연관성을 확인하여 기업 및 학생들에게 올바른 해외시장진출전략을 계획하고, 활동하게 하는 기반을 제공할 수 있다.

특히, 해외시장진출론에서 중요하게 다루는 내용은 해외진입방식에 관한 것이다. 해외진입방식은 기업의 제품, 기술, 경영관리, 그 밖의 자원을 해외시장에 개입케 하는 제도적 장치이다. 따라서 기업은 해외시장 진입방식을 결정할 때 진출하고자 하는 국가의 시장조사를 면밀히 해야 한다. 기업은 크게 세 개의 진입방식의 유형을 갖는다. 첫째, 본국에서 재화를 생산하여 해외시장으로 수출하는 방식, 둘째, 기업이 자신이 가진 기술과 자원 등을 해외 기업이 사용할 수 있는 권리를 부여하고 그에 따른 로열티를 받는 계약방식, 셋째, 자본·기술 등의 자원을 현지국가로 이전시켜, 현지국의 자원(노동, 원자재 등)과 결합하고 제품을 생산하여, 현지국 및 제3국의 소비자들에게 직접 판매하는 해외직접투자방식인 것이다. 국제경영학 측면에 이 세 가지 진입방식은 상이한 장·단점을 가지고 있다.

첫째, 수출방식은 제품을 현지국이 아닌 본국에서 제조한다는 관점에서 볼 때 계약방식이나 해외직접투자와는 구별된다. 수출은 간접과 직접수출의 두 형태로 구분할 수 있는데, '간접수출'은 기업이 본국에 소재한 중간상을 통하여 제품을 해외시장으로 수출하는 방식이고, '직접수출'은 해외에 소재한 중간상, 즉 대리인이나 도매유통업자를 통하거나 아니면, 자사의 현지판매지사나 자회사를 통하여 제품을 외국시장에 판매하는 방식을 일컫는다. 따라서 직접수출에서는 판매지사나 자회사의 설립과 운영에 필요한 어느 정도의 자본 투자가 요구된다.

둘째, 계약방식은 기업이 소유하고 있는 기술이나 지식을 외국의 기업에게 이전시키는 대가로 일정의 수수료를 보장받은 장기적 계약 체결을 통하여 해외시장에 진출하는 형태이다. 계약방식은 상품이 아닌 기술이나 지식의 이전 수단이라는 점에서 수출방식과는 차이가 있으며, 자본투자가 요구되지 않는다는 점에서 해외직접투자진입방식과는 구별된다. 대표적인 계약방식이라 할 수 있는 '라이선싱'은 한 기업이 로열티 및 수수료를 받고 자사의 산업재산권(특허권, 노하우, 상표권 등)을 일정기간 외부의 기업이 사용할 수 있도록 허락하는 협약이다. 라이선싱과 비슷한 성격의 '프랜차이징'은 계약동기, 서비스, 사용기간 등에 있어서 라이선싱과는 차이가 있다. 프랜차이징에 있어서는 회사명, 상표, 기술 등에 대한 사용 권리의 이전 외에도 사업본부측이 가맹점들을 위해 경영관리조직, 마케팅 및 그 밖의 전반적인 업무관리 활동을 지원해 주는 것이 일반적이다. 라이선싱이나 프랜차이징 이외의 다른 계약진입방식의 종류로는 금전적인 보상의 대가로 외국기업에게 직접적인 서비스를 제공하거나(기술협약, 서비스계약, 경영관리계약, 건설/턴키계약), 자신이 제공한 기술 및 서비스의 대가로 현지국에서 제조된 물품의 일부분을 되돌려 받는(제조계약과 공동생산협약) 방식 등이 있다. 기업들은 종종 수출 또는 해외직접투자진입방식과 계약진입방식의 결합을 취하기도 한다.

한편, 해외직접투자방식은 기업이 현지국에서 제조공장 및 여타 생산시설의 확충을 위해 자본을 투자하는 형태를 일컫는다. 현지국에서의 생산은 모든 부품을 본국으로부터 수입하여 현지국 내에서 단순히 조립 및 가공만 하는 형태로부터 완전히 현지국의 생산요소를 사용하여 제품을 생산하는 형태까지 이른다. 현지자회사는 '단독소유자회사'와 외부기업과의 공동투자에 의한 '합작회사'의 형태로 구분된다. 또한 이들 단독자회사와 합작회사는 '신설'하거나 또는 현지의 기존기업을 '인수합병'함으로써 그 존립이 가능하게 된다.

토의문제

1. 국제경영의 정의와 국내경영과의 차이를 설명하시오.
2. 국제경영의 발전단계에 대해 설명하시오.
3. 국제경영학의 대상, 의의, 정체성 및 필요성에 대해 설명하시오.
4. 국제경영학의 내용 및 구성 체계에 대해 설명하시오.
5. 해외시장진출론의 개념 및 특성에 대해 설명하시오.

02 Part

해외시장환경과 해외시장조사

Chapter

03 해외시장의 환경적 요소

Case 03 중국시장에서 롯데리아 사례

햄버거 중심의 패스트푸드 전문 음식점인 롯데리아는 기업명 롯데(Lotte)와 카페테리아(Cafeteria)를 조합한 명칭이다. 일본에서 1972년 일본법인 '주식회사 롯데리아'로 사업을 시작했으며, 한국에서는 1979년 12월 서울 소공동 롯데백화점에서 처음 개업되었다. 이후 2004년 한국법인 측에서 일본 롯데리아가 소유한 한국법인 지분을 모두 매입해 현재는 지분으로 상관없는 관계가 되었고, 2017년 7월 한국 법인 '주식회사 롯데리아'는 '롯데 Grs 주식회사'로 사명을 변경하였다. 롯데리아는 2017년 기준 국내 전국 매장 수 1위이고, 대만, 베트남, 필리핀 등 여러 나라에 진출하여 글로벌기업으로의 면모를 보이고 있다.

롯데리아의 가장 큰 강점은 차별화된 메뉴 개발에 있다. 롯데리아는 기본적으로 진출국의 기호에 따라 다양한 소스를 개발하는 데 탁월한 장점이 있다. 그 대표적인 예로 한국의 '불고기 버거'를 들 수 있다. 쇠고기 패티에 한국인이 가장 즐겨 먹는 불고기 소스를 더한 불고기 버거는 남녀노소를 불문하고, 오늘날까지 판매 1위를 기록하고 있다. 2009년 새롭게 출시된 '불새 버거' 역시 기존에 한국인이 선호하는 새우버거와 함께 하여 좋은 반응을 이끌어 냈다. 또한 빵 대신 밥을 먹는 한국인의 식습관 문화를 적용하여 햄버거 빵 대신 밥으로 만든 '라이스 버거'나 한우를 이용해 만든 '한우 불고기 버거', '한우 레이디 버거'도 롯데리아만의 차별화된 상품이다. 또 다른 강점으로는 아이디어 상품 개발이다. 여러 가지 맛을 내는 시즈닝 중 소비자가 원하는 맛을 넣고 흔들어 먹는 독특한 아이디어 상품인 '쉑쉑 치킨'과 '3종류 와플' 등 패스트푸드 업계에서 가장 다양한 종류의 디저트를 판매하고 있다.

롯데리아는 1994년 중국 베이징에 롯데리아 1호점을 설립한다. 베이징 1호점 개점 이후, 중국 내 수백 개 매장을 진출시킨다는 전략으로 중국 진출에 시동을 건 롯데리아는 부진한 판매 성적과 영업 이익을 이유로 2003년 사업을 철수하게 되었다. 이후 5년 뒤인 2008년 북경 롯데백화점 입점을 토대로 중국시장에 재진출하였지만 좋은 성적을 내지 못하고 고전하는 모습을 보이고 있다.

1987년 4월 미국 Kfc의 중국 진출을 시작으로 글로벌 기업의 중국 패스트푸드 시장에의 진출이 본격화되기 시작하였다. 이때 중국의 패스트푸드 시장은 전통적인 흐름과 현대적인 흐름이 경쟁하는 상태로 접어들고 있었으며, 연해지역과 내륙의 주요도시나 유명 관광도시 등에서 해당지역 유동인구와 근로자, 학생 및 주민들의 외식 활동에 빠질 수 없는 메뉴로 등장했다. 중국 패스트푸드 산업은 1990년대 중국 경제의 기록적인 발전 속도에 맞추어 매년 20% 가량의 속도로 성장하였고, 순이익율도 10~20%의 좋은 성적을 기록해 2000년 매출액이 2,000억 위안(Us$1=8.26위안)에 달했다. 2001년도에는 패스트푸드업 매출이 전체 요식업 전체 매출의 40%가량을 차지하게 되었다. 그 당시 실시되고 있던 중국 정부의 '휴일 수 늘리기 정책'(주 5일 근무제 실시 및 설·노동절·국경절 등의 1주일 연휴)도 패스트푸드 산업 발전에 긍정적으로 작용하였다고 볼 수 있다.

중국에서 패스트푸드 업계가 호황이었음에도 불구하고, 롯데리아가 중국 진출에 실패한 가장 큰 이유는 현지 시장에 대한 이해부족을 꼽을 수 있다. 중국의 확장성만을 보고 중국시장을 분석 없이 진출했다는 것이 실패의 주 이유이다. 우선 롯데리아는 중국에 진출하면서 롯데리아만의 강점이었던 현지화 전략을 생각하지 않았다. 중국에 진출하는 모든 기업들은 중국인들의 중화사상에 강한 인상을 주기 위해 기업 브랜드 이름을 중국식 발음으로 바꿈으로써 시장 진입을 시작한다. 이에 롯데리아도 중국에 진출하며 롯데리아를 중국 병음으로 바꾼 '乐天利(러톈리)'라는 상호를 사용하면서 중국인들에게 인상 깊은 브랜드 이미지를 주려고 하였지만, 실패하였다. 또한 메뉴 선정에 있어서 중국인들의 식습관을 고려하지 않았다는 점에서도 진출 실패의 원인을 찾아볼 수 있다. 롯데리아는 시장 진입 시 한국 롯데리아의 메뉴를 그대로 차용하면서 중국인들이 선호할 만한 메뉴를 만들어 내지 않았다. 그 당시 여타 패스트푸드 체인점들은 중국인들이 아침에 두유와 튀긴 빵인 또우장과 요타우를 먹는 문화를 빠르게 적용시켜 이를 접목시킨 메뉴를 판매하였고, 닭튀김을 선호하는 중국인들의 특성을 고려하여 닭튀김을 주 메뉴로 하되 지역마다 다른 소스를 출시하는 등 중국인들의 입맛에 맞는 메뉴들을 선보이며 적극적인 현지화 노력을 보여주었다. 그러나 롯데리아는 기본 햄버거인 '새우버거'와 같은 비슷한 메뉴로 뚜렷한 차별성 없이 경쟁에 참여했던 것이 실패 요인으로 작용했다. 이 점은 중화사상을 비롯하여 중국인들의 생활방식을 간과했던 결과였고, 이는 중국인들로 하여금 롯데리아를 방문해야 할 필요성을 느끼지 못하게 만들었다.

롯데리아가 인지하지 못했던 문화적 차이는 매장 위치와 인테리어 부문에서도 확인할 수 있다. 그 당시 중국에서 프랜차이즈로 성공한 매장들은 번화한 거리에서 시선을 사로잡을 만큼 화려한 디자인을 가지고 있었다. 맥도날드는 이에 상응하여 대도시에 중심을 잡고, 테이블과 의자는 무작위로 배치하였으며, 벽에는 각종 애니메이션 주인공, 놀이공원 등의 사진을 붙였다. 또한 다양한 색의 미니깃발, 그림, 나무, 적색꽃 등도 붙여 놓았다. 심지어 화장실 벽면에까지 킬링타임용 이야기를 제공하였으며, 고객들의 편의를 위해 신문 칼럼을 만들어 열람하게 하였다. 아무 방해 없이 자유로운 분위기를 조성하는데 집중하는 모습을 보여준 것이다. 또한 맥도날드는 소수 고객들의 요구를 고려하여 미니 카트도 준비하였다. 중국 내 맥도날드는 자선적 사회적 기부 활동의 모습을 보여주기 위하여 점포 내에 '모금 박스'를 배치하는 등 여러 노력을 기울였다. 이러한 행위들은 소비자의 무의식 속에서 맥도날드의 이미지를 친절하고 윤리적인 기업으로 만들게 하였으며, 고객들에게 온화하고 편안한 분위기를 느끼게 하였다. 반면, 롯데리아의 디자인은 중국인들이 관심을 갖게끔 차별화를 하는 데 실패하였다. 롯데리아 역시 미키마우스를 설치하면서 아이들의 주목을 끌려하였으나, 좁은 출입문 등 답답한 디자인은 사람들로 하여금 호프집으로 오해받게 하는 해프닝까지 겪게 하였다. 점포 내 벽에는 몇 가지의 그림이 조금 있는 것 외에 다른 장식은 거의 없었다. 폭신한 의자, 커플 자리 등 하드웨어 시설들은 비록 디 브랜드보다 최신 시설을 사용했다는 인상을 주었지만, 테이블과 의자 배치가 무거운 분위기를 조성했고, 현대적 신식이라기보다는 낡은 옛 것의 느낌을 주어 고객들의 심적 불편함을 야기했다. 이러한 디자인은 당연히 고객을 끌어들이는데 긍정적인 역할을 하지 못했다. 롯데리아는 중국인을 유혹할 수 없는 디자인과 인테리어를 사용하면서 중국 문화를 고려하여 특화한 전략이 부재했다고 분석할 수 있다.

〈중국 Kfc와 롯데리아 매장〉

Question

1. 한국에서 성공을 거둔 롯데리아가 문화적으로 유사한 중국에서 실패한 이유를 설명하시오.
2. 롯데리아가 중국시장에 재진출하였는데, 롯데리아가 시행해야 할 효과적인 마케팅전략을 제시하시고, 그 이유를 설명하시오.

1. 정치적 환경

1) 정치체제의 이해

세계의 정치체제는 크게 민주주의(Democracy)와 전체주의(Totalitarianism)로 구분할 수 있다. 한국을 비롯한 미국, 일본, 유럽 국가들은 민주주의 정치제제를 택하고 있으나, 아직도 세계의 많은 나라들이 전체주의 체제하에 있다. 민주주의는 국민이 주인이 되는 정치시스템으로서 모든 국가 권력은 국민에 의해서 나오는 것이다. 국민이 직접 권력을 행사하는 형태는 직접민주주의이고, 대부분의 경우는 간접민주주의 형태를 택한다. 국민들이 정치주권을 행사할 대표들을 선거를 통해 뽑고, 이러한 대표들이 실제 정치권력을 행사하는 대의민주주의가 간접민주주의의 대표적인 형태이다. 이와 같은 민주주의가 전체주의와 대비되는 가장 큰 특징은 국민의 대표가 선거에 의해 선출되고, 입법, 사법, 행정 등 3권이 분리되어 있다는 점이다.

전체주의는 일명 독재 정치체제라고 하는데, 한 사람 또는 하나의 당이 절대적인 정치권력을 행사는 것이다. 즉, 정당도 하나이고, 정부권력이 하나의 정당에 속한 사람들에 의해 행사될 때 이를 전체주의라고 한다. 전체주의의 형태를 살펴보면, 첫째 공산주의(Communism)가 있다. 중국, 북한, 쿠바 등이 좋은 예로서 공산당이 유일 정당으로 절대적인 정치권력을 행사하는 체제이다. 둘째 신정독재이다. 이는 종교적 집단이 정치권력을 독점하는 정치체제로 일반적으로 이슬람 국가들은 종교와 정치를 분리하지 않고, 종교적 지도자가 정치적 지도자와 동일시되는 경우가 많다. 셋째, 종족독재로 한 국가 내의 한 부족이 정치권력을 독점해 다른 부족을 핍박하는 것으로 이 때문에 종족 간 내전과 갈등이 지속되고 있다. 넷째, 우익독재로 군부 또는 극우의 집단이 정치권력을 독점한 정치체제를 의미한다.

2) 정치적 위험의 의의와 형태

다국적기업의 활동은 국경을 초월하여 이루어지기 때문에 현지국 주권의 영향을 받게 된다. 특히, 다국적기업이 직면하게 되는 현지국의 정치적 환경은 그 예측이 매우 어려울 뿐만 아니라, 기업의 존립에도 심각한 영향을 미칠 수 있다. 일반적으로 정치적 환경은 다국적기업의 활동에 부정적인 영향을 미치는 경우가 많기 때문에 정치적 위험과 동일시되기도 한다. 정치적 위험(Political Risk)은 다국적기업이 예측하기 어려운 정치적 변화에 근거하고 있으며, 이러한 정치적 변화는 다국적기업의 활동에 직접적 또는 간접적으로 영향을 미치게 된다. 정치적 위험은 다음과 같은 여러 가지 변수로 구성되어 있다.

- 정치적 이념(Political Ideology): 공산주의, 사회주의, 자본주의, 보수와 진보
- 국유화(Nationalization): 국영기업에 대한 특혜 또는 우대
- 민영화(Privatization): 국영기업의 매각을 통한 민영화, 기업의 경쟁구도에 영향을 미침.
- 정부의 국내외 경제활동에 대한 보호(Protection Of Economic Activities): 정치적 및 군사적 개입, 테러방지
- 정부의 안정성(Stability Of Government): 정부의 권력유지, 정책의 안정성
- 전통적 적대감(Traditional Hostility): 역사적, 종교적, 민족적 또는 인종적 적대감
- 국제기구(International Institutions): Un, Imf, Wto, Opec, Oecd 등의 정책 및 규제
- 노동조합(Labor Union): 이념적 성향의 노동조합
- 다국적기업(Global Company): 거대한 다국적기업의 정치적 협상력

정치적 위험은 현지국의 정부가 다국적기업의 활동에 부정적인 영향을 미치거나 손실을 야기할 수 있다. 어떤 국가에 투자한 다국적기업이 직면할 수 있는 정

치적 위험은 다음과 같은 다양한 형태로 나타날 수 있다.

- 몰수(Confiscation): 금전적인 보상이 전혀 없이 기업을 국가가 빼앗는 행위
- 수용(Expropriation): 명목적인 보상을 해 주고 기업을 국가가 빼앗는 행위
- 외환통제(Foreign Currency Control): 다국적기업의 투자회수 및 과실송금에 대한 규제
- 고용규제(Employment Regulations): 글로벌 표준에 어긋나는 현지인 종신고용의 요구, 파견 직원에 대한 취업비자발급의 제한
- 현지부품 사용요구(Local Contents Requirements): 과도한 현지부품 사용요구
- 경영 및 자본의 현지화(Localization Of Management And Capital): 현지인에 의한 경영요구, 외국기업의 다수지분제한
- 계약의 일방적 파기(One-Sided Abrogation Of Contract) 또는 재협상(Renegotiation)의 요구: 쌍무적 계약의 파기 또는 다국적기업에 불리한 계약조건의 강요

3) 정치적 위험의 노출

다국적기업이 직면하는 정치적 위험의 노출 정도는 기업이 속한 산업의 특성에 따라 달라질 수 있다. 첫째, 자원채취, 전기, 통신, 은행 등과 같은 공익산업의 경우에는 정치적 위험의 노출 정도가 크다. 이 산업들은 자국민의 민족주의적 성향이 강해 내국인에 의한 소유 및 통제가 요구되기 때문에 정치적 위험의 가능성이 높다.

둘째, 연구 개발 수준이 낮고, 표준화된 기술을 사용하는 성숙기 산업은 정치적 위험에의 노출 정도가 크다. 제품의 생산기술이 표준화되어 성숙기에 있는 산업은 첨단산업에 비해 정치적 위험의 가능성이 높다.

셋째, 기업 활동의 수직적 통합정도가 강할수록 정치적 위험에의 노출정도가 낮다. 화학, 정유 산업 등과 같이 원료 생산에서 제품 판매에 이르기까지 통합되

어 있어 다국적기업의 통제력이 높은 산업일수록 정치적 위험의 가능성은 낮다.

넷째, 첨단산업처럼 다국적기업의 기술 및 노하우가 경쟁우위 요인으로 작용하는 산업은 정치적 위험에의 노출 정도가 낮다. 이러한 산업은 기술 및 노하우, 제품시장에의 접근이 소수의 다국적기업에 의해 독점되기 때문에 다국적기업이 현지 정부와의 협상력이 강해 정치적 위험의 가능성이 낮다.

다국적기업의 정치적 위험 노출 정도는 기업의 특성에 따라 달라질 수 있다. 첫째, 현지인과의 합작투자가 100% 단독투자보다 정치적 위험에의 노출정도가 낮다. 둘째, 다국적기업이 현지국의 국제수지에 미치는 영향이 미비할수록 정치적 위험에의 노출정도는 높다. 셋째, 다국적기업이 기술집약적 기업일수록 현지국 정부에 비해 기업의 협상력이 높기 때문에 정치적 위험의 노출정도는 낮다. 넷째, 제품 차별화 정도가 높을수록 상대적으로 정치적 위험에의 노출정도가 낮다. 다섯째, 다국적기업이 현저한 시장점유율을 가지고 있을 때 정치적 위험의 노출정도는 크다.

4) 정치적 위험의 관리

정치적 위험은 불연속적으로 발생할 가능성이 높기 때문에 미래에 대한 예측이 매우 어려울 수 있다. 이러한 미래의 불확실성과 투자손실을 줄이기 위해서는 정치적 위험에 대한 관리가 필요하다. 정치적 위험의 관리 방법을 투자 이전과 투자 이후 및 위험발생 이후로 나누어 살펴보기로 한다.

(1) 투자 이전의 관리방법

투자 이전의 관리방법은 진출포기, 현지지분의 최소화 및 국제적 통합 등과 같은 내부적 관리방법과 정부 및 민간 해외투자보험의 가입, 현지정부의 투자보증 및 정부 간 투자보장협정 등과 같은 외부적 관리방법으로 구분할 수 있다.

① 내부적 관리방법

- 진출포기: 어떤 특정 국가에 대한 정치적 위험이 높게 평가될 경우, 다국적기업은 그 국가로의 진출을 포기할 수 있다. 왜냐하면 다국적기업의 해외투자 대상 국가는 다양하므로 정치적 위험이 높을 것으로 예상되는 국가에 진출할 필요가 없기 때문이다.
- 현지지분의 최소화: 어떤 특정 국가의 정치적 위험이 높음에도 불구하고, 그 국가에 투자하기로 의사결정을 한 다국적기업은 현지 투자 자본을 최소화하여 위험을 회피할 수 있다.
  - ▸ 현지차입: 현지자회사는 운영에 필요한 자본을 현지금융기관으로부터 차입하는 비율을 높일 수 있다. 만일 정치적 위험에 노출되어 현지자회사가 도산한다면, 손실이 최소화될 수 있기 때문이다.
  - ▸ 합작투자: 현지투자기업은 합작투자를 통하여 파트너기업과 정치적 위험을 나누어 가짐으로써 손실을 줄일 수 있다. 또한, 합작투자파트너가 현지국기업(국영기업 또는 민영기업)일 경우, 정치적 위험이 상당히 예방될 수 있다.
  - ▸ 경영관리계약: 경영관리계약은 현지국에 전혀 지분을 보유하지 않는 진입방법이다.
- 국제적 통합: 다국적기업의 다양한 기능영역이 네트워크를 통하여 국제적으로 통합된다면 어느 특정 해외자회사의 정치적 위험은 줄어들 수 있다.
  - ▸ 생산, 마케팅 및 부품조달활동의 국제적 통합: 어떤 특정 현지자회사가 정치적 위험에 노출될 경우, 생산, 마케팅 및 부품공급 등과 같은 지원을 중단함으로써 글로벌 차원에서 다국적기업의 손실이 최소화될 수 있다.

② 외부적 관리방법

- 정부 및 민간 해외투자보험의 가입: 정치적 위험으로 인한 손실이 발생할 경우를 대비하여 다국적기업은 보험에 가입하여 위험에 대처할 수 있다.
- 현지정부의 투자보증: 현지정부의 투자보증은 정치적 위험을 줄여줄 수 있다.

- 정부 간 투자보장협정: 투자보장협정은 민간기업의 해외투자위험을 회피하기 위해 정부 간에 미리 체결하는 협정을 말한다. 본국과 현지국 정부 간의 투자보장협정을 통하여 정치적 위험은 현저히 줄어들 수 있다.

(2) 투자 이후의 관리방법

투자 이후의 관리방법은 선량한 기업시민이미지의 창출, 현지국으로의 기술이전공헌 및 현지국의 경제발전공헌 등과 같은 내부적 관리방법과 정부 및 민간 해외투자보험의 가입, 현지정부의 투자보증 및 정부 간 투자보장협정 등과 같은 외부적 관리방법으로 나눌 수 있다. 특히, 투자 이후의 외부적 관리방법은 투자 이전의 관리방법과 동일하지만 투자시점의 차이 때문에 구체적인 관리방법이 약간 다를 수 있다.

① 내부적 관리방법

- 선량한 기업시민이미지의 창출: 정치적 위험에 노출될 경우를 대비하여 다국적 기업은 현지자회사의 기업이미지를 잘 관리하여야 한다. 이를 통하여 현지자회사가 정치적 위험에 노출되었을 경우, 그 기업은 현지국의 국민 또는 직원의 지원을 받을 수 있다.
- 현지국으로의 기술이전공헌: 현지국으로의 적극적인 기술이전을 통하여 현지자회사는 현지국이나 현지기업으로부터 신뢰를 받을 수 있다. 그러나 핵심기술의 현지이전은 신중히 고려하여야 한다.
- 현지국의 경제발전공헌: 현지자회사는 현지국의 경제발전에 공헌하고 있다는 사실을 보여주어야 한다.

② 외부적 관리방법

- 정부 및 민간 해외투자보험의 가입: 현지자회사는 투자 이후에 나타나는 다양한 형태의 정치적 위험을 회피하기 위하여 관련된 보험에 가입한다.
- 현지정부의 투자보증: 현지자회사는 투자 이후에 나타날 수 있는 정치적 위험

을 줄이기 위하여 현지국의 투자보증을 받을 필요가 있다.

- 정부 간 투자보장협정: 현지자회사는 정부 간 투자보장협정을 통하여 현지투자기업의 재산보전, 정당한 법절차에 따른 신속하고 효과적인 보상, 자유로운 본국으로의 송금 및 본국정부에 의한 손해청구 등과 같은 권리를 행사할 수 있다.

(3) 위험발생 이후의 관리방법

위험발생 이후의 관리방법은 적극적인 회수 및 보상과 같은 내부적 관리방법과 본국정부의 경제적 제재, 외교적 해결 및 군사적 해결 등과 같은 외부적 관리방법으로 분류할 수 있다.

① 내부적 관리방법

- 적극적인 회수 및 보상: 정치적 위험이 발생하여 현지자회사의 존립에 위기가 닥쳐왔을 경우, 현지자회사는 적극적으로 투자 자본을 회수하거나, 현지정부와의 협상을 통해 신속하고 충분한 보상이 이루어지도록 해야 한다.

② 외부적 관리방법

- 본국정부의 경제적 제재: 정치적 위험으로 인하여 현지자회사가 위험에 처하였거나 불이익을 받을 경우, 본국정부는 현지국에 경제적 제재를 가할 수 있다.
- 본국정부의 외교적 해결: 현지자회사의 재산상의 피해 또는 손실이 발생할 경우, 외교적인 접근을 통하여 문제가 해결될 수 있다.
- 본국정부의 군사적 해결: 현지자회사의 피해 또는 손실이 복구될 가능성이 없는 경우, 본국정부에 의한 군사적 해결과 같은 극단적인 방법이 동원될 수 있다.

정치적 위험 관리를 종합해보면 다음 〈표 3-1〉과 같다.

표 3-1 | 정치적 위험 관리

구분	내부적 관리방법	외부적 관리방법
투자이전	• 진출포기 • 현지지분의 최소화(현지차입, 합작투자, 경영관리계약) • 국제적 통합(생산, 마케팅, 부품조달활동을 국제적으로 통합)	• 정부 및 민간 해외투자보험 가입 • 현지정부의 투자보증 • 정부 간 투자보장협정
투자이후	• 현지국 사회에 이바지 하는 기업이미지 창출 • 현지국으로의 기술이전 공헌 • 현지국의 경제발전 공헌	• 정부 및 민간 해외투자보험의 가입 • 현지정부의 투자보증 • 정부 간 투자보장협정
위험발생 이후	• 적극적인 회수 및 보상	• 본국정부의 경제적 제재 • 본국정부의 외교적 해결 • 본국정부의 군사적 해결

2. 법률적 환경

1) 법률적 환경의 의의

다국적기업의 활동은 본국뿐만 아니라, 현지국의 법률적 지배도 받으며 이루어지기 때문에 법률적 환경(Legal Environment)을 이해하는 것은 매우 중요하다. 어떤 국가의 법적 환경을 이해하는 데 있어서 가장 중요한 것 중의 하나는 그 국가의 법체계를 파악하는 것이다. 일반적으로 전 세계 국가들의 법체계는 성문법(대륙법)과 불문법(영미법) 중에서 하나에만 근거하여 구성된다.

성문법(Civil Law)은 입법기관에 의하여 만들어지고, 그 내용이 문서로 작성되어 일정한 형식과 절차를 거쳐서 공포된 법을 말한다. 이와 반대로 불문법(Common Law)은 성문법 이외의 법으로서 문장으로 표현되지 않으며, 일정한 법제정기관에 의한 소성의 절차를 거치지 않고 형성된 법을 말한다.

성문법과 불문법 이외에 다국적기업이 직면하게 되는 또 다른 중요한 법체계는 이슬람법(Islamic Law)이다. 이슬람을 국교로 삼은 국가에서 기업 활동을 할 때는 이 법을 준수해야만 기업이 법적인 불이익을 당하지 않게 된다. 이슬람법은 코란과 마호메트의 언행을 중심으로 한 일종의 관습법으로서 이슬람교도의 신앙생활은 물론 이슬람사회의 정치, 경제, 사회 및 인간상호 간의 권리·의무 등의 모든 영역에 걸친 계율 등으로 구성되어 있다.

다국적기업이 현지국에서 기업 활동을 하는 경우에는 상법 및 경제법, 화폐 및 금융법, 회사법 및 기업법, 노동법 및 사회법, 경쟁법, 세법 등의 법률을 면밀히 검토할 필요가 있다.

기업의 성격과 활동범위 등에 따라서 현지국별로 검토해야 하는 법률들이 다를 수 있다. 일반적으로 현지국의 법률에 대한 구체적인 검토는 기업의 법무팀, 현지국의 변호사 또는 법무법인 및 경영컨설팅회사 등에 의하여 이루어질 수 있다. 즉, 이러한 법률자문을 통하여 다국적기업 관리자는 현지국의 법률에 의해 영향을 받게 되는 기업의 활동 및 행위와 관련된 구체적인 지식 또는 정보를 획득할 수 있다.

2) 현지국에서의 규제적 법률 환경

현지국에서 활동하는 다국적기업은 여러 가지 규제적 법률 환경(Regulative Legal Environment)에 노출되어 있다. 이러한 규제적 법률 환경은 다국적기업의 활동에 심각한 타격 또는 손실을 발생시킬 수 있다. 예를 들면 기업의 소유지분을 규제하는 법률, 현지 종업원의 고용과 관련된 법률, 투자원금의 회수와 본국 송금과 관련된 법률, 특허, 브랜드 및 지적재산권과 관련된 법률, 반덤핑규제, 제품의 품질, 규격 및 안전, 가격 통제와 관련된 법률 등과 관련된 법률 등 규제적인 법률이 다국적기업의 활동에 부정적인 영향을 미칠 수 있다.

이 밖에도 현지국별로 다양한 규제적인 법률이 존재할 수 있으므로 다국적기업 관리자는 현지국의 독특한 법적 환경에 대하여 철저하게 분석하여야 한다. 아울러 법률이나 규칙으로 제정되어 있지 않은 상관습도 경우에 따라서 다국적기업의 활동을 제약할 수 있기 때문에 이에 대한 분석도 필요하다. 다국적기업이 고려해야 할 대표적인 법률적 환경은 다음과 같다.

(1) 투자자산 보장 문제

다국적기업이 해외에 해외자회사를 세울 때 자회사의 자유로운 활동과 공정한 대우, 그리고 현지에 투자한 재산을 보장받는 문제가 생길 수 있다. 일반적으로 국가와 국가, 즉 양국 정부 사이에 투자보장협정을 맺게 되면, 다국적기업이 투자한 자산의 안전성 및 자유로운 활동을 보장 받게 된다. 따라서 투자보장협정이 맺어진 다음에 그 나라에 진출하는 것이 일반적인 관례이다.

(2) 지적재산권

지적재산에 대한 관심이 높아지면서 특허, 상표권 등에 대한 국제적 보호가 국제경영의 중요한 요소로 부각되고 있다. 국제특허는 존재하지 않으므로 한 나라에서 등록된 특허 및 상표권이 다른 나라에서 반드시 보장되지는 않는다. 따라서 다국적기업은 거래관계가 있는 모든 나라에 자신의 지적재산을 반드시 등록시켜야 한다.

(3) 조세시스템

세금은 각 국가들이 자국의 권리를 강력하게 유지하려는 것으로서 일반적으로 다국적기업은 실제 소득이 창출된 국가에 세금을 내고, 본국에서는 해외에서 지불된 세금에 대해 감면을 받는다. 국경을 넘어 기업 활동을 하는 다국적기업들의 과세문제를 규정하는 국제법은 존재하지 않는다. 조세시스템은 국가에 따라 큰 차이를 나타내며, 두 개 이상의 국가들이 조세관할권을 주장하는 것이 보통이다. 이러한 문제를 피하고, 다국적기업에 공정한 과세를 보장하기 위해 많은 국가들은 쌍무적인 이중과제방지협약을 맺어 해외에서 지불된 세금에 대해서는 감면하는 혜택을 주고 있다.

(4) 외국기업의 지분율 제한

현지국 정부는 자국 내에서 활동하는 외국기업들의 소유권을 통제하려고 한다.

즉, 외국기업의 지분을 제한하는 법률은 다국적기업에게 위협이 될 수 있다. 지분제한의 위협은 다국적기업들이 합작투자 형태로 진출하도록 한다. 따라서 합작법인을 세울 때 향후 해산 및 동업관계에서 발생하는 특허권, 상표권, 기술의 처분 등에 관한 조장을 반드시 계약서에 포함시켜야 한다.

(5) 라이센싱과 산업비밀

라이선싱(Licensing)은 라이선스 제공자(Licensor)가 수혜자(Licensee)에게 로열티 또는 다른 형태의 보상을 대가로 특허, 상표, 산업비밀, 기술 등 무형자산에 대한 사용을 허락하는 계약이다. 대부분의 국가들은 자신들의 기술이전법에 의해 라이선싱 계약을 규제하고 있다.

선진국에서는 법률에 의해 적절한 문서화가 이루어져 있으면, 산업비밀이나 노하우에 대해 보호를 받고, 특허권이나 상표권을 침해하거나 노하우나 산업비밀을 훔치려고 하는 것들로부터 안전책을 제공하고 있다. 그러나 대부분의 개도국에서는 특허권이나 산업 비밀에 관한 법적인 보호가 미비한 경우가 많다. 따라서 해외기업과 라이선싱을 체결하려는 다국적기업들은 산업재산권에 관한 외국의 법적 보호 장치뿐 아니라 실제 법의 집행여부에 대해서도 주의를 기울여야 한다.

(6) 독과점금지법

독과점금지법은 제한적 비즈니스 관행들을 없애고, 경쟁을 촉진하기 위해 존재하는 법률을 의미한다. 제한적 비즈니스 관행이란 가격담합, 생산제한, 시장배분, 기술제한 또는 경쟁을 피하기 위해 도입된 모든 형태의 담합을 의미한다. 대표적인 독과점금지법으로는 미국의 Antiturst, Sherman Act, Eu의 독과점금지조항이 있다.

(7) 뇌물과 부패

전 세계적으로 뇌물에 대한 규정이 국가에 따라 다양하고, 무엇이 옳은지, 그

릇된 것인지에 대한 판단에 있어 국가 간에 커다란 차이가 있다. 국제경영에서 뇌물은 현지국의 뇌물에 관한 관행과 법 규정 사이의 차이 때문에 발생되는 경우가 많다. 일반적으로 뇌물에 관한 국제적인 관례에서 인정되는 것은 정부의 관리들에게 해야 될 일을 신속하게 처리하도록 지불하는 대가(급행료)가 있다. 즉, 법률적으로 문제되는 것은 정당하지 않는 특별한 혜택을 얻기 위해서 현지국 정부 관리 또는 정치인에게 지불하는 뇌물인 것이다. 대표적인 뇌물방지협약에는 미국의 해외부패방지법, Oecd의 뇌물방지협약 등이 있다. 경쟁기업이 현지국 정부에 뇌물을 제공할 때 대응하는 방법에는 경쟁우위 요소 또는 다양한 요소들을 경쟁기업보다 월등하게 창출함으로써 현지국 정부가 기업의 제안을 더 매력적으로 느끼게 만드는 것이 있다.

3) 현지국에서의 법률적 분쟁의 해결방법

다국적기업이 현지국에서 법률적 분쟁에 휘말릴 경우에는 소송, 타협과 화해 및 중재를 통하여 이러한 분쟁을 해결할 수 있다.

(1) 소송(Litigation)

현지국에서 법적인 문제가 발생하였을 때, 다국적기업은 현지국 법원에 소송을 제기할 수 있다. 그러나 이 방법은 최후의 수단으로 사용되어야 한다. 왜냐하면 소송은 비용이 많이 들고, 오랜 시간이 걸리고, 기업의 이미지가 악화될 수 있고, 현지국의 법정에서 차별대우를 받을 수 있는 단점이 있기 때문이다.

(2) 타협(Conciliation)과 화해(Meditation)

타협과 화해는 법적 분쟁의 당사자들이 비공식적 또는 자발적으로 합의하여 분쟁을 해결하는 방법이다. 이 방법은 분쟁을 평화적으로 해결할 수 있는 장점을 갖고 있으나, 타협이나 화해에 실패할 경우 중재 또는 소송으로 이어질 수밖에 없는 단점을 갖고 있다.

(3) 중재(Arbitration)

중재는 분쟁의 당사자들과 이해관계가 없고, 전문성을 보유한 제3자 또는 기관을 중재자로 선정하여 분쟁을 해결하는 방법이다. 이 방법은 시간이 적게 걸리고, 비용이 적게 들며, 기업의 이미지를 손상시키지 않는다는 장점을 갖고 있다. 국제적으로 인정받고 있는 중재기관으로는 1923년에 설립된 국제상공회의소 산하의 '국제중재법원(International Court Of Arbitration)'을 들 수 있다.

3. 경제적 환경

1) 경제체제의 이해

경제체제를 구분하는 기준은 자원의 배분방식과 자원의 소유형태이다. 이를 기준으로 했을 때 전 세계 국가들의 경제체제는 크게 자본주의 경제체재, 사회주의 경제체제, 혼합경제체제로 분류할 수 있다. 첫째, 자본주의 경제체제는 일명 시장경제체체라고도 하는데, 이는 무엇을 생산할 것인가 또는 생산된 생산물을 어떻게 분배할 것인가 하는 것이 시장에 의해 결정되는 시스템이다. 시장은 수요와 공급이 이루어지는 가격기구라고 할 수 있는데, 시장의 가격에 의해 생산이 결정되고, 분배가 이루어지는 것이다. 또한 생산된 생산물의 사적 소유가 인정된다.

둘째, 사회주의 경제체재는 정부 또는 국가의 계획에 의해 생산물과 분배가 결정되는 시스템이다. 즉, 시장의 가격기구가 작동되지 않으며, 생산물의 사적 소유나 개인의 이윤 동기가 인정되지 않는 시스템이다.

셋째, 혼합경제체제는 자본주의 경제체제와 사회주의 경제체제가 혼합되어 있는 시스템으로 자원배분과 생산에 관한 주요 의사결정을 순수하게 시장에만 맡기지 않고, 그렇다고 전적으로 정부의 계획에만 의존하지 않는 시스템이다.

2) 경제발전 단계

전 세계 국가들의 경제발전 단계는 각각 다르며, 시장잠재력도 다르다. 세계경제은행(World Bank)는 1인당 국민소득(Gross National Income: Gni)을 사용하여 전 세계 국가들을 저소득 국가군, 하위 중소득 국가군, 상위 중소득 국가군, 고소득 국가군으로 구분하였다. 첫째, 저소득 국가는 1인당 국민소득이 995달러 이하로 1차 산업 중심의 특성을 가지고 있으며, 제조업이 아직 발전되지 않았고, 교육수준이 낮으며, 출산율이 높은 특징을 가지고 있다. 또한 정치적으로 불안정하여 외국 원조에 많은 부분을 의존히고 있다.

둘째, 하위 중소득 국가는 저개발국으로 1인당 국민소득이 995~3,895달러이다. 산업화의 초기단계로 제조업이 활발하고, 특히 노동집약적 산업에서 경쟁우위를 갖춰 수출활동이 활발하게 일어난다. 소득수준이 높아짐에 따라 소비시장이 급속도록 확장되는 특징이 있다.

셋째, 상위 중소득 국가는 신흥공업국으로 1인당 국민소득이 3,896~12,055달러이다. 제조업을 중심으로 산업이 급격하게 발전하고, 도시화가 많이 이루어진다. 또한 교육에 대한 수요가 늘어나 문맹률이 낮아지고, 임금도 상승한다. 그리고 내수보다는 수출중심의 경제성장을 나타낸다.

넷째, 고소득 국가는 후기 산업사회의 나라들로 1인당 국민소득이 12,056달러 이상이다. 제조업 중심에서 서비스 산업으로 옮겨지는 것이 특징이다. 또한 자본이나 생산시설보다 정보, 지식 등 지적자산이 더 중요한 경쟁우위로 작용한다.

3) 경제적 환경의 의의

국가의 경제적 환경(Economic Environment)은 그 국가에 진출하였거나, 또는 진출하려는 다국적기업의 시장잠재성과 성장가능성을 예측하는 데 있어서 매우 중요한 역할을 한다. 즉, 다국적기업이 글로벌시장에 진출하는 경우에 고려해야 하는 가장 중요한 요인 중의 하나는 경제적 환경이며, 이러한 환경은 시장과 관련된 다양한 변수들을 포함하고 있다.

넓은 의미의 경제적 환경은 어떤 국가의 거시경제적 환경과 사회경제적 환경을 모두 포괄하고 있다. 거시경제적인 환경(Macroeconomic Environment)은 어떤 국가의 경제체제, 시장규모와 거시경제지표와 관련된 변수 등으로 구성되어 있다. 사회경제적 환경(Socioeconomic Environment)은 총인구, 연령분포 및 인구밀도와 분포 등으로 이루어져 있다.

일반적으로 경제적 환경과 관련된 변수의 통계수치는 Un 통계연감, 현지국에서 발행하는 통계연감, 경제백서 및 경제보고서 등과 같은 2차 자료를 통하여 쉽고 간편하게 확인할 수 있다.

4) 주요 경제적 변수

(1) 시장규모 변수

국민총생산, 1인당 국민소득 및 소득분포 등은 어떤 국가의 시장규모와 잠재성을 측정하기 위하여 널리 활용되는 변수이다.

① 국민총생산(Gross National Product: GNP)

국민총생산은 어떤 한 국가의 국내 및 해외소유 생산요소들에 의해 최종 생산된 제품과 서비스의 총 시장가치를 화폐단위로 나타낸 것을 말한다. GNP는 국민총소득(Gross National Income: GNI)이라고도 하며, 일반적으로 1년 단위로 집계된다. GNP는 어떤 국가의 경제활동수준을 파악하는 데 가장 널리 사용되는 지표이다. 국내총생산(Gross Domestic Product: GDP)은 어떤 한 국가 내에서 생산된 제품과 서비스의 시장가치를 합한 것을 의미하며, 어떤 한 국가의 실제적인 국내

경제의 수준을 측정하는 데 널리 사용된다.

② 1인당 국민소득(Per Capita Income)

1인당 국민소득은 국민총생산(GNP)을 인구수로 나눈 것을 의미한다. 그러나 국내총생산(GDP)을 인구수로 나눈 국내의 1인당 국민소득을 사용하여 어떤 국가의 소비자의 구매력을 예측하려는 경향이 있다. 1인당 국민소득은 국가별 인구수에 따라 많은 차이가 날 수 있기 때문에 GNP 또는 GDP의 규모와 비교하여 평가되어야 한다. 다국적기업은 GDP의 규모가 크고, 1인당 국민소득이 높은 국가, GDP의 규모가 크고, 1인당 국민소득이 낮은 국가, GDP의 규모가 작고, 1인당 국민소득이 높은 국가, GDP의 규모가 작고, 1인당 국민소득이 낮은 국가 등의 분류를 통해 국가별 시장규모와 잠재성을 예측할 수 있다.

1인당 국민소득은 물가와 환율의 변동에 따라 달라질 수 있기 때문에 다국적기업은 이것에 대하여 분석한 후에 어떤 국가의 시장규모와 잠재성을 평가하여야 한다. 1인당 국민소득은 단순한 평균치에 불과하기 때문에 보다 정확한 시장규모와 잠재성을 예측하기 위해서는 소득분포를 파악하는 것이 중요하다. 또한, 1인당 국민소득의 평가와는 별도로 개인소득에서 납부한 세금을 차감한 가처분소득(Disposable Income)은 현지국소비자의 실질구매력을 예측하는 중요한 기준이 될 수 있다.

③ 소득분포(Income Distribution)

소득분포는 어떤 한 국가의 국민이 벌어들이는 소득이 어떻게 분포되어 있는가를 보여주는 지표이다. 세계은행(World Bank)에서 매년 발간하는 〈World Development Indicators〉는 다음과 같은 기준으로 어떤 한 국가의 소득분포를 측정한다. 여기에서 하위 20%에서 상위 20%까지의 5개 기준의 합은 100%이며, 상위 10%의 수치는 부가적으로 제시된다.

어떤 한 국가의 소득분포에 기초하여 다국적기업은 보다 정확하고 의미 있는 특정 제품의 시장규모와 잠재성을 예측할 수 있고, 보다 구체적으로 시장세분화를 할 수 있다. 일반적으로 소득은 선진국일수록 균등하게 분포되어 있으며, 후진국일수록 불균등하게 분포되어 있다.

(2) 거시경제지표 변수

거시경제지표와 관련된 변수들은 어떤 국가의 금융 및 재정정책에 의해 직접 또는 간접적으로 영향을 받게 된다. 거시경제지표와 관련된 변수들은 국가적 차원의 경제상황을 판단할 수 있는 중요한 기준으로 활용된다.

① 경제성장(Economic Development)

경제성장은 국민총생산과 1인당 국민소득 등과 같은 국민경제의 기본적 지표가 높아지는 것을 말한다. 경제성장률은 어떤 국가의 시장규모와 잠재성의 변화를 예측하는 기준으로 사용된다. 즉, 이것은 어떤 국가의 전반적인 경제발전의 경향을 보여주는 지표이다.

② 인플레이션(Inflation)

인플레이션은 물가가 급격히 상승하는 것을 말한다. 일반적으로 인플레이션은 어떤 국가의 통화량이 팽창하여 화폐가치가 떨어지고, 물가가 계속적으로 상승하여 국민의 실질적 소득이 감소하는 현상을 초래한다.

③ 이자율(Interest Rate)

이자는 빌려 준 돈이나 예금 등에 붙는 부가적인 수익을 말하며, 금리라고도 한다. 즉, 이자는 원본인 유동자본(화폐)의 대부로부터 발생하는 수익으로서 원본액과 사용기간에 비례하여 일정한 이율에 따라 지급되는 금전 또는 기타의 대체물을 의미한다. 이자율은 다국적기업의 재무관리에 있어서 가장 중요한 부분 중 하나에 속한다.

④ 환율(Exchange Rate)

환율은 어떤 국가의 외환시장에서의 외환에 대한 수요와 공급에 의하여 결정되며, 외환시장의 수요와 공급은 무역거래 및 국제자본이동 등을 수반하거나 환율변동에서 차액을 얻으려는 투기적 시장참가자에 의해 발생한다.

⑤ 국제수지(Balance Of Payment: BOP)

국제수지는 한 국가의 국경을 통과하는 자금의 흐름을 집계하고, 그로부터 자금의 유입과 유출을 구한 것이다. 일반적으로 국제수지는 적자(Deficit) 또는 흑자(Surplus)로 나타나기 때문에 어떤 한 국가의 적자 또는 흑자의 규모를 파악하는 것이 중요하다. 다른 경제적 조건이 동일하다면, 다국적기업은 국제수지가 흑자인 국가에서 활동하는 것이 더욱 유리할 수 있다. 국제수지는 경상수지와 자본수지로 구성되어 있으며, 주요 구성요소를 살펴보면 다음과 같다.

- 무역수지: 상품 및 서비스의 수출(자금유입)과 수입(자금유출)
- 소득수지: 이자, 배당금의 지급을 위한 자금의 유출과 유입
- 경상이전수지: 송금 및 무상원조 등과 같은 반대급부가 없이 일방적으로 지급되는 자금의 유출과 유입
- 투자수지: 직접투자, 증권(주식) 및 채권 등에 투자한 경우의 수지
- 기타 자본수지: 직접투자와 증권투자에 속하지 않는 대출 및 차입, 무역관련 신용 등과 관련된 수지

무역수지, 소득수지 및 경상이전수지를 모두 포함하여 경상수지(Current Account)라고 한다. 경상수지는 상품 및 서비스의 교역 등과 같은 경제상황의 변동에 따르는 자발적 거래에 의한 것으로서 한 국가 경제의 대외적 건전성을 나타내는 가장 중요한 지표이다. 자본수지(Capital Account)는 투자수지와 기타 자본수지로 구성되어 있으며, 이들 중에서 직접투자의 유입과 유출과 관련된 투자수지가 중요한 의미를 갖는다.

⑥ 외채(External Debt)

외채는 어떤 국가의 정부, 금융기관 및 기업 등이 외국의 공공은행 또는 민간 은행 등에 지고 있는 빚을 말한다. 이것은 1년 내에 갚아야 하는 단기외채와 1년 후에 갚아도 되는 장기외채로 분류된다. 특히, 단기외채의 급증과 경상수지의 악화가 예상되는 국가에서는 채무의 이행을 연장하는 지불유예(Moratorium) 또는 외환위기가 나타날 가능성이 매우 높으며, 이것은 다국적기업의 활동에 심각한 악영향을 미칠 수 있다. 외채문제는 채무재조정(Rescheduling)과 추가금융지원(Refinancing) 등을 통하여 해결될 수 있다. 즉, 채무재조정은 특정 외채에 대한 원래의 상환만기를 재조정하거나 재구성하는 것이고, 반면에 추가금융지원은 채무자가 계속하여 채무상환의무를 이행할 수 있도록 채권자가 추가적으로 대출해 주는 것이다.

(3) 사회경제적 변수

국가의 경제적 환경을 보다 구체적으로 평가하기 위해서는 총인구, 연령분포 및 인구밀도와 분포 등과 같은 사회경제적 변수를 검토할 필요가 있다.

① 총인구

총인구(Total Population)는 어떤 국가의 잠재적 시장규모를 평가하기 위한 가장 일반적인 지표이다. 특히, 총인구는 가격이 비교적 저렴한 소비재 또는 편의품의 시장규모를 예측하는 데 유용한 기준이 될 수 있다. 다른 여러 가지 조건이 동일하다면, 인구가 많은 국가일수록 그 국가는 다국적기업에게 유리한 시장상황을 제공할 것이다. 어떤 국가의 GNP 규모는 그 국가의 총인구와 정비례하는 경향이 있지만, 그 국가의 경제발전 정도에 따라 이러한 경향은 다르게 나타날 수 있다. 예를 들면, 총인구 700만 명의 작은 국가인 스위스의 GDP 규모(2007년 기준)는 총인구 1억 2,800만 명의 방글라데시와 비슷하다. 또한, 총인구는 어떤 국가의 노동력의 이용가능성 또는 잠재성을 파악하기 위한 중요한 기준이 될 수 있다.

② 연령분포

연령분포(Age Distribution)는 어떤 국가에 있어서 일련의 연령범주에 속하는 국민들의 비율분포를 말한다. 일반적으로 개발도상국에서는 선진국에 비해 청년층의 비율이 높게 나타나는 경향이 있고, 선진국에서는 개발도상국에 비해 노년층의 비율이 높게 나타나는 경향이 있다. 이와 같이 연령분포가 국가별 그리고 경제발전수준별로 다른 이유는 출산율과 의료수준의 차이 때문인 것으로 보인다. 연령분포는 연령과 관련된 제품(예를 들면, 유아, 청소년, 청장년 및 노년층 등을 위한 제품)의 시장세분화를 위한 중요한 기준이 된다. 아울러, 이것은 어떤 국가에서 이용 가능한 노동력의 질과 양을 평가하기 위한 기본적인 자료로 활용될 수 있다.

③ 인구밀도와 분포

인구밀도(Population Density)는 일반적으로 1㎢당의 인구로 표시되며, 국가별로 많은 차이가 날 수 있는 사회경제적 변수이다. 이것은 어떤 국가의 기후 · 지형 · 시질 등과 같은 자연적 요인과 문화 · 환경 등과 같은 사회적 요인에 의해 결정될 수 있다. 인구밀도는 시장규모와 잠재성을 평가하기 위한 중요한 기준이 된다. 일반적으로 인구밀도가 높은 국가에서는 적은 비용으로 높은 매출액이 달성될 수 있다.

인구분포(Population Distribution)는 어떤 국가의 국민이 지리적으로 어떻게 분포되어 있는가에 대한 것이다. 이러한 인구분포는 산맥, 호수 및 강 등과 자연적 장벽 또는 경계에 의해 이루어질 수 있으며, 경우에 따라서 종교, 문화 및 언어 등과 사회적 요인에 의해 결정될 수도 있다. 예를 들면, 스위스에서는 산맥과 언어에 따라 4개 지역(독일어, 불어, 이탈리아어 및 로만어 사용지역)을 중심으로 인구분포가 이루어져 있다. 또한 국가별로 도시와 농촌의 인구분포가 어떻게 되어 있는가를 파악하는 것도 매우 중요하다. 인구밀도와 마찬가지로 인구분포는 다국적 기업이 전략을 수행하기 위한 중요한 기준이 될 수 있다.

4. 문화적 환경

1) 문화의 의의

문화(Culture)는 라틴어의 'Cultus(경작하다, 재배하다)'에 그 어원을 두고 있으며, "어떤 지역, 국가 및 집단의 사회구성원들에 의해 공유되고 학습된 행위의 총체"를 의미한다. 호프스테드(Hofstede)는 문화를 "어떤 한 집단의 구성원들을 다른 집단의 구성원들과 다르게 만드는 인간사고의 집단적 프로그래밍"으로 정의한다. 폰 켈러(Von Keller)에 의하면 문화는 다음과 같은 7가지의 특징을 갖고 있다.

- 문화는 인간에 의해 창조된다.
- 문화는 개인을 초월하며, 개인에게 지속적으로 영향을 미치는 하나의 사회현상이다.
- 문화는 학습된다.
- 문화는 규칙, 규범 및 행동방식 등을 통하여 행동을 조정한다.
- 문화는 내부적 일관성과 통합을 추구한다.
- 문화는 적응력을 갖고 있다.
- 문화는 장기간에 걸쳐 변화된다.

문화는 실체의 대부분이 숨겨져 있고, 매우 작은 일부분만이 외부에 노출되어 있다. 외부에 드러나는 문화 요소들은 심벌, 종교의식, 언어, 의복, 음식 및 예술 등과 같은 인공적 산물이다. 그러나 이러한 요소들은 가치관, 규범, 사고방식 및 태도 등과 같이 눈에 보이지 않는 무의식적이고, 내재적인 요소들을 반영하고 있다.

다국적기업은 문화적 전통과 배경이 다른 국가 또는 지역에서 활동하기 때문에 현지국 또는 현지지역의 문화에 대한 다양한 측면들을 분석할 필요가 있다. 사회문화적 환경으로서의 문화는 어떤 기업이 다국적기업의 활동에 관계할 때 가장 먼저 직면하게 되는 요소이다. 다국적기업의 활동 관점에서 볼 때, 현지국의 문화는 다음과 같은 다양한 측면들과 관련되어 있다.

- 현지종업원의 일에 대한 태도 및 동기부여
- 현지고객의 제품에 대한 욕구 또는 취향(예를 들면, 소비자행동)
- 현지파견인력 및 현지종업원에 대한 교육 및 훈련
- 현지인 또는 현지종업원과의 커뮤니케이션
- 국제경영전략의 수립(예를 들면, 제품디자인, 광고전략 및 유통전략 등의 수립)
- 국제적 협상

다국적기업 관리자는 현지국과 본국의 문화적 차이 때문에 발생하는 문제를 해결하기 위하여 문화적 지식을 갖출 필요가 있다. 이러한 문화적 지식은 사실적 지식과 해석적 지식으로 구분될 수 있다. 사실적 지식(Factual Knowledge)은 대제로 명백하며 학습되어야 하는 것이다. 예를 들면, 문화에 따른 색상의 서로 다른 의미, 서로 다른 취향 및 고유한 문화적 특성 등은 다국적기업 관리자가 예상, 연구 및 습득할 수 있는 사실적 지식이다. 이에 반해, 해석적 지식(Interpretative Knowledge)은 서로 다른 문화적 특성과 패턴을 충분히 이해하고 평가할 수 있는 능력이다. 예를 들면, 시간의 의미, 다른 사람과 특정 대상에 대한 태도, 어떤 사람의 사회적 역할에 대한 이해 및 삶의 의미 등은 문화에 따라 크게 다르며, 이것을 충분히 이해하기 위해서는 사실적 지식 이상의 것이 필요하다.

2) 문화의 종류

기업 관점에서 볼 때, 문화는 개인문화, 기업문화, 산업문화 및 사회문화 등과 같은 네 가지로 구분될 수 있다.

(1) 개인문화

개인문화(Individual Culture)는 어떤 한 개인의 문화적 표준에 그 기초를 두고 있다. 개인의 문화적 표준은 각 개인의 성장과정, 교육, 인간관계 및 환경 등과 같은 요소에 의해 결정되는 경향이 있다. 특히, 개인문화는 소비자로서의 개인을 이해하는 데 있어서 매우 중요한 의미를 갖는다.

(2) 기업문화

기업문화(Corporate Culture)는 어떤 한 기업의 문화적 표준에 근거하고 있다. 기업문화는 어떤 기업의 가치관, 규범, 사고방식 및 행동 등과 같은 문화적 요소들이 오랜 기간에 걸쳐 개인에게 영향을 미쳐 형성되며, 이것은 그 기업에서 일하는 개인(예를 들면, 경영자 및 종업원)의 행동을 통제할 가능성이 매우 높다. 기업문화는 다음과 같은 특징을 갖고 있다.

- 기업문화는 기업의 역사와 환경을 통하여 형성된다.
- 기업문화는 기업구성원들의 장기간에 걸친 상호작용의 산물이다.
- 기업문화는 개별적이다. 즉, 모든 기업은 어떤 전형적이고 특징적인 문화를 갖고 있다.
- 기업문화는 학습이 가능하다.
- 기업문화는 함축적인 특성을 갖고 있다.
- 기업문화는 다양한 표현양식을 갖고 있다.
- 기업문화는 대다수의 기업구성원들의 총체적인 가치관과 규범을 내포한다.
- 기업문화는 정서적인 관계를 구축한다.

(3) 산업문화

산업문화(Industrial Culture)는 한 산업의 문화적 표준에 그 기반을 두고 있다. 산업문화는 어떤 한 산업에 속해 있는 여러 기업들의 기업문화를 총체적으로 반영한다. 다국적기업의 관점에서 볼 때, 어떤 국가의 특정 산업문화는 어떤 특정 기업의 기업문화를 유추할 수 있는 기회를 제공할 수 있다.

(4) 사회문화

사회문화(Social Culture)는 전 사회의 문화적 표준에 그 바탕을 두고 있다. 즉, 이것은 국가적 차원의 문화를 의미한다. 사회문화는 어떤 국가의 개인문화, 산업문화 및 기업문화를 모두 포괄하고 있다. 사회문화의 대표적인 예로 국민성을 들 수 있는데, 이것은 한 국가에서 오랫동안 학습되고 공유된 인성적인 특징을 말한다. 그리고 어떤 국가에서 발견되는 특징적인 관행 또는 습관 등도 사회문화의 주요 구성요소이다.

3) 주요 문화적 변수

다국적기업이 현지기업 및 국민과 좋은 관계를 유지하고, 기업의 성과를 증대시키기 위해서는 그 국가의 문화를 이해하는 것이 중요하다. 문화적 변수 또는 문화의 구성요소는 어떤 국가의 문화를 연구하고 분석하기 위한 개념적인 기초가 된다. 다국적기업의 경영활동에 영향을 미치는 주요 문화 구성요소를 종합해보면 다음 [그림 3-1]과 같다.

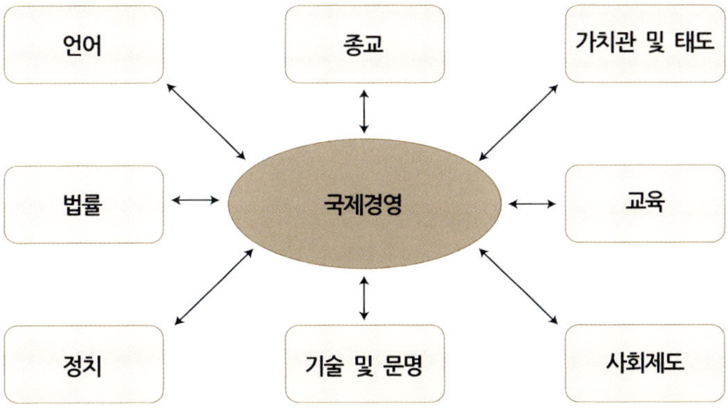

그림 3-1 | 문화 구성요소

(1) 언어

언어(Language)는 문화들 간의 차이점을 분명하게 확인시켜 주는 가장 중요한 변수이다. 이것은 의사소통도구로 사용되며, 어떤 국민 또는 민족의 정체성을 대변하는 기준이 된다. 즉, 어떤 하나의 언어는 다른 언어와 구별되는 특유의 문화적 정체성을 보유하고 있다.

언어는 음성언어와 비음성언어로 구분된다. 음성언어(Spoken Language)는 말과 글로 표현되는 언어이다. 예를 들면, 한국어, 영어, 중국어 및 일본어 등은 음성언어에 해당되며, 이것은 말과 글로 구성되어 있다. 그러나 어떤 음성언어는 말로 표현되지만 고유의 글이 없는 경우도 있다. 다민족 또는 다인종 국가에서는 다양한 음성언어가 존재하기 때문에 타민족 또는 타인종과의 의사소통이 불가능하거나 어려운 상황이 발생할 수 있다. 비음성언어(Unspoken Language)는 제스처, 표정 및 몸짓 등과 같은 것을 통하여 의사소통하는 것을 의미한다. 이것은 국가별, 민족별 또는 부족별로 매우 다를 수 있을 뿐만 아니라, 동일한 표현도 전혀 다른 의미로 해석될 수 있다.

언어는 언어로 표현된 본사의 경영노하우 및 기술노하우의 현지자회사로의 이전(업무지침 및 사용매뉴얼 등의 번역), 현지경영자 및 종업원과의 의사소통, 현지소비자와의 의사소통, 브랜드명 및 광고주제의 설정 등과 같은 국제마케팅 활동, 해외마케팅조사(예를 들면, 현지인을 대상으로 하는 설문조사 및 인터뷰 등) 등과 같은 다국적기업의 활동에 영향을 미칠 수 있다.

(2) 미학

사전적인 의미의 미학(Aesthetics)은 자연이나 인생 및 예술 등에 담긴 미의 본질과 구조를 탐구하는 학문을 의미한다. 이것은 어떤 문화의 미적 감각과 취향 등과 관련되어 있으며, 예술(음악, 미술, 연극 및 무용), 색채 및 형상 등으로 표현된다. 특히, 미학은 제품 포장 디자인, 제품의 색상, 색상의 상징적 의미, 컬러 Tv에서의 광고, 광고에서의 배경음악의 선택, 브랜드명에 대한 미학적 요소의 결합(디자인, 글꼴 및 색채 등) 등 다국적기업의 마케팅 전략과 관련해 매우 중요한 의미를 갖고 있다.

(3) 가치관 및 태도

가치관(Values)은 인간이 자기를 포함한 세계와 그 속의 사상(관찰할 수 있는 형태를 취하여 나타나는 여러 가지 사물과 현상)에 대해 가지는 근본적인 평가의 태도를 뜻한다. 여기에서 태도(Attitudes)는 어떤 사물이나 상황 등을 대하는 자세를 의미한다. 인간의 행동은 대부분 이러한 가치관과 태도에 기초를 두고 있다. 일반적으로 가치관과 태도는 오랜 기간 동안 어떤 국민 또는 민족에게 영향을 미쳐온 종교 및 철학사상 등에 의하여 결정되는 경향이 있다. 가치관과 태도는 다음과 같은 측면에서 다국적기업의 활동과 관련되어 있다.

- **일에 대한 태도:** 일에 대한 태도의 국가별 차이는 국가별 생산성 및 매출액에 영향을 미칠 수 있다. 예를 들면, 미국인은 일을 하나님이 준 사명으로 이해하지만, 인도인은 일을 적선의 수단으로 활용한다.
- **시간에 대한 태도:** 국가에 따라서 시간약속을 잘 지키는 국가(예를 들면, 독일, 일본 및 유럽의 일부 국가 등)와 그렇지 못한 국가(예를 들면, 아시아와 남미의 일부 국가 등)가 있다. 국가 간의 시간관념의 차이는 다국적기업의 협상에 영향을 미칠 수 있다(예를 들면, 한국인의 조급함과 중국인의 느긋함의 차이).
- **부에 대한 태도:** 부를 성취의 상징으로 보는 국가와 그렇지 못한 국가가 있다. 이러한 태도의 차이에 따라 금전적 동기부여의 결과가 달라질 수 있다.
- **변화 또는 혁신에 대한 태도:** 이것은 신제품개발과 시장도입에 영향을 미칠 수 있을 뿐만 아니라, 조직의 혁신에도 영향을 미칠 수 있다.
- **특정 제품을 대하는 태도:** 국가별 소비자 간의 어떤 특정 제품에 대한 인식의 차이 때문에 소비자에 대한 접근이 달라질 수 있다(예를 들면, 자동차를 신분표시의 수단으로 인식하는 국가와 단순 운송수단으로 인식하는 국가에서의 광고는 차별화될 수 있음).

(4) 종교

종교(Religion)는 신, 초자연적인 절대자 또는 힘을 믿음으로써 인간생활의 고뇌를 해결하고 삶의 궁극적인 의미와 내세를 추구하는 문화체계를 의미한다. 종교는 인간의 일상생활, 가치관 및 태도 등에 큰 영향을 미친다. 즉, 어떤 특정 종교는 그 종교를 믿는 사람의 행동과 사고에 중대한 영향을 미친다. 종교는 다음과 같은 측면에서 다국적기업의 다양한 활동에 영향을 미칠 수 있다.

- 직업윤리: 이것은 특정 직업에 종사하는 사람들이 지켜야 하는 행동규범을 의미하며, 종교의 영향을 많이 받는다. 예를 들면, 청교도적인 직업윤리 및 유교적 직업윤리 등은 해당 국가에서 활동하는 다국적기업에 큰 영향을 미친다.
- 직장생활: 특정 종교는 일정한 기도시간과 먹는 음식에 대한 명확한 기준을 갖고 있기 때문에 다국적기업은 종업원의 직장 내 종교활동을 존중할 필요가 있다(예를 들면, 독일기업의 터키인 이주노동자들에 대한 이슬람식단 및 기도실 제공, 종교에서 정하는 축일 또는 휴일의 존중).
- 소비자행동: 종교별로 금기시하는 제품이 있다(예를 들면, 식품과 의류 등).
- 시장세분화: 다종교국가에서는 서로 다른 세분시장이 나타난다.
- 광고활동: 국가에 따라 종교적 금기사항을 광고캠페인에 포함시키지 못한다.
- 현지인채용: 종교에 기인하는 계급제도를 통하여 인력관리의 문제점이 발생한다(예를 들면, 인도의 카스트제도와 다국적기업 내 채용, 배치 및 승진 등과 같은 인력관리의 특수성).
- 정부기관 및 공공기관과의 관계: 정교일치 국가와 정교불일치 국가에서의 다국적기업과 정부와의 관계설정은 다를 수 있다.

(5) 사회제도

사회제도(Social Structure)는 어떤 국가에서 역사적, 관습적 및 종교적으로 지지되고 있는 사회계급과 사회조직 등을 포괄하는 개념이다. 사회계급은 공통적인 가계 또는 신분, 부, 교육 및 직업 등을 가진 개인들의 집단을 말한다. 어떤 특정 사회계급은 유사한 생활방식, 유사한 관념, 느낌 및 태도를 보유하고 있기 때문에 다른 계급과 구별된다. 사회계급은 전통적인 신분제도와 소득계층에 따른 계층구조(예를 들면, 상류, 중류 및 하류) 등에 의해 구체적으로 분류될 수 있다. 사회계급은 사회계층이라고도 하며, 이것은 다국적기업의 시장세분화와 인력관리 등에 많은 영향을 미칠 수 있다.

사회조직(Social Organization)은 친척관계와 자유로운 연합 등으로 형성된 인간관계의 기본적 조직을 의미한다. 친척관계(Kinship)의 대표적인 기초단위는 가족이다. 일반적으로 가족은 가족구성원의 세대와 수에 따라 대가족 제도(Extended Family)와 핵가족 제도(Nuclear Family)로 분류될 수 있다. 그리고 친척관계에 근거하지 않은 자유로운 연합(Free Association)은 연령별(예를 들면, 노인협회 및 청년협회 등), 성별(예를 들면, 여성협회) 및 공통이해집단(예를 들면, 정당, 노동조합 및 취미동아리 등) 등으로 구분될 수 있다. 또한, 넓은 의미의 사회조직에 교육제도가 포함될 수 있다. 교육제도(Education System)는 일반적으로 학교교육의 동의어로 사용되기도 한다. 국가 간 교육제도와 투입하는 교육예산의 차이는 문맹률, 대학 이상의 고등교육을 받은 국민의 비율 및 여성교육비율 등에서의 국가 간 교육수준의 차이를 발생시킨다. 특히, 사회조직은 다국적기업의 생산 또는 판매제품의 종류 및 수량, 시장세분화, 인력관리 및 광고전략 등에 많은 영향을 미칠 수 있다.

4) 문화적 환경의 분석을 위한 모형

(1) 홉스테드(Hofstede)의 모형

네덜란드의 사회심리학자인 홉스테드의 연구는 다른 연구자들에 의해 가장 많이 인용되고 있는 문화에 대한 연구에 속한다. 그는 1967년부터 1973년까지 전 세계 67개국의 11만 7,000명의 Ibm 자회사의 직원을 대상으로 60개의 항목에 대한 설문조사를 하였다. 그는 이러한 연구결과를 바탕으로 문화를 권력간격(권력의 평등 대 불평등), 개인주의 대 집단주의, 남성성 대 여성성 및 불확실성 회피 대 수용 등과 같은 4가지 차원으로 분류하였다. 또한 그는 23개국을 대상으로 문화에 대한 추가적인 연구를 통하여 시간지향성(장기지향성 대 단기지향성)이라는 5번째 문화의 차원을 제시하였다. 이러한 5가지 문화 차원을 살펴보면 다음과 같다.

① 권력간격(권력의 평등 대 불평등)

권력간격(Power Distance)은 어떤 국가의 사회와 조직 내에서 권력이 불평등하게 배분되어 있는 것을 수용하는 정도를 말한다. 권력간격이 작은 국가 또는 권력이 평등하게 배분되어 있는 국가의 조직구성원은 그들이 속한 조직이 민주적이라고 생각한다. 반면에 권력간격이 큰 국가 또는 권력이 불평등하게 배분되어 있는 국가의 조직구성원은 그들이 속한 조직이 독재적이라고 느낄 수도 있지만 이것을 용인하는 경향이 높다. 일반적으로 권력격차가 작은 국가는 평등주의적인 성향을 띠는 반면에, 권력격차가 큰 국가는 사회적 불평등을 더 용인하며 소득의 격차나 권력배분의 차이를 수용하는 정도가 더 높다. 홉스테드의 연구결과에 의하면, 말레이시아, 과테말라, 파나마, 필리핀 및 멕시코 등의 국가는 권력격차가 크고, 오스트리아, 이스라엘, 덴마크, 아일랜드 및 스웨덴 등의 국가는 권력격차가 작은 것으로 나타났다.

② 개인주의 대 집단주의

개인주의 대 집단주의(Individualism vs. Collectivism)의 구분은 어떤 국가의 조직구성원이 어떤 집단의 구성원으로서보다는 독립적인 개인으로서 그들 자신을 평가하는 정도의 차이에 기초한다. 개인주의에서는 각 개인의 자유가 존중되는 반면, 집단주의에서의 개인은 집단에 소속되거나 통합되어 있기 때문에 개인의 자유보다는 집단의 목표가 중요하게 고려된다. 홉스테드의 연구결과에 따르면, 미국, 오스트레일리아, 영국, 캐나다 및 네덜란드 등의 국가는 개인주의적인 성향을 띠고 있으며, 과테말라, 에콰도르, 파나마, 베네수엘라 및 콜롬비아 등의 국가는 집단주의적인 성향을 갖고 있는 것으로 나타났다.

③ 남성성 대 여성성

남성성 대 여성성(Masculinity vs. Feminity)의 구분은 남성과 여성의 역할 또는 행동의 차이에 근거한다. 남성적인 사회는 자기주장이 강하고, 거칠고, 경쟁적이고, 자신감이 높다. 반면에, 여성적인 사회는 온화하고, 부드러우며, 배려심이 강하고, 삶의 질을 중요하게 생각한다. 홉스테드의 연구결과에 의하면, 일본, 오스트리아, 베네수엘라, 이탈리아 및 스위스 등의 국가는 남성성이 강하고, 스웨덴, 노르웨이, 네덜란드, 덴마크 및 코스타리카 등의 국가는 여성성이 강한 것으로 밝혀졌다.

④ 불확실성 회피 대 수용

불확실성 회피 대 수용(Uncertainty Avoidance vs. Acceptance)의 구분은 어떤 국가의 조직구성원이 불확실하거나 낯선 상황에 의해 위협을 느끼는 정도에 기초한다. 불확실성의 회피 정도가 높은 국가는 미래를 통제하려고 하며, 법률제정, 규칙설정 및 행동에 대한 규제, 안전 및 보호수단, 비정상적인 행동의 거부 및 위험회피 등을 추구한다. 이에 반해, 불확실성의 수용 정도가 높은 국가는 반드시 필요한 규칙 이외의 것은 만들지 않는다. 홉스테드의 연구결과에 의하면, 불확실성의 회피 정도가 높은 국가는 그리스, 포르투갈, 과테말라, 우루과이 및 벨기에 등이며, 불확실성 회피 정도가 낮은 국가는 싱가포르, 자메이카, 덴마크, 스웨덴 및 홍콩 등으로 나타났다.

⑤ 시간지향성(장기지향성 대 단기지향성)

장기지향성 대 단기지향성(Long-Term Orientation vs. Short-Term Orientation) 등과 같은 시간지향성(Time Orientation)의 구분은 어떤 국가의 문화가 미래에 중점을 두는 정도에 근거한다. 장기지향성은 목표추구과정에서의 인내, 직위중심적인 계층구조의 존중, 높은 비율의 저축과 투자 및 수치심 등을 중요하게 고려한다. 반면에, 단기지향성은 개인적 인내와 안정, 체면유지, 전통의 존중, 상호주의에 근거한 격식 및 선물과 호의 등을 중요하게 생각한다. 홉스테드의 연구결과에 따르면, 장기지향성은 중국, 홍콩, 대만, 일본 및 한국 등과 같은 유교문화권의 국가에서 높게 나타났으며, 단기지향성은 파키스탄, 나이지리아, 필리핀, 캐나다 및 짐바브웨 등의 국가에서 높게 나타났다.

(2) 홀(Hall)의 모형

홀은 서로 다른 문화권 또는 국가 간의 문화의 차이를 비교·분석한 결과, 문화를 고배경문화와 저배경문화로 분류하였다. 고배경문화와 저배경문화를 구체적으로 살펴보면 다음과 같다.

① 고배경문화(High Context Culture)

고배경문화는 의사소통에 있어서 전체적인 맥락(Context) 또는 비언어적인 설명에 의존하고 있다. 특히, 의사소통에 있어서의 문화적 단서(Cultural Clues) 및 뉘앙스는 전달되는 메시지를 이해하는 데 도움이 될 수 있다. 예를 들면 전체적인 분위기를 파악하고 있는 어떤 조직의 구성원들에게 "이해합니까?"(Do You Understand?)라고 물으면 그들은 무엇을 이해했는지 대답하게 될 것이다. 한국, 일본, 중국, 동남아시아의 국가 및 중동의 국가들은 고배경문화에 속한다.

② 저배경문화(Low Context Culture)

저배경문화는 말하는 사람의 명확한 언어적 표현 또는 구체적인 메시지를 통해 의사소통하는 문화를 말한다. 예를 들면, 구체적인 설명을 요구하는 경우에 있어서, 저배경문화에서는 "나는 이것이 무엇을 의미하는지 설명하기를 원합니다."(I Want To Explain What It Means.)라는 명확한 표현을 하는 것이 의사소통에 도움이 된다. 대부분의 유럽의 국가 및 미국은 저배경문화에 속한다.

고배경문화와 저배경문화의 차이를 종합해보면 다음 〈표 3-2〉와 같다.

표 3-2 | 고배경문화 Vs 저배경문화

구 분	고배경문화	저배경문화
법률 또는 법률가	덜 중요하다.	매우 중요하다.
개인의 말	개인이 보증한다.	서면으로 보증한다.
공간	서로 어울리는 공간을 중요하게 여긴다.	개인적 공감을 중요하게 여기며 침해받는 것을 싫어한다.
시간	시간을 다원적으로 여긴다.	'시간은 돈이다'라는 관념으로 시간을 일원적으로 여긴다.
협상	협상이 매우 세밀하게 이루어진다. 그것은 협상의 목적을 모든 당사자들이 충분히 이해하도록 하는데 있다.	매우 신속하게 이루어진다.
경쟁 입찰	빈번하지 않다.	일반적이다.

토의문제

1. 정치적 위험의 개념 및 유형에 대해 설명하시오.
2. 정치적 위험의 노출 정도에 영향을 미치는 산업 및 기업 특성에 대해 설명하시오.
3. 정치적 위험을 효과적으로 관리할 수 있는 방안에 대해 설명하시오.
4. 다국적기업이 해외에서 겪을 수 있는 법률적 문제에 대해 설명하시오.
5. 분쟁해결방안들에 대해 설명하시오.
6. 세 개의 경제체제에 대해 설명하시오.
7. 전 세계 국가들을 1인당 국민소득을 기준으로 구분한 네 개의 국가군의 특성에 대해 설명하시오.
8. 다국적기업이 해외시장에 진출하기 위해 분석해야 하는 경제적 환경 요인들에 대해 설명하시오.
9. 문화의 의미와 특성에 대해 설명하시오.
10. 문화의 구성요소들에 대해 설명하시오.
11. 홉스테드(Hofstede)의 다섯 가지 문화 차원에 대해 설명하시오.
12. 홀(Hall)의 고배경 및 저배경 문화에 대해 설명하시오.

Chapter

04 해외시장조사

Case 04 중국에서의 카페베네 사례

카페베네는 2008년 4월 서울 천호동에 1호점을 출시한 이래 국내에서 빠른 속도로 점포수를 늘려간 커피체인점이다. 이미 국내에서는 스타벅스나 커피빈 등 외국계 프랜차이즈 커피전문점이 활성화되고 있을 때, 국내 브랜드로서의 자부심을 되찾겠다는 포부를 가지고 당시 '마이다스의 손'으로 불리던 '김선권 대표'가 런칭한 브랜드가 '카페베네'다. 설립 초창기에는 외국계 커피 브랜드의 강력한 브랜드 파워로 인해 다소 고전하는 듯 했으나, 적극적인 마케팅을 통해 단기간 엄청난 속도로 점포수를 늘려나갔다. '싸이더스 HQ'라는 엔터테인먼트사와 제휴를 맺어 소속 연예인들을 광고모델로 쓰고, 당시 인기리에 방영중인 드라마에 PPL을 하는 등 국내에서 인지도를 쌓기 위해, 국내 커피 브랜드가 전례에 볼 수 없었던 다소 공격적인 마케팅을 추진하였다. 이 외에도 카페베네를 중심으로 한 사업 다각화를 추구함으로써 사업 분야를 더 확장했다. 레스토랑인 블랙스미스, 베이커리인 마인츠돔이 바로 그것들이다. 2012년에는 해외로 진출하여 미국을 첫 번째 타깃으로, 이후 중국, 사우디아라비아, 일본, 필리핀 등 12개국에 진출했다. 2012년까지 승승장구하던 카페베네는 해외로 진출하는 시점부터 서서히 국내외적으로 매출이 감소하기 시작했다. 미국 진출 초반에는 미국인들의 기호에 맞는 신메뉴를 개발하거나 인테리어를 수정하는 등의 노력을 기울여 비교적 성공을 거두는 듯 했으나, 우후죽순으로 점포수를 늘리는 데에만 급급하고 커피 전문점으로서의 포지셔닝이 제대로 이루어지지 않았다는 결과를 얻었다. 특히, 해외진출 국가 중 중국 내 사업 확장에 집중했는데, 2014년에는 중국에만 매장 수를 600여 개까지 늘렸다. 초반에는 어느 정도의 성과를 거두는 듯했으나 시간이 지날수록 국내외적으로 전체적인 브랜드 관리에 실패해 결국엔 기업회생절차라는 결과를 초래했다.

카페베네는 국내에서 성장세 증가를 기대하기 어려운 시점에 시장잠재력이 큰 중국시장에 눈을 돌리게 된다. 카페베네가 중국에 진출하려고 하던 시점인 2012년에는 중국은 미국에 이어 전 세계 2위의 GDP 규모를 달성하며 미국을 잇는 최고의 소비국으로서의 위상을 보여주었다. 또한 중국에서는 때마침 커피 소비시장에서 커피 판매액이 빠르게 팽창함과 동시에, 이에 발맞춰 커피 전문점 프랜차이즈 시장 역시 폭발적으로 늘어나고 있었다. 이는 GDP의 상승이 가져온 사치품 시장의 안정적인 확대로 여겨졌던 바, 기존 고급 소비라는 인식이 강했던 커피 또한, 중국인들의 생활수준 향상 및 여가 소비수요 확대에 따라 커피에 대한 선호도도 급속도로 증가했다. 이러한 성장세와 더불어, 유명 시트콤과 드라마에서 PPL을 활용한 것이 한국에서 톡톡히 효과를 누렸듯이, 중국시장에서도 한류의 힘이 긍정적으로 작용하여 성과를 견인할 것이라고 생각했다.

카페베네는 2012년 4월 북경 왕징점을 시작으로 올림픽 공원, 중관촌을 오픈하며 점차적으로 중국시장에서 사세를 확대해 나갔다. 미국에 이어 두 번째로 진출한 시장이었기에 오랜 시간 검토와 철저한 사전준비를 통해 안착을 도모하였다. 원두 및 부자재 등을 한국 본사에서 제공받아 초기 시설투자에 대한 부담 비율을 낮추었고, 국내 전문 인력이 현지에 파견되어 각 매장을 원활하게 했다. 카페베네는 중국에 진출할 당시 중국의 현지 기업인 중치투자그룹과 50:50 합작 법인을 설립하는 승부수를 띄웠다. 중치투자그룹과의 협력을 통해 중국의 주요 은행으로부터 사업성과에 따라 3,000억 원 이상의 자금을 투자 받았다. 계약 당시 합작사 초기 자본금은 100억 원이었으며, 카페베네가 절반의 지분을 보유함으로써 로열티도 절반씩 나눠 갖는 구조로 시작하였고, 녹립 프랜자이스 가맹 방식으로 운영했다. 이는 장소 선정이나 설비구입, 개점준비와 직원연수에 이르는 주요 의사 결정을 제외하고, 매장관리를 비롯해 식재료를 구입하는 것들은 가맹점주에 맡기는 방식이다. 가맹점 위주의 운영은 초기 사업실패율이 낮으며, 소액 자본 및 무경험으로도 쉽게 시작할 수 있다는 장점이 있는 반면, 본사와 가맹점 간의 갈등 조정이 어렵고, 매장 간 통일성이 결여된 운영이 이루어질 수 있다는 단점이 있다. 이는 한국에서도 기존에 많이 쓰였던 방식으로, 커피 프랜차이즈 전문점이 공격적으로 국내외적으로 점포수를 늘려, 보다 빨리 인지도를 쌓고 브랜드 이미지를 제고시키는 효율적인 방법이다. 카페베네는 이러한 이점을 이용하여 점포 개설 희망자에게서 가맹비 50만 위안(한화 약 9,000만 원)을 받아 낸 직원에게 2만 7,000위안(약 500만 원)의 보너스를 지급하는 인센티브 제도를 운영하여 외형 확장을 더욱 촉진시켰다.

카페베네는 중국 내에서도 1인당 GDP가 가장 높고 부유층이 많이 거주하는 베이징과 상하이 그리고 광저우를 중심으로 매장을 오픈했다. 카페베네는 앉아서 휴식을 취하고 공간적 활용을 최대한 누릴 수 있게 대형 매장 위주의 전략을 추구했다. 그러나 중국 시장에서는 중국 현지인들의 기호에 대한 초기 시장조사가 조금 부족했던 탓인지, 국내에서 판매했던 메뉴를 그대로 가져다 중국 내 카페베네에 적용했다. 즉, 카페베네가 주로 판매했던 아이스크림, 빙수, 와플, 오곡라떼, 요거트와 각종 디저트 등에 큰 변화를 주지 않고 메뉴에 포함시켰다. 이러한 메뉴와 함께, 기존에 진출해 있던 커피 전문점의 커피 가격과 많은 차이가 발생하지 않을 정도로 비슷한 가격을 소비자에게 제안하되, 프리미엄 디저트를 주 포지셔닝 전략으로 내세운 만큼 디저트 메뉴는 다소 높은 가격으로 판매하는 방식을 취했다. 한류의 영향권에 있는 중국에서도 스타 마케팅을 적용했다. 중국시장에 적합하다고 생각하는 한류 스타인 한예슬, 장혁, 장근석을 섭외해 홍보 모델로 고용했다. 아무래도 중국 현지인들에게 그나마 익숙하고 친근하며 인기 있는 홍보 모델을 고용해야 인지도와 브랜드 이미지 구축을 더 신속히 진척시킬 수 있기 때문이었다.

카페베네는 진출한지 3년이 안되어 중국에서 큰 위기를 맞았다. 양적 팽창을 추구하여 가맹점은 비록 빠른 속도로 늘었지만, 지원 유통망이나 관리 조직은 제대로 갖추지 못했고, 이 때문에 커피 원두나 여러 식재료가 제대로 공급되지 않아 영업에 차질을 빚는 매장이 속출했다. 엎친 데 덮친 격으로, 상하이 인테리어 업체에 공사 대금 605만 위안(약 10억 5,600만 원)을 미지급한 것이 화근이 되어 카페베네의 부실 경영 등이 구설수에 올랐다. 이 당시 카페베네 본사는 중국 합작법인으로부터 받아야 할 재료비를 지원받지 못하고 있던 상황이었고, 재료비 체납이 이어지자 카페베네 본사는 2015년 3월부터 중국 합작법인에 원두 등 재료 공급을 중단했다. 기본적인 재료공급이 이뤄지지 않다 보니 중국 전역에서 가맹점 수가 크게 줄고, 폐업하는 매장들이 점차 늘었으며, 한인 사회에선 유동성 위기설이 돌기 시작했다. 국내 다음으로 가장 많은 매장 수를 보유한 중국에서의 위기는 자연스레 전체 카페베네의 실적을 하락시켰다. 2015년까지 매장 수를 1,000개까지 늘리겠다는 당찬 포부는 사라졌고, 폐업, 법정 소송 등 해결해야 할 잡음만이 남았다는 악평을 받았다. 매장 수에 연연하다 보니 위험관리가 제대로 이루어지지 않았다. 급기야 합작사와의 주도권 싸움에서도 밀려나면서 2013년에는 합작법인 대표가 한국인에서 중치투자그룹 측 인사로 바뀌어 본사의 통제력을 상실했다. 중국 법인이 재정난에 시달리는 동안 가맹 점주들이 아무런 통제를 받지 않고 마음대로 경쟁 프랜차이즈의 빙수 제품을 똑같이 베끼는 것도 모자라 카페 내에서 라면, 돈까스 등 무관한 메뉴들을 우후죽순으로 판매했다. 운영권이 완전히 중치투자그룹에 넘어가 통제력이 미치지 않음에 따라 이를 어떻게 해결할 수도 없었다.

카페베네가 중국에서 실패한 이유는 다음과 같다. 첫째 합작파트너 기업을 잘못 선정한 것이다. 중국의 중치투자그룹과 50:50의 합작형태로 진출한 전략은 초기 자금 조달의 부담을 줄이고 좀 더 빨리 외형적으로 확장할 수 있는 계기가 될 것이라는 기대를 가지게 했다. 하지만 이 투자 그룹은 부동산 등을 전문으로 하는 기업이며, 이전에 어떠한 프랜차이즈나 커피 전문점을 대상으로 영업한 경험이 없었다. 특히 합작 형태로 진출한 것 자체가 패착이라는 진단도 나온다. 설령 현지에서 합작법인을 설립할 기업을 모색하더라도, 중국 내에서 인력 운영, 교육 정책, 표준화 등에 있어서 선진화된 업체나 행정절차의 처리가 쉬운 국영기업을 대상으로 했더라면 위기가 닥치더라도 비교적 손쉽게 만회했을 수도 있었을 것이다.

둘째, 독립 프랜차이즈 가맹 위주의 매장 운영 방식이다. 카페베네가 채택한 운영방식은 진입장벽이 낮아 초기 해외 진출 사업 당시 목표로 했던 매장 수를 늘리기에는 매우 적합하지만, 매장의 품질 유지라는 측면에서는 엄청난 위험을 수반한다. 특히 초반에 진출할 때만큼은 현지 국가 소비자들에게 확실한 브랜드 이미지를 심어주는 것이 중요한데, 독립 프랜차이즈 계약 방식은 본사로부터 통제받는 표준화와 규격화의 과정이 결여되어 통일된 서비스와 품질을 포함한 인력관리 등 전체적인 고객 만족도가 떨어질 수밖에 없다. 또한 한국에서 로스팅한 원두를 중국으로 유통시키는 방법은 원두에 대한 관세가 높은 중국에서 퀄리티 높은 커피 맛을 유지시키기에 비용이나 질적인 면 모두에서 손실을 초래했다. 프리미엄 디저트를 위주로 제품 포지셔닝을 한 카페베네가 ① 가맹점 위주로 영업하면서 초래되는 위생성과 ② 서비스 품질에 대한 불량을 초래하는 모순성을 지니는 것은 잘못된 계약 방식에서 비롯된 것이라 할 수 있다. 특히 가맹점의 남발은 제대로 된 브랜드에 대한 관리 실패를 낳았고, 일관되고 맛있는 커피를 제공해야하는 프랜치이즈의 기본조차 지키지 못하게 되었다. 매장에 따라 커피 맛이 다르고 커피를 만드는 프로세스를 제대로 지키지 않고 만든 커피는 커피 질을 마구 떨어뜨렸다.

셋째, 명확한 포지셔닝의 실패이다. 카페베네는 베이징이나 상하이, 광저우 등에 거주하는 부유층을 목표시장으로 하는 포지셔닝을 취했으나, 커피 전문점으로서의 포지셔닝이 어정쩡했다. 즉, 카페베네는 스타벅스의 포지셔닝전략을 벤치마킹 했음에도 불구하고, 맛과 가격에서 높은 점수를 받지 못했다. 즉, 프리미엄과 저가시장 중 어떠한 고객층도 만족시키지 못하는 결과를 낳았다. 또한 메뉴 개발에 있어서도 현지화 고려없이 기존 한국에서 쓰던 레시피를 그대로 가져다 적용하였다. 같은 아시아권이라도 소비자 기호에 있어서 한국과 중국 사이에는 엄청난 차이가 있는데 이점을 고려하지 않았다. 그리고 양적 성장에만 치중하다 보니 질적 개선, 매장 관리, 상표가치 유지에 실패함으로써 이러한 일련의 요소들이 포지셔닝의 실패를 가속화시켰다.

Question

1. 카페베네가 합작을 통해 중국 시장에 진출한 것은 올바른 선택인가? 아니었다면, 어떠한 진출 전략을 하는 것이 실패를 최소하는 것이라 생각하는지 설명하시오.
2. 만약 여러분들이 카페베네의 최고경영자라면, 최초 중국시장 진출 시 어떻게 다른 영업 방식을 했을 것으로 생각하는지 종합적인 전략을 제안하시오.
3. 카페베네가 이미 포화 상태에 있는 국내 시장을 대신할 목표시장으로 중국 진출을 하였는데, 중국 외에 진출할 수 있는 다른 해외 시장을 제안하시고, 그 이유를 설명하시오.

1. 해외시장조사의 의의와 필요성

1) 해외시장조사의 의의

해외시장조사(Global Marketing Research)는 해외시장과 관련된 다양한 형태의 의사결정을 하는 데 필요한 정보를 제공하기 위하여 수행되는 지원활동이다. 해외시장조사를 통하여 수집된 정보를 바탕으로 기업은 글로벌화에 대한 의사결정을 할 뿐만 아니라, 해외시장진출전략 및 국제경영전략 등을 수립한다.

방법론적인 측면에서 볼 때, 해외시장조사는 국내시장조사와 큰 차이가 없다. 즉, 해외시장조사를 위해 활용하는 조사기법은 국내시장조사를 위해 사용하는 조사기법과 동일하다. 그러나 해외시장에서는 서로 다른 환경을 가진 다양한 국가를 대상으로 조사를 하기 때문에 국내시장조사보다 더욱 복잡하다. 해외시장조사의 특징은 다음과 같이 요약될 수 있다.

- 다양한 국가, 문화 및 언어 때문에 나타나는 조사 설계의 복잡성
- 2차 자료의 정확성, 신뢰성 및 수집에 있어서의 문제점 발생 가능성
- 1차 자료 수집과 관련된 비용적 및 시간적 부담의 가중
- 국가 간 조사활동과 관련된 조정문제의 발생 가능성
- 다양한 환경조건하에서 수집된 자료의 국가별 비교의 문제점 발생 가능성

2) 해외시장조사의 필요성

해외시장은 다양한 환경적 요인의 영향을 받는 다수의 개별 국가시장으로 구성되어 있다. 그러므로 다국적기업이 다수의 개별 국가시장을 대상으로 경영활동을 하는 경우에 있어서 정치적·법률적, 경제적, 사회·문화적 및 기술적 환경 등과 같은 요인들을 국가별로 조사하고 분석할 필요가 있다. 해외시장조사는 다음과

같은 의사결정을 하기 위하여 필요한 정보를 제공한다.

- 글로벌화 추진 여부: 자사 제품에 대한 해외시장기회의 평가, 글로벌화에 대한 경영진의 의지, 해외경쟁자와 비교한 자사의 경쟁력, 국내시장 기회와 해외시장 기회의 비교, 해외시장에 대한 잠재적 및 실제적 수요조사
- 진입시장의 선택: 환경 분석을 통한 잠재적 및 실제적 시장에 대한 진입 우선순위의 결정
- 진입방법의 선택: 수출, 라이선싱, 해외 지점 및 지사의 설립, 자회사의 설립 등과 같은 진입방법의 선택에 영향을 미치는 요인의 분석
- 국제경영전략: 국제 생산 및 조달, 인사 및 조직, 마케팅, 재무 및 회계 등과 관련된 의사결정을 위해 요구되는 시장정보
- 국제경영 활동의 관리: 다수의 해외시장에서 수행되는 경영활동에 대한 계획, 조직 및 통제 등에 필요한 정보

2. 해외시장조사를 위한 자료수집

1) 2차 자료수집

해외시장환경의 분석은 다국적기업이 진출하려는 국가 또는 지역에 대한 자료수집으로부터 시작된다. 이러한 자료는 이미 발표되었거나 출판된 자료를 말하며, 2차 자료(Secondary Data)라고 한다. 2차 자료수집의 원천을 살펴보면 다음과 같다.

- 고객: 개인소비자 또는 사용자, 기업고객으로부터 수집되는 정보
- 경쟁기업: 경쟁기업이 발간한 자료 및 보고서, 경쟁기업의 직원으로부터 수집

되는 정보

- 해외회사: 해외자회사 및 해외에서 활동하는 다른 기업으로부터 수집되는 정보
- 개별적 보고서: 시장조사기업 및 컨설팅기업에게 비용을 지불하여 수행한 보고서
- 전문적 연구보고서: 산업협회 및 연구기관이 발간한 연구보고서(예를 들면, 제품별 또는 산업별 연구보고서)
- 서비스기업: 은행, 회계법인 등과 같은 서비스기업이 발간한 자료 또는 보고서
- 정부기관: 각 정부부처에서 발간하는 보고서 및 각종 연감
- 국제조직 및 기구: UN, WTO, IMF 등과 같은 국제조직 및 기구에서 발간하는 보고서 및 각종 연감
- 상공회의소 및 무역협회: 이들이 발간하는 자료, 보고서 및 각종 연감
- 정보서비스 기업: 각종 정보에 대하여 체계적으로 데이터베이스를 구축한 기업으로부터 관련된 정보를 유료로 구입함.
- 인터넷: 인터넷검색을 통한 정보수집
- 박람회 및 전시회: 참가기업, 구매자(바이어), 주최기관 및 방문객 등을 통한 정보수집

2) 1차 자료수집

1차 자료(Primary Data)는 다국적기업이 필요로 하는 해외시장환경에 대한 정보 및 자료를 독자적으로 수집하거나 창출하는 것을 말한다. 즉, 기업외부에서 수집되는 2차 자료가 불충분한 경우에는 기업이 직접 조사하여 자료를 수집하게 된다. 다국적기업은 설문조사와 비설문조사를 통하여 1차 자료를 수집한다.

- 설문조사: 설문지(Questionnaire)를 사용하여 필요한 자료를 수집하는 방법이며, 이 방법에서는 조사개념이 계량화되고 개념들 간의 상관관계가 심층적으로 분석된다.
- 비설문조사: 관찰법(Observation), 프로토콜(Protocol), 투사법(Projective Technique)

및 심층 인터뷰(In-Depth Interview) 등을 통하여 필요한 자료를 수집하며, 그 내용은 다음과 같다.

- 관찰법: 조사자가 일상적인 생활패턴(예를 들면, 구매패턴)과 같은 조사대상자들의 행동을 직접 관찰하여 자료를 수집한다.
- 프로토콜: 현장 또는 모의현장에서 조사대상자가 구매행위와 같은 특정 행위를 하면서 구매동기 및 구매의사결정에 대하여 자유자재로 구술하도록 하고, 이것을 기록하여 필요한 자료를 획득한다.
- 투사법: 조사대상자에게 구매행위와 같은 특정 상황을 그림 또는 문자를 통해 보여주면서 조사대상자 자신으로 하여금 그 상황 속의 구매자인 것처럼 생각하게 함으로써 나타나는 반응을 관찰하여 자료를 수집한다.
- 심층 인터뷰: 특정 주제에 대한 개인 또는 집단의 태도를 깊이 이해하기 위하여 수행하는 인터뷰 방법이다.

3. 해외시장조사의 과정

1) 문제의 정의

문제의 정의(Problem Definition)는 국제경영과 관련하여 해결되어야 할 문제를 명확히 규정하는 것이다. 즉, 국제경영과 관련된 문제를 파악한 후에 구체적인 조사과정이 시작된다. 문제의 정의는 향후의 조사과정에서 요구되는 시간과 비용에 직접적으로 영향을 미치기 때문에 매우 구체적으로 이루어져야 한다. 보다 효과적인 문제의 정의를 위하여 다음과 같은 측면들이 고려되어야 한다.

- 문제의 범위설정: 문제를 정의할 때 그 범위가 광범위하면 조사시간이 오래 걸리고 비용이 많이 들 수 있으며, 반면에 그 범위가 너무 좁으면 필요한 조사

결과가 획득되지 않을 수도 있다.

- 의사결정자의 직위: 최고경영층 또는 상위경영층은 전략적인 문제를 고려하며, 중하위경영층은 운영적인 문제에 집중하는 경향이 있다.
- 문화적 차이: 국가별 또는 지역별 문화적 차이에 따라 문제를 보는 시각이 다를 수 있다.

2) 조사 설계

조사 설계(Research Design)는 조사프로젝트를 수행하고 통제하기 위한 구체적인 방안을 제시하는 것이다. 조사 설계에 있어서 가장 중요한 것은 시간과 비용을 절감하고, 조사의 효율성을 증대시키는 것이다. 조사의 설계는 다음과 같은 네 가지 주요 활동과제로 이루어진다.

- 규정된 문제에 대한 종합적인 검토: 조사목적, 연구문제 및 연구가설 등에 대한 검토
- 조사골격(Research Framework)의 설정: 조사방법, 자료수집의 절차 및 기법 등에 대한 결정
- 예산편성과 조사일정의 확정: 인원, 시간 및 비용을 고려한 예산편성 및 조사일정의 확정
- 조사 설계의 평가: 신뢰성, 타당성 및 결과의 일반화 가능성 등을 기준으로 평가

해외시장조사는 여러 국가 또는 지역을 대상으로 이루어지기 때문에 수집하여야 할 자료의 유형을 결정하는 것이 중요하다. 자료는 1차 자료와 2차 자료로 구분되며, 이러한 자료의 유형에 따라 조사의 설계가 이루어진다. 2차 자료는 신속하게 수집될 수 있고, 1차 자료에 비해 시간과 비용이 적게 소요되는 반면, 1차 자료는 자료의 정확성, 적합성 및 시의 적절성 등의 측면에서 볼 때 2차 자료보다 우수하지만 자료의 수집 비용 및 시간이 많이 드는 단점이 있다. 또한 1차 자료의

수집은 2차 자료의 수집보다 조사의 설계가 더욱 복잡하다. 왜냐하면 1차 자료의 수집에서는 조사방법, 응답자 접촉방법, 표본추출 및 측정도구 등이 결정되어야 하기 때문이다.

3) 자료의 수집

자료의 수집(Data Collection)은 조사 설계에 기초하여 이루어진다. 2차 자료수집과 1차 자료수집의 의의와 내용 등은 이미 검토하였기 때문에 2차 자료수집과 1차 자료수집의 문제점을 중심으로 살펴보기로 한다.

해외시장의 관점에서 2차 자료는 경제발전의 정도와 문화적 배경이 서로 다른 국가와 지역으로부터 수집되기 때문에 다음과 같은 문제점을 내포하고 있다.

- 자료의 이용가능성(Availability Of Data): 국가 및 지역에 따라 필요로 하는 2차 자료가 없는 경우가 있다. 예를 들면 세부적인 통계자료를 수집하는 정부기관이 없는 국가가 있을 수 있고, 통계조사를 하더라도 필요한 자료의 활용이 불가능한 경우도 있다. 이러한 현상은 주로 후진국 및 개발도상국에서 발견된다. 만일 필요로 하는 자료를 어떤 현지 국가에서 수집할 수 없는 경우 다국적기업은 직접 또는 조사대행 기관을 통하여 자료를 수집하여야 한다.
- 자료의 발생 시기(Age Of Data): 다국적기업이 요구하는 자료가 현지국가에서 이용가능할지라도 자료의 발생시기가 다를 수 있다. 즉, 국가에 따라 조사의 시점과 횟수가 일치하지 않기 때문에 자료의 발생시기가 달라지는 상황이 초래될 수 있다.
- 자료의 정확성(Accuracy Of Data): 자료의 정확성은 자료의 신뢰성과 관련되어 있다. 국가에 따라 통계수치가 조작되거나 자국에 유리하게 과장되어 발표되기도 한다. 일반적으로 선진국에서의 통계조사는 국가의 예산지원과 체계적인 과정을 거쳐서 수행되기 때문에 그 결과를 신뢰할 수 있지만, 후진국 또는 개발도상국에서의 통계조사는 전문가와 예산의 부족으로 인하여 그 정확성

이 떨어질 가능성이 매우 높다.

- 자료의 비교가능성(Comparability Of Data): 다국적기업이 서로 다른 여러 국가의 2차 자료를 비교하는 경우에 있어서 각 국가의 자료수집의 방식 및 표시방법 등에 따라 국가 간 직접 비교가 어려울 수 있다. UN, IMF, WTO 등과 같은 국제기구에서 직접 수집하여 제공하는 2차 자료는 이러한 문제점을 거의 발생시키지 않지만, 각 국가의 정부기관에서 발표한 2차 자료는 가끔 국가 간 직접 비교를 어렵게 만들기도 한다.

1차 자료의 수집과 관련하여 해외시장조사자는 다음과 같은 문제에 직면할 수 있다.

- 응답의 비협조성(Unwillingness To Respond): 국가에 따라 설문조사 또는 인터뷰에 비협조적인 응답자가 있을 수 있다. 특히, 현지인이 어떤 특정 국가 또는 외국인 조사자에 대하여 반감이나 적대감을 갖고 있는 경우에는 설문조사 또는 인터뷰가 불가능한 상황이 나타날 수 있다. 또한 응답에 있어서 남성과 여성 간의 차이가 있을 수 있다. 예를 들면 이슬람 문화권에서는 여성이 남성보다 응답을 더 꺼리는 경향이 있다. 이와 같은 문제점이 발생하는 경우에는 현지인 조사자 또는 여성 조사자를 활용하여 조사를 수행하여야 한다.
- 실증조사에서의 표본추출(Sampling In Field Surveys): 조사방법이 정해지고, 설문지가 완성되고 나면 구체적인 조사대상자를 선정하여야 한다. 조사대상자의 선정방법은 조사대상자들이 속해 있는 집단 전체를 조사하는 전수조사와 그 중에서 일부분을 대상으로 조사하는 표본조사가 있다. 표본추출은 여러 가지 표본추출방법을 사용하여 조사대상 집단 전체에서 조사대상자를 선정하는 것이다. 실증조사에서 표본추출의 문제는 다국적기업이 조사하려는 국가에 따라 표본의 대표성이 현저하게 차이가 나는 경우에 발생한다.
- 문화 간 연구(Cross-Cultural Studies): 국제경영활동은 서로 다른 문화적 배경을 가진 국가 또는 지역에서 수행되기 때문에 1차 자료의 수집에 있어서 조

사자는 조사대상국 간의 문화의 차이를 이해하는 것이 중요하다. 즉, 설문조사 또는 인터뷰가 여러 국가의 조사대상자를 상대로 이루어진다면 문화의 차이 때문에 나타나는 국가 간 응답의 차이를 고려하여야 한다.

- 언어와 이해(Language And Comprehension): 언어는 국가 또는 지역 간의 차이점을 명확히 구분하게 하는 가장 대표적인 문화적 변수이다. 해외시장조사자가 여러 국가를 대상으로 설문조사 또는 인터뷰를 할 경우에 있어서 통역, 번역 및 의사소통 등의 문제가 나타날 뿐만 아니라, 이와 관련된 추가적인 비용도 발생한다.

4) 자료의 분석 및 해석

자료의 분석 및 해석(Data Analysis And Interpretation)단계에서는 먼저 수집된 자료를 조사목적에 따라 분석한 후, 조사결과에 대하여 해석하는 절차를 거친다. 자료의 분석은 수집된 자료의 편집, 코딩 및 통계분석 등을 통하여 이루어진다. 편집(Editing)은 조사 설계의 목적에 따라 분석이 수행될 수 있도록 자료를 정정, 보완, 삭제하여 완전하고 일관성 있는 자료를 확보하는 업무이다. 코딩(Coding)은 조사된 내용에 일정한 숫자를 부여하여 자료 분석을 용이하게 하는 과정이다. 통계분석(Statistical Analysis)은 조사 설계의 단계에서 계획한 통계기법을 사용하여 결과를 도출하는 행위이다.

수집된 자료에 대한 분석이 이루어지면, 그 다음 단계로 분석결과에 대한 해석의 과정을 거쳐야 한다. 해외시장조사자는 조사결과에 근거하여 의미 있는 해석을 하여야 하며, 이 과정에서는 조사 대상국가 또는 지역에 대한 환경적인 이해가 선행되어야 한다. 즉, 분석자에 따라 동일한 분석결과에 대한 서로 다른 해석이 가능하므로 주의가 요구된다.

5) 조사결과의 보고

조사결과의 보고(Presenting The Results)는 다국적기업 관리자의 의사결정에 도움을 주기 위하여 조사자가 조사결과를 최종적으로 정리하여 보고하는 것을 말한다. 조사결과의 보고는 서면보고와 구두보고로 구분할 수 있다.

서면보고(Written Report)는 조사자보다 상위의 직위에 있는 의사결정자에게 문건의 형태로 전달되며, 표지, 목차, 요약 및 본문 등으로 구성된다. 구두보고(Oral Report)는 서면보고에 추가하여 시청각적으로 이루어지는 경향이 있으며, 조사자 중에서 발표자를 선정하여 의사결정자에게 브리핑(Briefing) 또는 프레젠테이션(Presentation)을 하도록 한다.

4. 해외시장 수요예측 방법

1) 수요 패턴 분석

산업의 성장패턴을 통해 시장의 수요를 분석할 수 있다. 산업 성장 패턴은 시장기회를 평가하는 데 도움이 되는 소비와 생산패턴을 제시하기 때문이다. 1인당 GDP의 증가에 따라 총 GDP에서 차지하는 산업의 비중이 변한다. 일반적으로 경제발전 초기 단계, 즉 1인당 소득이 낮을 때에는 생필품, 식음료, 의류 및 기타 경공업 산업의 비중이 크다. 그러나 소득이 증가할수록 이러한 경공업 산업의 비중은 줄어들고, 중화학공업의 비중이 커지기 시작하며, 궁극적으로 서비스 산업이 제조업을 추월한다. 이러한 산업의 비중 변화 추이를 1인당 국민소득 추이와 연관하여 분석한 자료를 이용하여 다국적기업은 진출하려는 국가에서 특정 제품의 시장 수요를 평가할 수 있다.

2) 소득탄력성 분석

소득탄력성은 소득의 변화에 따른 제품 수요의 변화를 의미하는 지표이다. 수요의 변화율을 소득의 변화율로 나눈 것으로 이러한 제품의 소득탄력성을 이용해 글로벌 시장에서의 제품의 시장 잠재력을 예측할 수 있다.

3) 유추법

유추법(Analogy)은 국가 간 거시자료를 비교하는 것으로서 예를 들면 다국적기업들은 한국과 일본의 유사점을 고려해 한국 시장수요를 예측하기 위해 일본을 참고로 하는 방법이다. 유추법에는 두 가지 방법이 있다. 첫째, 횡단비교법(Cross-Section)으로 두 국가 사이에 특정 제품에 대한 수요와 요인 간의 관계가 비슷하다고 가정하여 한 국가의 자료를 이용해 다른 국가의 수요를 예측하는 방법이다. 기본적으로 횡단비교법은 한 나라의 요인 간의 상관관계를 비슷한 환경의 다른 나라에 적용하여 예측하는 방법으로서 매우 간단하고, 현실적으로 매우 유용하게 쓰인다. 둘째, 시간치환유추법으로 두 국가 사이에 비슷한 시장 발전 단계를 거친다고 가정하여 특정 제품에 대한 수요와 요인 간 유추관계가 다른 시간대에 존재한다고 믿고 예측하는 방법이다. 시간치환유추법은 동일한 제품에 대해 언제 두 나라가 비슷한 시장 발전 단계에 있었는지를 추정하는 것이 필요하다. 고로 유추하려는 두 국가 간 환경이 유사해야 하며, 두 나라 간에 가격, 품질, 가용성 등 제품과 관련해 시장 환경의 차이가 없어야 한다.

4) 회귀분석

회귀분석(Regression Analysis)은 관심이 있거나 설명하려는 변수(종속변수)에 대해 관련이 있는 독립변수를 사용하여 그 관계를 설명하는 방법이다. 예를 들어 해외시장의 자동차 수요(종속변수)를 설명할 때, 이 제품의 수요를 설명할 수 있는 여러 요인, 즉 1인당 국민소득, 인구증가, 휘발유가격 등을 독립변수로 설정하고, 회귀분석기법을 이용해 자동차의 수요를 설명하는 방법이다.

5. 해외시장조사의 전략적 활용

해외시장조사는 기업의 해외진출에 필요한 의사결정을 위해 해외시장의 정보를 수집, 정리, 분석 및 해석, 보고하는 일련의 과정을 의미한다. 즉, 해외시장조사는 다국적기업이 해외시장 진입 시 필요한 절차를 수행하기 위해 현지시장의 상황, 고객, 현지국 정책, 유통, 경쟁자, 진출 애로요인 등을 조사하는 것이다. 이렇게 조사되어 분석된 자료는 다국적기업이 새로운 시장의 발굴, 해외시장 진출 방안, 경영전략 결정, 제품의 해외진출 가능성, 새로운 환경에 대한 대응전략 수립 등에 전략적으로 활용될 수 있다.

첫째, 해외시장조사는 다국적기업이 전략적으로 새로운 시장을 발굴 및 확보하는데 활용할 수 있다. 해외시장조사를 통해 다국적기업은 새로운 시장을 발굴하고, 그 시장에 진출하려는 자사 제품의 가능성을 도모하여 매출 확대를 달성할 수 있는 것이다.

둘째, 해외시장조사는 다국적기업이 해외시장 진출 방안과 경영전략 등을 결정하는데 활용될 수 있다. 특정 국가의 시장규모, 인프라, 가격, 경쟁정도, 유통구조, 규제 등의 조사와 분석을 통해 해당 국가에 대한 진출 및 대응방안을 마련할 수 있다. 또한 진출할 국가의 소비자 기호 및 선호, 관습 등에 대한 조사를 통해 그 국가에 적합한 경영전략을 수립할 수 있다.

셋째, 해외시장조사는 다국적기업 제품의 해외시장 진출 가능성을 제시할 수 있다. 제품의 해외진출에 적합한 시장을 물색하고, 거래 파트너의 신용조사, 경쟁력 조사 등을 통해 다국적기업 제품의 해외진출 가능성을 타진할 수 있다. 제품의 해외진출 초기 단계에 목표 해외시장과 자사 제품에 대한 적합성을 조사하여 제품의 해외진출 가능성을 모색할 수 있는 것이다.

넷째, 해외시장조사는 다국적기업이 낯선 해외에서 겪게 되는 새로운 환경에 대한 대응전략을 수립하는 데 활용될 수 있다. 다국적기업은 해외시장조사를 통해 진출할 국가의 변화를 파악하고, 세계 시장의 트렌드를 분석하여 환경 변화에 대한 대응전략을 모색할 수 있는 것이다.

토의문제

1. 해외시장조사의 개념과 필요성에 설명하시오.
2. 해외시장조사의 자료 수집에 대해 설명하시오.
3. 해외시장조사의 전체적인 과정에 대해 설명하시오.
4. 해외시장 수요 예측방법에 대해 설명하시오.
5. 해외시장조사의 전략적 활용에 대해 설명하시오.

03 Part

해외시장진출전략

Chapter

05 해외시장진출전략의 의의

Case 05 말레이시아 시장에서의 Cj푸드빌(뚜레쥬르) 사례

Cj그룹 계열의 외식서비스를 제공하는 Cj푸드빌은 2000년 Cj제일제당의 외식사업부에서 독립하여 출범하였다. Cj푸드빌은 서양식 음식점업, 식품 서비스업, 기타 가공식품 도매업 등을 사업 내용으로 하며, 산하에 베이커리 브랜드인 뚜레쥬르, 스테이크하우스 브랜드인 빕스, 디저트 및 카페 브랜드인 투썸플레이스, 한국 전통음식 뷔페인 계절밥상과 그 외 차이나팩토리, 콜드스톤, 씨푸드 오션 등의 외식 브랜드를 런칭하였다. Cj푸드빌은 현재 한국 토종 외식 브랜드 비비고(Bibigo)를 비롯하여 13개의 독자 브랜드를 개발하여 운영 중이며 2016년에는 1조 2,500억, 2017년에는 1조 2,600억의 매출을 올렸다.

Cj푸드빌의 베이커리 전문 프랜차이즈 브랜드인 '뚜레쥬르(Tous Les Jours)'는 1997년 한국 1호점을 오픈한 이후, 2008년에 1,000호점을 돌파하였고, 2004년 4월 미주 1호점 오픈을 시작으로 중국, 베트남, 말레이시아, 인도네시아등 해외시장에 진출하여 사업 확장에 박차를 가하고 있다. 뚜레쥬르란 프랑스어로 '매일매일'이라는 뜻으로 매일 소비자들에게 신선한 빵을 공급 및 서비스하겠다는 Cj푸드빌의 의지를 엿볼 수 있다. 그러나 글로벌 외식서비스 기업을 꿈꾸는 Cj푸드빌의 해외시장 진출 전망이 현재로서는 그다지 밝지는 않다. Cj푸드빌은 해외 법인의 계속되는 적자 누적과 국내 기업 결손금 누적으로 점차 상황이 악화되고 있는 추세이다. 2012년 본격적인 해외 매장 확대를 발표한 이후, 그 해에 378억 원의 영업 손실을 기록하였으며 최근까지도 만성 적자를 이어나가고 있다. 특히 지난 2005년 중국시장에 진출해 뚜레쥬르와 더불어 커피 및 카페 브랜드인 투썸플레이스, 외식 브랜드 비비고를 앞세워 점포를 확대하고 있지만, 주력으로 밀고 있는 중국 법인의 연이은 적자로 인해 사업 확장에 고전을 면치 못하고 있다.

해외 진출 실패 중 눈여겨 볼 곳은 뚜레쥬르의 말레이시아시장 철수이다. 뚜레쥬르는 2010년 마스터 프랜차이즈 형태로 말레이시아에 진출하였으며, 이후 7년간 5개의 점포를 개점하였다. 그러나 말레이시아 진출 사업은 수년째 성과를 내지 못해 철수를 결정하였다.

말레이시아시장은 세계에서 손꼽히는 한류 인기 시장이다. 지난 2002년 말레이시아 지상파 방송국 Tv3에서 방영된 한국 드라마 '겨울연가'가 히트를 친 이후, '가을동화', '꽃보다 남자', '대장금' 등이 지상파 방송을 통해 방영되었다. 이로 인해 외국 문화로서는 이례적일 만큼 한국 문화는 말레이시아에서 큰 호응을 받고 있으며, 또한 계속해서 성장하는 추세이다. 드라마를 통해 전파된 한국 음식에 대한 동경이 한국 식당 및 레스토랑에 대한 수요 증가로 이어지고 있다. 일반 식당과 프랜차이즈의 구분 없이 한국 식당은 주요 도시를 거점으로 확산되는 경향을 보이고 있고, 이 때문에 현지 인구 대비 한국 식당의 수는 동남아에서 가장 높은 비율로 증가하고 있는 상황이다. 동남아시아를 포함한 여타 다양한 국가의 시장에서 성공 경험이 있는 Cj푸드빌 및 뚜레쥬르가 이러한 말레이시아시장에서 수년간의 적자로 인해 시장철수를 결정했다는 소식은 다소 의아하게 들릴 수 있다.

뚜레쥬르의 말레이시아시장 진출 실패 이유는 비교적 간단하다. 첫째, 마스터 프랜차이즈 형태로 진입했던 전략이 최선이 아니었다. 마스터 프랜차이즈는 프랜차이저(Franchisor)가 브랜드, 시스템, 노하우 등을 제공하고, 현지 운영사인 프랜차이지(Franchisee)는 투자와 운영을 담당하여 프랜차이저의 시스템을 독점적으로 사용할 권리를 가지며, 그에 따른 수수료와 로열티를 제공하는 방식을 말한다. 상대적으로 적은 비용 및 위험으로 해외 진출을 할 수 있고, 라이선싱보다 통제가 용이하다는 점에서 장점을 갖지만, 이익이 제한되며 품질에 대한 통제가 어려움은 물론, 세부적인 전략 조정이 불가능하다는 단점을 갖는다. Cj푸드빌은 이미 비슷한 동남아 시장들(베트남, 인도네시아 등)에서 성공을 거둔 경험이 있기 때문에 시장 선택 및 기업 전략 결정과정에서 실패의 원인을 찾기는 힘들다. 단지 베트남, 인도네시아와 같은 진출 성공 국가들은 직접투자를 통해 진출하였으며, 말레이시아, 필리핀, 캄보디아와 같은 매출액 저조 국가는 프랜차이즈 방식을 이용하여 진출했다는 차이가 존재할 뿐이다. 물론 마스터 프랜차이즈 방식 자체에 치명적인 문제가 있는 것은 아니다. 프랜차이징을 통해 해외시장에 진출하고자 할 때는 무엇보다 계약을 이행하여 실질적으로 재화와 서비스를 제공할 파트너사를 잘 선정해야 한다. 프랜차이저가 아무리 유명한 브랜드와 훌륭한 시스템을 가지고 있다고 하더라도 이를 이행할 파트너사의 능력이 떨어지면 경쟁력이 떨어진다. Cj푸드빌은 마스터 프랜차이징 방식으로 진출했기 때문에 시장철수로 인해 야기된 큰 손해는 없지만, 말레이시아 현지 프랜차이즈 파트너사가 계약 의무를 성실히 이행하지 못해 계약을 종료함으로써 브랜드 이미지를 훼손하는 결과를 초래하고 말았다.

Question

1. 말레이시아는 성장하는 프랜차이즈 시장이다. 그럼에도 불구하고, Cj푸드빌이 말레이시아에서 실패한 이유는 무엇이라고 생각하는가?
2. Cj푸드빌이 프랜차이즈라는 진입전략을 사용한 것이 적절하지 않다면, 어떤 방법으로 말레이시아에 진출하는 것이 효과적이며, 그 이유는 무엇인가?

3. Cj푸드빌은 뚜레쥬르 외에도 '투썸플레이스', '비비고' 등 다양한 외식브랜드를 보유하고 있다. Cj푸드빌의 다양한 외식 브랜드 중 어떤 브랜드가 어느 국가에서 성공할 수 있을지에 대해 제안해 보시오.

1. 해외시장진출을 위한 포괄적 모델

해외시장진출(Global Market Entry)은 진입국가(Where)의 선택, 진입시점(When)의 결정 및 진입방법(How)의 선택 등과 같은 전략적 의사결정과 관련되어 있다. 해외시장진출을 위한 포괄적 모델은 [그림 5-1]에 나타나 있다. 해외시장진출에 대한 결정을 하기 위해 의사결정자는 경쟁정도에 대한 산업기반적 고찰, 기업특유의 자산에 대한 자원기반적 고찰 및 국가위험에 대한 기관기반적 고찰을 수행하여야 한다. [그림 5-1]에 제시된 이러한 세 가지의 고찰의 방향에 대하여

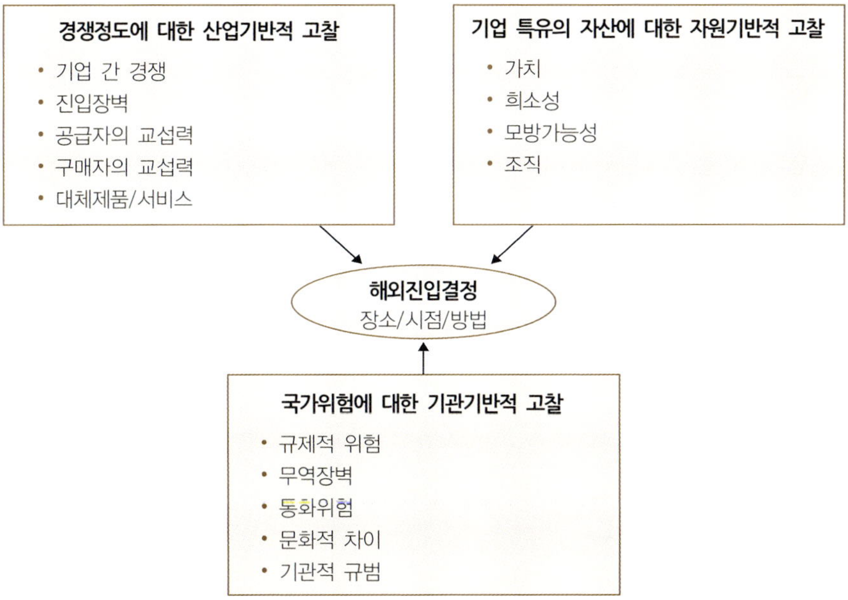

그림 5-1 | 해외시장진출을 위한 포괄적 모델

출처: Peng, M. W.(2006), P. 219.

살펴보면 다음과 같다.

1) 경쟁정도에 대한 산업기반적 고찰

해외시장진출을 위한 첫 번째 고찰은 산업경쟁력의 분석과 관련되어 있다. 해외시장진출의 관점에서 볼 때, 산업경쟁력에 영향을 미치는 각 요소들은 다음과 같은 의미가 있다.

- 기업 간 경쟁: 독점 또는 과점이 해외시장에서 나타날 경우, 이들은 시장진입장벽으로 작용할 수 있다. 따라서 해외의 어떤 제품 및 서비스시장에서 완전경쟁이 이루어지는 것이 바람직하다. 그러나 해외시장에 진출하려는 기업이 어떤 제품 및 서비스에 대하여 독점적 우위를 보유하는 것은 해외시장진출을 위해 매우 긍정적으로 작용할 수 있다.
- 진입장벽: 일반적으로 해외시장진출장벽은 수입금지, 수입물량의 규제, 높은 관세의 부과 및 특정 산업에 대한 투자규제 등과 같은 다양한 형태로 나타난다. 그러므로 다양한 형태의 해외시장진출장벽은 기업으로 하여금 상황에 따라 차별적인 진입결정(예를 들면, 진입 장소, 시점 및 방법에 대한 의사결정)을 하도록 할 뿐만 아니라, 해외시장에서의 경쟁에도 직접적 또는 간접적으로 영향을 미치게 된다.
- 공급자의 교섭력: 어떤 기업이 해외에 생산자회사를 설립하려는 경우에 있어서 부품 및 원재료 공급자의 교섭력(예를 들면, 가격흥정에 있어서의 주도권 확보 문제)은 경쟁에 부정적 또는 긍정적으로 영향을 미칠 수 있다. 현지공급자가 생산자회사보다 규모가 크고 교섭력이 강하다면, 생산자회사는 공급자로부터 보다 비싼 가격으로 부품 및 원재료를 구매할 가능성이 높기 때문에 최종 생산 제품의 가격경쟁력이 약화될 수 있다. 그러나 현지공급자의 교섭력이 약하다면, 생산자회사의 가격경쟁력은 강화될 것이다.
- 구매자의 교섭력: 어떤 기업의 해외자회사가 특정 제품을 생산하였다면, 이 제

품은 자사의 유통경로를 거쳐서 소비자에게 판매되거나, 또는 구매자(Buyers)를 거쳐서 소비자에게 전달된다. 구매자의 교섭력은 일반적으로 구매자의 수가 적고, 제품구입의 규모가 크면 강해지는 경향이 있다. 그러므로 해외자회사의 교섭력이 구매자의 교섭력보다 높아야만 그 기업은 경쟁에 있어서 우위를 확보할 수 있다.

- 대체제품/서비스: 기존제품 또는 서비스의 수요를 대체하는 새로운 제품 또는 서비스의 출현은 기존의 경쟁구도에 부정적 영향을 미칠 가능성이 매우 높다. 일반적으로 고객의 대체성향은 대체제품 또는 서비스의 가격 및 제품차별화에 의해 영향을 받는다.

2) 기업특유의 자산에 대한 자원기반적 고찰

기업특유의 자산에 대한 자원기반적 고찰은 기업이 보유한 자원(Resources)과 능력(Capabilities)에 그 기초를 두고 있다. 펭(Peng)은 기업특유의 자산에 대한 분석을 위해 가치, 희소성, 모방가능성 및 조직 등과 같은 4개의 요소를 제시하였다. 기업의 해외시장진출과 관련하여 이러한 4개의 요소를 살펴보면 다음과 같다.

- 가치: 기업이 보유하고 있는 가치부가적인 자원은 국내 및 해외에서 경쟁우위를 창출할 수 있는 핵심적 요소이다. 기업의 가치부가적인 자원은 유형자산(공장설비 및 소프트웨어 등)과 무형자산(브랜드, 특허, 기술, 경영노하우 및 고객관계 등) 등을 말한다. 어떤 기업의 자산가치가 높을수록 해외에서 이것을 더욱 공격적으로 활용할 수 있다.
- 희소성: 기업이 단순히 자산 및 능력을 보유하는 것보다 더 중요한 것은 이것들에 대한 희소성이다. 예를 들면, 특허, 브랜드 및 등록 브랜드 등과 같은 무형자산은 법률을 통하여 그 희소성 또는 독창성을 보호받을 수 있다. 어떤 기업이 갖고 있는 자산 및 능력의 희소성이 높을수록, 해외에서 더욱 강력한 경쟁력을 발휘할 수 있다.

- 모방가능성: 어떤 기업이 보유하고 있는 가치 있고, 희소한 자산 및 능력을 경쟁기업이 모방할 가능성이 낮을수록, 그 기업의 경쟁력은 더욱 오랫동안 지속될 수 있다. 일반적으로 유형자산의 모방은 비교적 쉬운 반면, 무형자산의 모방은 비교적 어렵거나 불가능할 수 있다.
- 조직: 기업의 조직은 그 기업이 보유한 자산과 능력의 효과적이고 효율적인 활용에 대한 책임을 지고 있다. 즉, 기업의 조직은 생산과 운영을 통한 가치 창출의 기능뿐만 아니라, 국내 및 해외의 수많은 사업부 또는 자회사를 연결하고 관리하는 역할도 아울러 담당한다.

3) 국가위험에 대한 기관기반적 고찰

국가위험은 규제적 위험, 무역장벽, 통화위험 및 기관적 규범과 같은 공식적인(Formal) 기관적 규제요인과 문화적 차이와 같은 비공식적인(Informal) 기관적 차이 등을 통하여 발생한다. 국가위험은 기업의 해외시장진출을 방해하거나 금지시키기 때문에 진입에 대한 의사결정에 있어서 가장 먼저 고려해야 할 사항에 속한다.

- 규제적 위험: 현지국정부의 외국기업에 대한 차별적인 정책은 대표적인 규제적 위험이다. 규제적 위험은 기업설립과 운영의 규제, 투자지분의 제한, 투자자본의 회수 및 과실송금의 제한, 파견 직원의 입국금지 등과 같은 다양한 형태로 나타난다.
- 무역장벽: 무역장벽은 관세 및 비관세장벽, 현지부품 사용률에 대한 규제 및 진입방법의 규제 등을 말한다. Wto의 출범을 통하여 관세 및 비관세장벽이 완화되고 있지만, 국가 간 무역에 있어서 이러한 장벽은 여전히 존재하고 있다. 현지부품 사용률과 진입방법의 규제는 일반적으로 현지국의 원재료 및 부품산업의 발전, 산업보호를 위해 이루어지고 있다. 그러나 최근에는 이러한 국가 간 무역장벽은 경제블록의 형성 및 국가 간 자유무역협정의 체결에 의하여 대폭 완화되거나 철폐되고 있다.

- 통화위험: 통화위험은 환율변동에 의하여 나타나는 위험을 말한다. 급격한 환율변동은 수출제품의 가격, 해외투자자산의 가치, 장기 및 단기차입금의 원금상환과 이자 지불 등에 직접적으로 영향을 미치게 된다. 따라서 기업은 해외시장진출에 대한 의사결정을 하기 전에 먼저 국제금융시장의 동향을 면밀히 검토할 필요가 있다.
- 문화적 차이: 본국과 현지국의 문화적 차이에 대한 깊은 통찰 없이 다국적기업 활동을 전개하는 기업은 문화적 위험에 노출될 수 있다. 해외시장에 진입하려는 기업뿐만 아니라, 현지국에서 활동하고 있는 기업은 현지국의 문화적 환경에 대한 체계적인 분석을 통하여 문화적 위험을 최소화하여야 한다. 또한 기업이 현지국의 문화에 신속하게 적응하기 위해서는 현지국의 개인문화, 기업문화, 산업문화 및 사회문화 등에 대한 이해와 검토가 요구된다.
- 기관적 규범: 규범(Norms)은 어떤 집단의 구성원들에게 수용되고 기대되는 행동양식이나 규칙을 말하며, 이것은 구성원의 의식 속으로 내재화되거나, 실제적 또는 부정적인 제재수단에 의해 강제되기도 한다. 규범은 관습과 도덕 등에 의해 생활과 행동을 규제하는 사회적 규범과 공적인 권력에 의해 개인 및 기업행위를 제재하는 기관적 규범으로 구분될 수 있다. 넓은 의미에서 볼 때, 기관적 규범은 전형적으로 법률의 형태로 나타나기 때문에 해외시장진출을 위한 의사결정에 있어서 법률적 환경에 대한 분석이 이루어져야 한다.

2. 해외시장진출전략의 과정

1) 진입국가의 선택

해외시장에 진입하려는 기업은 글로벌 경영환경의 분석을 기초로 하여 진입국가(Foreign Country To Enter)를 선택하게 된다. 진입국가의 선택과 관련된 의사결정은 수출(무역)과 해외직접투자의 관점에서 각각 다르게 이루어지게 된다. 진입국가의 선택에 대한 이론적인 근거로 제시되는 입지이론을 살펴보기로 한다.

(1) 무역과 입지이론

무역과 관련된 대표적인 입지이론(Location Theory)은 린네만(Linnemann)에 의해 주장되었다. 그는 운송비용, 운송시간, 경제적 이해의 한계 및 인위적 장벽 등과 같은 이른바 거리요인과 무역 간의 관계에 대한 이론적 설명을 시도하였다. 그에 의하면, 거리요인이 클수록 두 국가 간의 무역이 적어지고, 반면에 거리요인이 작을수록 두 국가 간의 무역이 많아진다. 다음과 같은 거리요인의 조건이 충족되면 두 국가 간의 무역이 촉진된다.

- 운송비용: 적은 운송비용
- 운송시간: 짧은 운송 및 배달시간
- 경제적 이해의 한계: 외국에 대한 풍부한 사회적 및 경제적 지식
- 인위적 장벽: 낮은 관세 및 비관세장벽

이 입지이론은 기업이 수출을 해외진입의 방법으로 결정한 경우에 있어서 수출대상 국가를 선택하는 의사결정에 도움이 될 수 있다. 입지이론에서 주장하는 거리요인은 일반적으로 인접한 국가와의 무역에서 더욱 유리하게 작용할 수 있고, 많은 운송비용이 발생하는 제품과 직접적으로 관련되어 있다. 경쟁기업과 비교하여 어떤 기업의 짧은 운송 및 배달시간은 표준화된 제품을 생산하는 산업부문의 수출을 촉진할 수 있으며, 이를 통하여 전략적 경쟁우위를 달성할 수 있다. 그러나 수송수단의 발달, 포장기술의 발달, 컨테이너의 사용 및 항공운송 등과 같은 수송에 있어서의 혁신적인 변화는 수출을 방해하는 거리요인을 상쇄시키는 역할을 한다.

(2) 해외직접투자와 입지이론

해외직접투자와 관련된 입지이론(Location Theory)에서는 현지국이 어떤 입지 우위를 보유하고 있는가에 대하여 초점을 맞춘다. 야르라이쓰(Jabrreiß)는 해외직접투자에 많은 영향을 미치는 현지국의 입지요인을 파악하기 위하여 국가적 투자 유인책(세금혜택 및 지원금), 시장요인(시장규모, 시장성장 및 무역장벽의 존재여부), 세제, 임금의 차이 및 정치적 위험 등과 같은 요인들을 제시하여 독일의 다국기업들을 대상으로 실증적 연구를 하였다.

그의 연구결과에 의하면, 시장요인이 해외입지선정에 있어서 가장 중요한 요인으로 밝혀졌으며, 그 다음으로 임금의 차이가 중요한 것으로 나타났다. 그러나 임금의 차이는 비용(원가)지향적 해외직접투자에 있어서만 높은 설명력을 갖는 것으로 나타났다. 또한 국가적 투자 유인책, 세제 및 정치적 위험은 해외입지선정에 있어서 중요하지 않은 것으로 밝혀졌다. 그러나 실제로 해외직접투자에 영향을 미치는 입지요인은 훨씬 다양할 뿐만 아니라, 이들이 입지선택에 미치는 영향력의 정도도 기업에 따라 많은 차이가 날 수 있다. 그러므로 해외입지선정과 관련하여, 비용 및 세금요인, 수요요인 및 전략적 요인 등의 미시적 입지요인과 규제적 요인 및 사회정치적 요인 등 거시적 입지요인들을 종합적으로 검토하여야 한다.

- **비용 및 세금요인:** 운송비용, 임금수준, 토지의 이용가능성과 비용, 건축비용, 원재료 및 자원의 비용, 금융비용, 세율, 투자유인책 및 본국으로의 이윤송금
- **수요요인:** 시장규모와 성장, 고객의 존재 및 현지국에서의 경쟁
- **전략적 요인:** 투자와 관련된 기간구조, 생산집중화(산업클러스터), 산업적 연계, 노동생산성, 내향적 및 외향적 물류
- **규제적 요인:** 산업정책, 해외직접투자 정책 및 특별지역의 이용가능성(수출자유지역 및 경제자유구역)
- **사회·정치적 요인:** 정치적 불안정, 문화적 장벽, 현지의 사업관행, 정부의 효율성과 부정부패, 외국기업에 대한 태도, 지역사회의 특성 및 환경보전적 발전(예를 들면, 공해규제 및 재활용의 요구)

어떤 기업이 추구하는 전략적 목표와 입지특유의 이점은 〈표 5-1〉에 제시되어 있다. 이 〈표 5-1〉에 나타난 바와 같이 기업의 전략적 목표는 진입국가의 선택에 결정적인 영향을 미칠 수 있다.

표 5-1 ▌ 전략적 목표와 입지특유의 이점

전략적 목표	입지특유의 우위	사 례
원재료지향	천연자원의 보유, 관련된 운송 및 커뮤니케이션 기간구조	중동 및 러시아의 원유, 중미와 카리브 지역의 바나나
시장지향	강력한 시장수요와 고객구매력의 존재	일본의 해산물, 멕시코의 청량음료
효율지향	규모의 경제 및 저비용요인의 존재	중국의 제조, 인도의 정보통신(It)
혁신지향	혁신적 인력, 기업 및 대학의 존재	실리콘밸리와 인도의 It, 뉴욕과 런던의 금융서비스, 프랑스의 화장품, 독일의 화학, 러시아의 우주항공

2) 진입시점의 결정

기업이 진입국가를 선택한 후에는 진입시점과 진입방법을 결정해야 한다. 진입시점(Entry Timing)은 다음과 같은 두 가지 측면에서 검토되어야 한다.

(1) 최초진입자 전략과 후발진입자 전략

진입시점은 다국적기업이 직면하게 되는 현지의 환경적 위험 및 기회에 영향을 미치기 때문에 매우 중요한 의사결정에 속한다. 진입시점의 결정은 진입국가에 대한 경쟁자의 진입시점과 비교하여 이루어질 수 있다. 경쟁자가 어떤 기업이 진입하려는 국가에 아직 진출하지 않았다면, 최초진입자 전략(First Mover Strategy)을 선택할 수 있으며, 반면에 경쟁자가 어떤 국가에 이미 진출해 있다면 후발진입자 전략(Late Mover Strategy) 또는 추종자 전략(Follower Strategy)을 선택하게 된다. 최초진입자 전략과 후발진입자 전략의 이점을 각각 살펴보면 다음과 같다.

① 최초진입자 전략의 이점

- 시장의 선점
- 기술주도권의 확보
- 희소한 자원의 선점
- 후발진입자에 대한 진입장벽의 구축
- 본국에서의 경쟁기업과의 충돌회피
- 현지국의 고객 및 정부 등과 같은 이해관계자와의 관계구축
- 고객충성도의 제고
- 제품포지셔닝의 구축
- 적은 초기경쟁자

② 후발진입자 전략의 이점

- 최초진입자의 투자경험활용
- 기술 및 시장 불확실성의 해결
- 안정적인 원재료 및 부품의 조달가능성의 증대
- 관련된 지원 산업과의 협력가능성의 증대

(2) 폭포형 진입전략과 스프링클러형 진입전략

일반적으로 다국적기업이 진입하려는 국가는 한 국가가 아니라 여러 개의 국가들이다. 어떤 기업이 여러 국가에 진출하려는 경우에 점진적 또는 순차적으로 진입할 것인가, 아니면 동시다발적으로 진입할 것인가에 대한 의사결정상황에 직면하게 된다.

폭포형 진입전략(Waterfall Entry Strategy)은 다국적기업이 시차를 두고 9~10년에 걸쳐 순차적으로 해외시장에 진입하는 것을 말한다. 어떤 기업이 국제화 초기단계에 있다면, 우선순위가 높은 시장에 먼저 진입하여 시장경험을 축적한 후 점차적으로 다른 국가로 진입하게 된다. 반면, 스프링클러형 진입전략(Sprinkler Entry Strategy)은 다국적기업이 다수의 해외시장에 1~2년에 걸쳐 동시에 진입하

는 것을 의미한다. 이러한 동시다발적 진입방법은 여러 지역 또는 국가에서 시장 기회를 선점하고, 글로벌 경쟁에서의 우위를 확보하기 위하여 사용된다. [그림 5-2]는 폭포형 진입전략과 스프링클러형 진입전략을 보여준다.

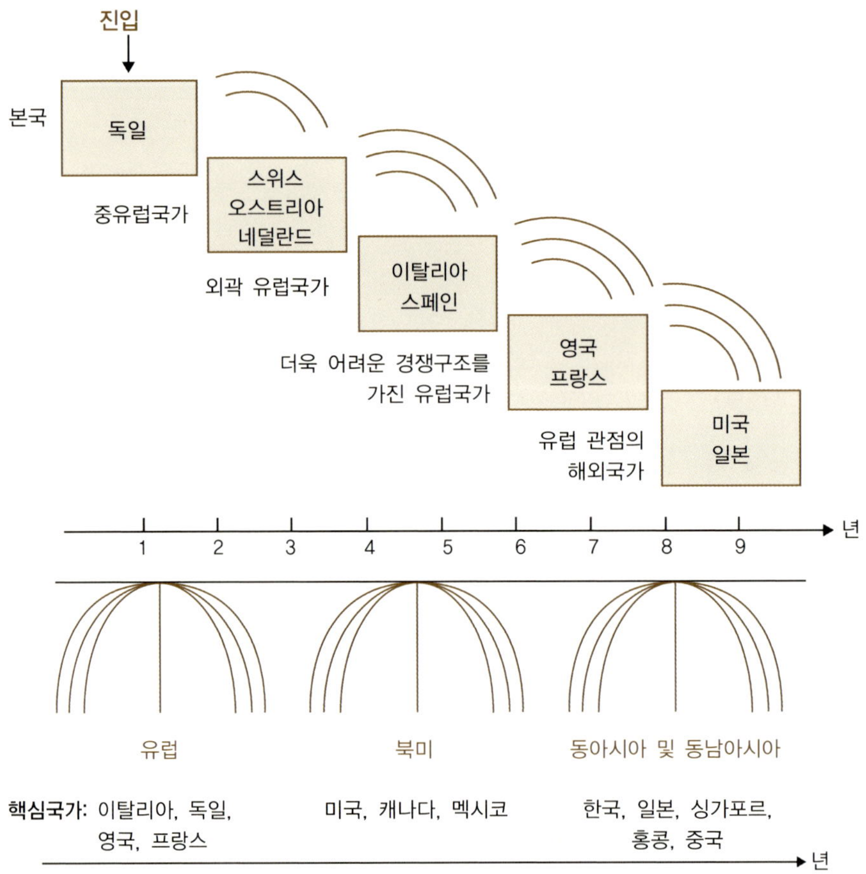

그림 5-2 **폭포형 진입전략과 스프링클러형 진입전략**

폭포형 진입전략과 스프링클러형 진입전략의 이점을 각각 요약하면 다음과 같다.

① 폭포형 진입전략의 이점

- 국제화경험과 자원이 부족한 기업에게 유리하다.
- 국제화 초기단계의 투자위험이 감소한다.

- 개별국가의 특수성과 요구사항을 고려한 강력한 시장집중이 가능하다.
- 순차적 시장진입에 있어서 축적된 투자경험을 활용할 수 있다.

② 스프링클러형 진입전략의 이점

- 국제화경험과 자원이 풍부한 기업에게 유리하다.
- 다수의 국가에 대한 신속한 동시적 침투가 가능하다.
- 제품수명주기 또는 기술수명주기를 단기간에 다수의 국가에서 최대한 활용할 수 있다.
- 다수의 국가에서 표준화의 이점을 동시에 활용할 수 있다.
- 다수의 국가에서 최초진입자의 우위를 확보할 수 있다.

3) 진입규모의 결정

해외시장에 진출할 때 투자 규모를 어느 정도로 할 것인지, 즉 어느 정도로 그 시장에 몰입해야 될 것인가 그 규모를 결정해야 한다. 해외시장 진입규모는 초기에 대규모 투자를 시행하여 신속히 진입하는 방법과 초기에 소규모로 진출하여 경험을 쌓은 후 점진적으로 투자를 확대하는 두 가지 방법이 있다. 초기에 대규모로 투자하여 신속히 진입하는 방법은 장기적 영향을 미치며, 되돌릴 수 없다는 특징 있다. 초기 대규모 투자는 기업이 특정 시장에 주력할 것이라는 강한 의지를 표시하는 것으로 현지 소비자와 유통업자들은 기업이 자국에서 장기적으로 사업을 할 것이라는 믿음을 가지게 된다. 또한 다른 외국 경쟁기업들이 그 시장에 진입하는 것을 억제하는 효과가 있다. 이 전략을 사용하는 기업은 소규모로 진입하는 기업들보다 수요선점, 규모의 경제, 전환비용 등 최초진입의 이점을 획득할 가능성이 높다. 그러나 이 진략의 부정적 측면은 특정 해외시장에 많은 투자를 했기 때문에 다른 매력적인 해외시장에 진출하는 데 자원이 부족할 수 있다. 즉, 전략적 유연성이 제한될 수 있다는 것이다. 따라서 기업은 대규모 초기 투자의 혜택과 부정적 측면을 비교하여 이 전략의 유용성을 평가해야 한다.

또한 기업은 대규모 진입의 장점을 소규모 진입의 이점과도 비교해야 한다. 기업은 소규모 진입을 통해 현지 시장에 대한 정보를 수집한 후 이를 바탕으로 추가적인 진입규모를 결정할 수 있다. 이러한 점진적 접근법은 대규모 진입에 따른 위험을 감소시켜 준다. 그러나 이러한 점진적 접근법을 통해서는 시장점유율의 신속한 확대나 최초진입의 이점을 얻기 어렵다는 것을 알아야 한다.

한편, 해외시장 진입규모를 결정할 때에는 해외시장의 다양한 특성도 고려해야 하지만, 기업의 자원투입역량도 고려해야 한다. 기업의 역량에 비해 해외시장에 많은 투자를 한다면, 심각한 문제가 발생할 수 있다. 즉, 해외시장에 진출할 때 투입규모를 결정하는 것은 매우 중요한 의사결정이다.

4) 진입방법의 선택

(1) 진입방법의 분류

해외시장진출방법(Entry Modes)은 학자에 따라 서로 다르게 논의되고 있으나 일반적으로 수출, 라이선싱 및 프랜차이징, 해외직접투자 및 전략적 제휴 등으로 구분할 수 있다.

판과 채(Pan & Tse)는 해외시장진출방법을 비자산방법과 자산방법으로 구분하였다. 그리고 이러한 두 가지 진입방법의 일부분은 전략적 제휴와 관련되어 있다. [그림 5-3]은 진입방법의 선택에 대한 단계적 모델을 제시한다.

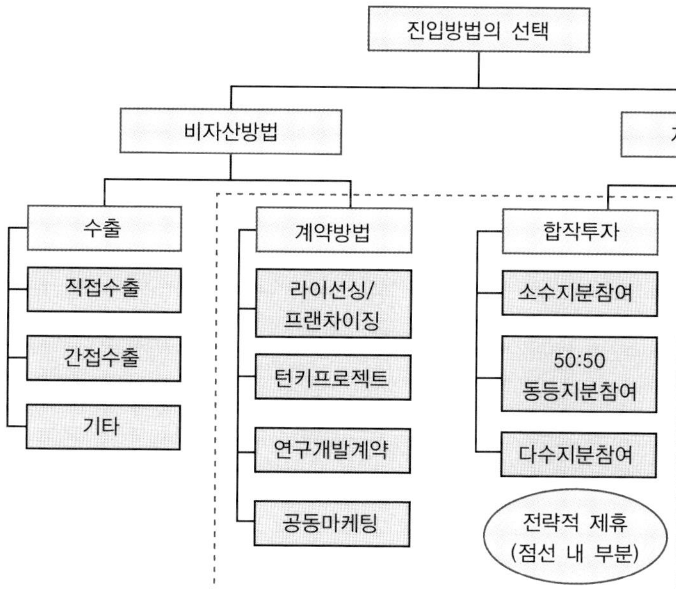

그림 5-3 **진입방법의 선택: 단계적 모델**

① 비자산방법(Non-Equity Modes)

- 수출: 직접수출, 간접수출, 기타
- 계약방법: 라이선싱과 프랜차이징, 턴키계약(플랜트수출), 연구개발계약, 공동마케팅

② 자산방법(Equity Modes or FDI Modes)

- 합작투자(Joints Ventures): 소수지분, 50% : 50% 동등지분 및 다수지분의 참여
- 단독투자자회사: 신설투자, 인수, 기타

③ 전략적 제휴(Strategic Alliances)

- 계약방법, 합작투자

(2) 진입방법의 선택모델

진입방법의 선택과 관련하여 던닝(Dunning), 러그만(Rugman) 및 루트(Root)의

모델에 대하여 각각 살펴보기로 한다.

① 던닝(Dunning)의 모델(절충이론)

던닝의 절충이론(Eclectic Theory)은 해외직접투자에 대한 기존의 이론들을 결합시켜 단순인과적인 이론을 입지이론, 경쟁이론 및 무역이론 등으로 확대하여 관련시킨 이론이다. 그는 기업특유의 독점적 우위, 입지특유의 우위 및 내부화의 우위 등이 해외직접투자, 수출 및 포트폴리오자원이전(대표적인 예를 들면, 라이선싱) 등의 진입방법을 결정하는 주요요인으로 작용한다는 주장을 하였다. 즉, 전략적 대안으로서 해외직접투자가 이루어지려면 먼저 현지에 진출하는 외국기업으로서의 불리한 측면을 극복해야만 하고, 국내보다 외국이 생산입지로서 우위에 있어야 하며, 아울러 기업특유의 독점적 우위(예를 들면, 기술)를 외국기업에게 라이선싱을 하는 것보다 내부거래를 통해 이전하는 것이 유리한 내부화의 우위가 있어야 한다는 것이다.

절충이론에서는 기업특유의 독점적 우위, 입지특유의 우위 및 내부화의 우위 등으로 진입방법을 선택할 수 있는 이론적 근거를 제시한다. 이 이론의 특징은 위에서 언급한 세 가지 우위의 보유여부에 따라 〈표 5-2〉와 같은 해외시장진출의 형태를 제시할 수 있다는 것이다.

표 5-2 ▌ 던닝의 세 가지 우위와 진입방법의 선택

		우 위		
		기업특유	내부화	입 지
진입방법	해외직접투자	예	예	예
	수 출	예	예	아니오
	라이선싱	예	아니오	아니오

〈표 5-2〉에서 보는 바와 같이, 어떤 기업이 기업특유의 독점적 우위만을 갖고 있으면 라이선싱이 최상의 대안이 된다. 그러나 독점이론과 제품수명주기 이론에서는 기업특유의 우위(제품혁신)만으로도 수출과 해외직접투자를 할 수 있는 것으

로 주장하기 때문에 던닝의 이론은 앞서 언급한 이론과 정면으로 배치되는 한계점을 갖고 있다. 즉, 어떤 기업의 해외직접투자는 기업특유의 독점적 우위, 입지특유의 우위 및 내부화의 우위가 있어야 가능한 것으로 나타나 있는데, 실제에 있어서 제품수명주기의 도입기에 채택될 수 있는 신제품개발(예를 들면, 제품혁신)을 통하여 독점적 우위를 갖는다면 진입방법으로서 수출과 해외직접투자를 선택할 수 있는 여지가 존재한다.

던닝의 절충이론은 지금까지 개발된 이론 중에서 가장 일반적이고 포괄적인 이론이지만 독점이론, 입지이론 및 내부화의 이론 등을 종합하였기 때문에 독창성이 결여된 이론으로 평가받고 있다. 아울러 입지이론과 내부화의 이론에서 설명하고 있는 변수들이 중복될 수 있는 단점을 갖고 있다.

② 러그만(Rugman)의 모델

러그만은 던닝의 모델과 마찬가지로 진입방법을 수출, 라이선싱 및 해외직접투자 등으로 나누어 선택과정을 설명한다. 그는 진입방법을 선택하는 기준으로 무역장벽과 기술유출의 위험을 제시한다.

[그림 5-4]에 나타나 있는 바와 같이 어떤 기업이 만든 제품에 대한 무역장벽이 없다면, 그 기업은 수출을 진입방법으로 선택한다. 반면, 진입하려는 국가에 무역장벽이 존재한다면, 그 기업은 수출을 포기하고 해외직접투자와 라이선싱 중에서 하나의 진입방법을 선택할 수 있다. 이 상황에 있어서 기술유출의 위험이 의사결정의 기준이 된다. 즉, 기술유출의 위험이 없다면 라이선싱을 선택하고, 기술유출의 위험이 존재한다면 해외직접투자를 선택하게 된다.

이 모델은 무역장벽과 기술유출의 위험이라는 두 가지 기준으로 매우 신속하고 간편하게 진입방법을 선택할 수 있기 때문에 평가비용이 절감되는 장점을 갖고 있다. 그러나 이 모델은 두 가지의 기준만으로 해외시장진출에 대한 의사결정을 하기 때문에 복잡하고 다양한 해외시장의 상황을 정확하게 반영할 수 없는 문제점을 내포하고 있다.

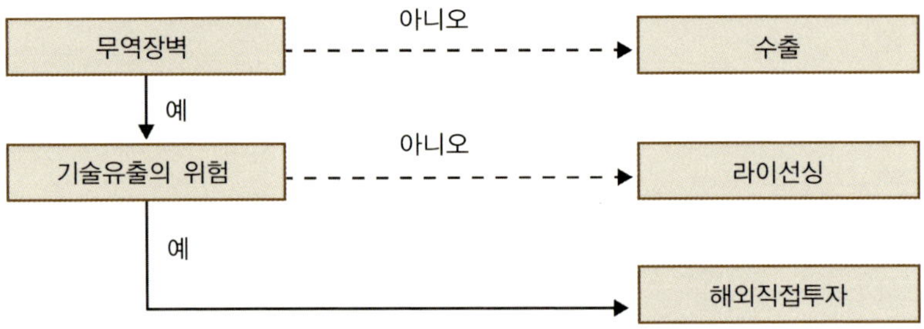

그림 5-4 ▌ 러그만의 진입방법 선택모델

③ 루트(Root)의 모델

루트는 해외시장진출방법의 선택에 영향을 미치는 요인을 내부요인과 외부요인으로 나누어 어느 정도 실행 가능한 진입경로를 제시한다. 내부요인은 제품요인과 자원투입요인 등으로 구성되어 있으며, 반면에 외부요인은 현지국의 시장요인, 생산요인, 환경요인 및 정부정책요인 등을 포함하고 있다. 이러한 내부요인과 외부요인은 기업의 점진적인 국제화과정에서 통제와 위험이라는 두 가지 상황에 직면하게 된다.

[그림 5-5]는 루트의 진입방법 선택모델을 제시한다. 이 [그림 5-5]에 나타난 바와 같이 어떤 현지국에 진입하는 기업은 진입방법을 순차적으로 거치게 된다. 그리고 단독투자는 다른 어떤 진입방법보다 위험(투자 위험)이 높을 뿐만 아니라, 그에 따른 통제(자산 및 전략 등)의 수준도 높다.

이 모델은 해외시장진출방법에 영향을 미치는 요인들을 고려하여 동태적인 관점에서 진입경로를 순차적으로 제시하기 때문에 다양한 진입경로를 쉽게 파악할 수 있는 장점을 갖고 있다. 그러나 이 모델은 단순히 미래의 방향만을 제시하기 때문에 정확한 진입시점과 진입방법의 구체성과 적합성을 뒷받침할 수 없는 한계점을 지니고 있다.

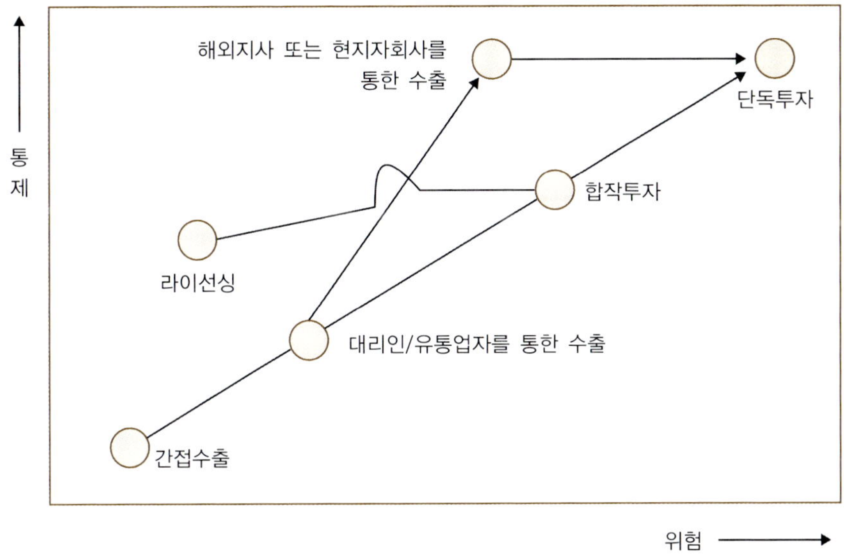

그림 5-5 ▌ **루트의 진입방법 선택모델**

- 간접수출 → 대리인 또는 유통업자를 통한 수출 → 합작투자 → 단독투자
- 간접수출 → 대리인 또는 유통업자를 통한 수출 → 해외지사 또는 현지자회사를 통한 수출 → 단독투자
- 라이선싱 → 합작투자 → 단독투자

토의문제

1. 해외시장진출의 과정 및 평가요소에 대해 설명하시오.
2. 최초진입과 후발진입의 장, 단점에 대해 설명하시오.
3. 다국적기업의 해외진출 시 진입방법 선택에 영향을 미치는 요인들에 대해 설명하시오.

Chapter

06 수출전략

Case 06 한국 중소기업의 해외수출

1) 세계적 기타리스트가 쓰는 콜트 제품

1973년 박영호 사장이 서울 근교의 작은 공장을 얻어 기타를 생산하는 유아통상을 시작했다. 그가 기타와 피아노 중 기타를 선택하게 된 이유는 1971년 시카고에서 열린 기타박람회에 참가했을 때부터였다. '씨. 에프. 마틴(C. F. Martin)'. 한 대 가격이 놀랍게도 선친이 수출했던 어쿠스틱 기타의 한 컨테이너 분량과 맞먹었다. 그는 자신도 언젠가는 그런 기타를 만들겠다고 결심했다.

각국의 기타 제조업자들에게 기술을 하나씩 배워가면서 제품을 만들어 주문자상표부착방식(OEM)으로 수출하기 시작했다. 저렴했던 인건비 덕분에 많은 인력을 동원해 꼼꼼히 만든 기타를 납품하자 이름만 들어도 알만한 해외 유명 브랜드들의 주문이 밀려왔다. 이들은 또한 주문한 악기의 품질을 높이기 위해 전문가들을 콜트악기에 파견해 1980년대 초에는 자체 브랜드인 콜트(Cort)까지 내놓았다. 물론 초창기 모델들은 대부분 해외 유명 브랜드의 복제품들이었다. 그러나 R&D 역량을 강화하고, 차츰 자체 독자 모델을 개발했다. 엄격한 품질관리를 위해 기타에 장착하는 부품들도 대부분 자체 생산했다. 가격을 따지지 않고 제품의 A/S를 확실하게 해준 것도 신용을 쌓는 지름길이 되었다. 사업을 시작한 이후 생산라인이 가동되지 않은 때가 없었으며, 지금은 고급 어쿠스틱 기타를 생산하는 대전공장, 고급 일렉트릭 기타를 만드는 인천공장 외에 중저가 제품을 생산하는 인도네시아와 중국공장도 가동 중이다.

선친이 운영하던 공장이 어음부도로 문을 닫은 사실을 기억하는 사장은 지금도 어음과 당좌수표를 쓰지 않는다. 바이어들에게 현금을 받는 것은 물론, 부품업체들에도 현찰로 지급한다. 1990년부터 내수를 시작했지만 여전히 전체 매출의 95%이상이 수출이다. T. M. 스티븐슨이나 윌터핀스, 이정선 등 국내외 유명 기타리스트들도 콜트 제품을 애용하고 있다. 최고급 제품은 수출가격만 540달러선이며 소비자 가격은 2700달러에 달한다.

2) 삼홍사의 축소 모형기관차

삼홍사의 축소 모형기관차는 세계 시장을 장악하고 있는 명품이다. 몇몇 제품들은 수집가들의 표적이 될 정도다. 실제 기관차를 32분의 1~160분의 1로 축소한 것으로 영화 소품으로 많이 사용된다. 외형뿐만 아니라 내부 기관까지도 제대로 갖춰 진짜 기차처럼 레일을 달린다. 유럽과 미주지역에서는 어른들이 수집한 삼홍사 제품을 후손에게 물려줄 정도로 인기가 있다. 부품이 종류에 따라 1,000~3,000개나 되며, 어떤 것은 한 대 만드는데 10개월이 소요된다. 수출단가도 웬만한 자동차 가격에 달하는 8,000달러이고, 제작에는 기계설계, 전기, 전자, 주물, 화공, 금형 등의 기술이 종합적으로 필요하다. 삼홍사가 1970년 출범할 때부터 탄탄한 기술력을 가졌던 것은 아니다. 초기에는 일본에서 부품을 전량 수입해 조립했지만, 점차 부품을 개발하면서 1983년 드디어 자체 생산에 성공했다. 매년 매출이 쑥쑥 올라 1999년 5천만 달러 수출탑상을 받은 데 이어 2000년 다시 7천만 달러 수출탑상을 받았다.

3) 영안의 모자

40년 전통을 가진 영안이 모자도 세계 모자시장의 40%(품목별 20~80%)를 차지하고 있는 일류제품이다. 한국보다 오히려 해외에서 더 알려져 있어서 유명한 메이저리거들도 영안의 모자를 쓰고 경기를 한다. 전 세계에 18개 공장이 퍼져 있으며, 세계인의 머리모양을 45가지로 나누어 연구할 정도로 개발에 힘을 쏟고 있다.

4) 시즈의 스키장갑

세계 스키장갑 시장의 20%는 한국의 시즈의 제품이다. 루이시나 버튼 등 유명 업체들에 납품한다는 사실로 알 수 있듯이 생산제품 중 절반 이상이 고급품이다. '루디스'라는 자체 브랜드도 가지고 있으며 세계 스키장갑으로는 처음 Iso9001 품질인증을 받았다.

Question

1. 콜트 기타가 성공할 수 있었던 이유와 초창기 했던 주문자상표부착방식(OEM)에 대해 설명하시오.
2. 삼홍사, 영안, 시즈가 각자의 분야에서 성공할 수 있었던 이유에 대해 설명하시오.

1. 수출의 개념 및 유형

수출(Export)은 기업이 생산한 제품 및 서비스를 외국에 판매하는 기업 활동을 말한다. 일반적으로 기업의 국제화는 수출, 라이선싱, 프랜차이징, 합작투자, 해외지점, 해외생산 및 자회사설립 등의 단계를 거치면서 점진적으로 이루어진다. 점진적 국제화의 관점에서 볼 때, 수출은 기업 국제화의 시작으로 볼 수 있다. 과거에 수출을 통하여 성장과 발전을 위한 경제적 토대를 마련한 많은 기업들은 오늘날 국제경쟁력을 갖춘 명실상부한 다국적기업이 되었다. 전 세계의 여러 국가와 지역에서 활동 중인 다국적기업들은 그들이 생산한 제품 및 서비스를 현지국 또는 현지지역에서 판매할 뿐만 아니라, 아울러 다른 국가 또는 지역으로도 수출하고 있다. 이러한 측면에서 볼 때, 수출은 기업의 가장 중요한 이윤창출의 원천으로 볼 수 있다.

1) 간접수출

간접수출(Indirect Export)은 기업이 생산한 제품을 국내의 수출중간상을 통해 해외로 판매하는 것을 의미한다. 간접수출에 있어서 중간상은 종합무역상사(수출회사), 외국바이어, 외국기업의 구매사무소 및 수출대리점 등이다. 이 수출방법에서는 국내에 있는 수출중간상이 제품을 해외의 최종고객에게 판매하기 때문에 수출을 의뢰한 기업의 입장에서 볼 때 이 방법은 국내 판매와 동일하게 취급될 수 있다. 간접수출의 장점과 단점은 다음과 같이 열거할 수 있다.

① 간접수출의 장점

- 생산에 자원을 집중시킬 수 있다.
- 수출중간상의 경험과 지식을 활용할 수 있다.
- 수출관련 조직을 운영하지 않기 때문에 자금부담(수출전문인력의 채용, 조직운

영 또는 유지비용)이 경감된다.

- 종합무역상사를 이용하는 경우, 해외시장정보를 입수할 수 있다.
- 수출클레임을 회피할 수 있다(단, 납품한 제품의 포장 및 품질 등이 수출중간상에 의해 미리 확인된 경우).

② 간접수출의 단점

- 해외에 수출한 제품에 대한 통제권이 상실된다.
- 해외경험을 축적할 기회를 놓칠 수 있다.
- 해외고객과의 직접적인 의사소통이 어렵기 때문에 고객정보수집에 문제가 있다.
- 수출중간상의 소극적 마케팅으로 인하여 매출증대가 제한될 수 있다.

2) 직접수출

직접수출(Direct Export)은 수출업무를 다른 기업 또는 중간상에 위임하지 않고 독자적인 수출관련 조직을 통해 직접 수행하는 것이다. 이 수출방법은 수출활동이 자사의 조직에 의해 직접 수행되거나, 또는 다른 기업과 공동으로 만든 조직을 통해 수행될 수 있다. 여기에서 자사의 조직은 수출부(또는 국제영업부 및 해외영업부) 및 현지자회사(또는 현지지점)의 마케팅관련 부서를 말하며, 다른 기업과 공동으로 만든 조직은 국내외에 설립한 공동지사(또는 공동지점)를 의미한다. 특히, 공동지사를 통한 직접수출은 국내의 수출협회 및 해외의 공동지사 등을 통하여 이루어진다. 직접수출의 장점과 단점은 다음과 같다.

① 직접수출의 장점

- 해외시장에 대한 경험과 지식을 축적할 수 있다.
- 수출관련 조직을 통하여 해외시장정보를 쉽게 획득할 수 있다.
- 해외에 수출한 제품에 대한 통제권이 강화된다.

- 유리한 조건으로 제품판매에 대한 계약을 할 수 있다.
- 적극적인 마케팅을 통하여 장기적인 매출증대가 가능하다.

② 직접수출의 단점

- 수출관련 조직의 운영에 따른 자금 부담이 가중된다.
- 수출클레임이 발생할 경우, 분쟁위험의 가능성이 높다.
- 수출 초기에 안정적인 고객확보의 어려움이 있다.

2. 수출의 일반적 절차

1) 사전조사 및 거래제의

수출은 시장조사 및 거래처 발굴로 시작된다. 이는 기업이 직접 담당하기도 하지만, 특히 중소기업의 경우에는 한국무역협회, 대한무역투자진흥공사(KOTRA), 한국무역보험공사 등 외부 무역관련 기구를 활용하는 경우가 많으며, 주한외국대사관이나 개별국가의 상공회의소도 정보창구가 된다.

잠재적인 거래선 명단이 작성되면, 기업 및 거래희망 내용을 간략히 소개하는 자기소개서나 거래제의서를 발송한다. 이를 받은 상대방 중 관심이 있는 기업이 문의사항을 제기하면, 이에 대해 답신하는 조회(Inquiry)과정을 거치게 되며, 또한 상대방의 신용상태를 확인하는 신용조사(Credit Inquiry)를 해야 한다.

2) 청약 및 승낙

청약(Offer)은 매도인이 매수인에게 일정한 조건으로 매매계약을 체결하고 싶다는 의사를 제시하는 것을 말하며, 매도청약(Selling Offer)과 매수청약(Buying Offer)으로 구분된다. 청약을 받은 상대방은 이를 거절할 수 있으며, 일부 수정 후 다시 제의하는 반대청약(Counter Offer)의 과정을 여러 번 거칠 수 있다. 원 청약이든 반대청약이든 상대방이 이를 수락하는 것을 승낙(Acceptance)이라 하는데, 승낙은 청약의 모든 조건에 동의하는 것을 말하며, 계약을 성립시키고자 하는 의사표시이다. 따라서 청약과 달리 승낙은 취소될 수 없다.

3) 계약체결

청약과 반대청약, 그리고 승낙의 과정을 통해 합의된 무역거래조건은 계약체결(Contract)과정을 통해 확정된다. 무역계약은 구두로 이루어져도 성립되지만, 계약내용을 명확히 하고, 향후의 분쟁에 대비하기 위해서는 문서화하는 것이 좋다. 무역계약도 계약자유 원칙에 따라 계약당사자의 합의에 의해 그 내용을 정할 수 있다. 그러나 계약이행과 관련된 모든 사항을 구체적으로 명시하는 것은 현실적으로 불가능하기 때문에 정형화된 국제무역관습을 따른다.

무역계약조건의 대표적인 예는 품질조건, 수량조건, 가격조건, 포장조건, 선적조건, 보험조건, 지급조건 등이 있다. 품질조건은 제품품질의 결정방법 및 시기, 품질의 증명 방법 등을 명시하는 조항이고, 수량조건은 수량의 단위와 수량의 검사 시기 등을 규정한다. 가격조건은 표시통화와 가격에 포함되는 수출입비용의 여러 항목들을 수출업자와 수입업자 중 누가 부담하느냐를 정한다. 포장조건은 포장의 방법과 각종 식별표시 등을 명시하며, 선적조건은 선적시기와 방법 등이 포함된다. 보험조건은 담보위험과 기간, 보상범위 등 선적화물의 보험과 관련된 사항이 포함되며, 지급조건은 지급시기와 방법 등 수출입대금의 결제와 관련된 사항을 규정한다. 이외에도 분쟁의 처리와 관련된 중재조항(Arbitration)과 준거법, 계약의 일부 또는 전부가 이행되지 않아 손해를 입은 당사자가 클레임을 제기하는 방법과 기한을 명시한 클레임(Claim)조항 등을 명시해야 한다.

4) 통관 및 선적

수출계약이 체결되면 계약의 이행과정이 이어진다. 수출계약의 이행은 수출물품의 인도와 대금의 회수과정이라 볼 수 있다. 수출품목을 해상으로 운송할 경우에는 수출통관절차를 거쳐 선적이 완료되면, 선하증권(Bill of Lading: B/L)을 받게 된다. 선하증권은 운송계약을 증빙하는 운송품의 선적 및 수취의 증거서류이며, 운송품에 대한 재산권이 인정되는 권리증권이다. 선하증권은 최종적으로 수입업자에게 전달되어 운송회사로부터 물품을 찾는 데 사용된다.

5) 대금회수

수출통관 및 선적이 완료되면, 수출업자는 제반서류를 갖추어 이를 거래 외국환 은행에 제시하여 수출대금을 회수한다. 계약에 명시된 구체적인 대금결제방법에 따라 다르지만, 수출업체로부터 선적서류를 입수한 수출업자의 거래은행은 이를 수입국에 위치한 수입업체의 거래은행(신용장 개설은행)에 송부하고, 수출대금을 상환 받게 된다. 또한 수입업체는 수입대금을 자신의 거래은행에 지불하고, 선적서류를 받아 수입물품을 찾음으로써 수출절차가 완료된다.

3. 고유상표와 주문자상표 수출

1) 고유상표와 주문자상표 수출의 개념

수출을 상표(Brand)전략과 관련하여 구분하면 고유상표에 의한 수출과 주문자가 요구하는 상표를 부탁하여 수출하는 방식으로 나눌 수 있다. 고유상표 수출은 말 그대로 기업이 생산한 제품에 자체 상표를 부착하여 수출하는 것으로서 자신의 이름으로 자신의 책임하에 생산 및 마케팅 활동을 하게 된다. 따라서 제품에 대한 시장의 반응이 기업에 직접적으로 연계되어 나타나는 만큼 제품의 품질수준은 물론 브랜드 파워(Brand Power)를 포함한 마케팅활동을 뒷받침할만한 인적, 물적 자원이 전제되어야 한다. 자체적인 의사결정 범위가 넓고, 책임과 능력이 필요한 만큼 일반적으로 높은 수익성을 기대할 수 있다.

반면 주문자 상표, 즉 OEM(Original Equipment Manufacturer)상표에 의한 수출은 다른 제조업체나 유통업체가 요청하는 제품 설계 및 명세서에 따라 생산하여 그 주문자의 상표로 수출하는 것을 뜻한다. 따라서 제품개발이나 마케팅 활동보다는 주문에 의한 생산 활동에 기업의 관심과 능력이 집중되며, 최종소비자는 해당 제품의 상표 소유자가 아닌 생산기업과의 직접적인 연계관계를 인식할 수 없게 된다.

2) 주문자상표 수출의 의의 및 한계

국제마케팅 능력이 부족한 상태에서 수출이나 대량생산이 가능할 수 있다는 점에서 OEM상표도 나름대로 장점을 가지고 있다. 특히, 시장개발 초기에는 판매경로 및 시장에 대한 접근이 어렵기 때문에 OEM 방식은 적절한 시장개척 수단이 될 수 있다. 그러나 실질적인 시장기반 구축이 불가능하다는 점과 협상력의 열세로 불리한 거래조건과 낮은 수익성을 감수해야 한다는 점에서 궁극적으로 OEM 상표는 특별한 경우를 제외하고는 바람직한 선택이 될 수 없다. 주문자가 항상 조달가격, 즉 생산업체의 수출가격에 민감하게 대응하며, 공급업체 전환을 무기로 가격협상에서 유리한 입지에 서는 것이 일반적이기 때문이다. 결국 자신이 직접 마케팅 및 판매활동을 수행하지 않기 때문에 해외 주문자에 대한 의존도가 심화되고, 경로 내에서의 협상력도 낮아질 수밖에 없다. 주문자상표에 의한 수출은 향후 고유상표로의 전환을 염두에 둘 경우 자신의 잠재적 시장을 미리 다른 업체의 상표로 잠식해 놓은 결과를 낳을 수 있다.

OEM 기업이 고유 브랜드를 부탁하고, 성공을 거두기 위해서는 자체적인 기술력을 바탕으로 하는 제품력이 뒷받침되는 것은 물론 최고경영자의 강력한 의지 또한 대단히 중요하다. 한편, 수세적이고 종속적인 하청업자 관계가 아닌 상태에서의 OEM수출은 전략적 제휴의 일환으로 활용될 수도 있다. 제품력과 기술력이 협상력의 원천이 되어 대응한 관계에서 유통 및 마케팅 능력이 있는 기업과 협력할 수 있는 것이다. 고유브랜드를 원칙으로 하되 생산능력이 자체적인 마케팅 능력을 상회하는 경우 그 초과분을 OEM방식으로 수출하기도 한다. 또한 단순한 하청관계의 의한 생산이 아니라 제품의 개발까지 담당하는 경우도 있는데, 이를 수탁개발 생산방식(Original Development & Design Manufacturing: ODM)이라고 한다. 자사의 고유상표가 아닌 주문자 상표를 부착한다는 점에서는 OEM방식이라 할 수 있지만, 그 실질적 내용에 있어서는 단순 OEM과는 상당히 다르다.

4. 대응무역

1) 대응무역의 정의

일반적인 수출입 거래는 각각의 개별적인 거래에 대해 대금이 결제됨으로써 완결되는 것이 원칙이다. 그러나 외화의 부족, 공장 및 시설물 구입 시 그 산출물의 판로 위험 등의 이유로 직접적인 대금 지급 이외의 부수적인 의무를 거래 상대방에게 요구하는 경우가 있다. 이러한 형태의 거래, 즉 판매자가 구매자에게 제품이나 서비스를 제공하고, 그 대가로 제품이나 서비스를 받거나, 구매할 것을 약속하거나, 어떤 다른 형태의 기여를 제공할 것을 약속하는 거래를 대응무역(Countertrade) 또는 구상무역이라 한다.

대응무역은 크게 단순 물물교환(Simple Barter), 청산계정(Clearing Arrangement), 스위치 무역(Switch Trading), 환매거래(Buy-Back), 대응구매(Counter Purchase), 상쇄무역(Offset) 등으로 구분된다. 앞에 세 가지는 개별적인 거래에 대해 대금 지급 없이 물물교환이 이루어진다는 공통점이 있으며, 뒤의 세 가지는 원래 거래에 대해서는 일단 대금지급이 이루어지지만, 원래 거래에서의 판매자가 다른 형태의 대응의무를 진다는 공통점이 있다.

2) 대응무역의 종류

(1) 단순 물물교환

단순 물물교환 또는 바터무역이란 가장 초보적인 대응무역의 형태로서 화폐를 사용하지 않고, 재화나 용역을 직접 맞교환하는 것을 뜻한다. 매 거래마다 맞교환할 재화나 용역의 종류와 수량을 정하는 계약이 이루어지며, 주로 외화가 부족한 국가의 요청에 의해 이루어지는 경우가 많다.

(2) 청산계정

청산계정은 넓은 의미의 바터무역의 한 형태로서 일정 기간 동안 단일 계약에 의해 재화나 용역을 교환하고, 기간이 만료되는 시점에서 서로 교환한 재화나 용역의 가치에 차이가 있을 경우 그 차액을 정산하는 방식을 의미한다. 차액정산은 외화로 이루어질 수도 있고, 추가적인 재화나 용역의 제공으로 이루어질 수도 있다. 단순 물물교환의 경우 매 거래마다 계약이 이루어지는 데 비하여 청산계정은 일정 기간 동안 단일 계약에 의해 다수의 교환이 이루어지고, 차액만을 기간 만료 시에 정산한다는 차이가 있다.

(3) 스위치 무역

스위치 무역은 청산계정 거래에 제3자가 개입하는 형태로 이루어진다. 기간 만료 후 차액을 양 당사자 간에 정산하는 것이 아니라 제3자에게 양도하는 것이다. 청산계정 상의 흑자국(또는 채권국)은 적자국(채무국)로부터 재화나 용역을 제공받을 수 있는 권리(청산계정 상의 차액)를 제3자에게 양도한다.

(4) 환매거래

환매거래는 수출자가 기술이나 플랜트 등을 수출하고, 그 설비로부터 생산된 제품 중 일정량을 구매할 것을 약속하는 것이다. 기술이나 플랜트 수출, 즉 원 거래에 대해서는 일단 대금 지급이 이루어지며, 수출자는 자신이 수출한 기술 및 설비로부터 생산된 산출물을 구매하는 대응 의무를 지게 된다. 수출자가 산출물 구매를 약속함으로써 플랜트를 수입한 업체나 국가는 플랜트 및 산출물 품질에 대한 불안감을 덜 수 있고, 판로 개척에 대한 부담도 덜게 된다.

(5) 대응구매

대응구매 역시 원 거래와 대응 거래 모두 대금 지급이 각각 외화로 이루어진다는 점에서는 환매거래와 동일하다. 그러나 환매거래가 원 거래의 수출자가 구매하는 제품이 자신이 수출한 설비로부터 생산된 제품인데 반해, 대응구매는 자신이 수출한 플랜트나 제품과 관련이 없는 제품을 구매한다는 점에서 차이가 있다. 대개 원 거래의 수입자는 수출자에게 요구할 대응구매 품목 리스트를 작성하여 제시하며, 원 거래의 수출자는 그 리스트 중에서 대응구매 품목을 선정하여 구매하게 된다.

(6) 상쇄무역

상쇄무역은 원 거래의 수출자가 대응의무를 진다는 점에서 환매거래 및 대응구매와 유사하지만, 그 대응 의무의 내용이 특정 재화나 용역의 구매에 국한되지 않는다는 점에서 다른 점이 있다. 상쇄무역은 무기 구입과 관련하여 발생하는 경우가 많은데, 무기를 구매하는 국가에서 수출자에게 어떤 형태로든 대응의무나 기여를 요구하게 된다. 이러한 대응의무의 대표적인 예로는 현지조립, 현지부품 조달, 기술이전 등이 있으며, 일반적인 재화나 용역의 구매를 요구하기도 한다.

5. 종합무역상사

종합무역상사(General Trading Company: GTC)는 수출입을 전문적으로 대행해 주는 기업이다. 과거 국제경험을 갖춘 전문 인력이나 기업이 부족한 상태에서 종합무역상사는 한국의 수출을 주도적으로 이끌어 경제성장의 견인차 역할을 하였다. 그러나 많은 기업들이 국제경험을 축적하면서 대행수수료 부담이 따른 종합무역상사를 활용하는 대신에 직접 수출업무를 하게 되면서, 현재는 종합무역상사의 역할과 기능이 상당히 축소되고 있다.

한국의 종합무역상사는 일본의 종합상사를 모델로 설립되었다. 일본의 종합상사는 수출 및 수입, 내수, 3국 간 거래 등을 균형 있게 발전시켜 왔지만, 한국 종합무역상사는 정부의 수출 드라이브 정책에 따라 수출 위주로 발전해 왔다. 그러나 기업들이 직접 수출에 참여함에 따라 이러한 수출 위주 전략은 한국 종합무역상사가 어려움을 겪게 만든 주요 요인이 되었다. 최근 한국 종합무역상사들은 전 세계적인 조직망과 정보망을 활용하는 3국 간 거래, 자원개발, 대형 연계 프로젝트 추진 등을 통해 새로운 활로를 모색하고 있다.

토의문제

1. 수출의 개념과 직접 및 간접수출에 대해 비교 설명하시오.
2. 일반적인 수출의 과정에 대해 설명하시오.
3. 고유상표와 주문자상표 수출방식을 비교 설명하시오.
4. 대응무역의 개념과 유형에 대해 설명하시오.
5. 종합무역상사의 개념과 향후 종합무역상사가 나아가야 할 방향에 대해 설명하시오.

Chapter

07 라이선싱 및 프랜차이징 전략

Case 07 맥도날드의 프랜차이징 전략 사례

M자형 황금빛 아치 문양과 광대 모양의 로날드 맥도날드 캐릭터로 유명한 맥도날드는 전 세계 119개국에 2만7,000개의 레스토랑을 갖고 있으며, 종업원은 150만 명에 달한다. 전 세계 인구의 1%가 매일같이 맥도날드의 음식을 먹을 만큼 폭발적인 인기를 끌고 있다. 그 이유가 무엇일까? 외국을 여행하던 사람이 식사를 하려고 하는데, 그 지역 음식이 입에 맞지 않을 때 맥도날드 햄버거를 찾는 경우가 많다. 어느 나라 어느 지역에서든 맥도날드에서는 똑같은 맛의 햄버거를 먹을 수 있다고 생각하기 때문이다. 같은 이름을 내건 두 개의 가게에서 맛이나 서비스에 큰 차이가 있다면 고객은 불만을 갖게 된다. 따라서 네트워크 조직으로 이루어진 기업은 표준화된 시스템이 있는지 없는지에 따라 그 성패가 좌우될 수밖에 없다. 이런 사실을 일찌감치 간파한 맥도날드는 철저한 매뉴얼화를 통해 소비자가 어느 맥도날드에 가도 똑같은 맛을 맛보게 했다. 맥도날드는 다른 음식점들과는 달리 주방장이 바뀌어도 그 맛이 변하지 않는다는 고객의 믿음을 얻는 데 성공했다. 솜씨 좋은 주방장에 의해 손님을 끄는 것이 아니라, 매뉴얼화된 정교한 시스템을 작동시켜 손님을 끄는 것 이것이 바로 오늘날의 맥도날드를 있게 만든 최대 경쟁요소인 것이다.

1955년 맥도날드가 프랜차이즈 사업을 시작할 때 이미 미국에는 수많은 프랜차이즈 업체 A&W, 데일리 퀸, 테이스티 프리즈, 빅 보이, 인트라 버거킹(훗날의 버거킹) 등이 존재하고 있었다. 그러나 맥도날드는 철저한 매뉴얼화를 통해 이들을 단숨에 따라잡을 수 있었다. 그 후에 등장한 웬디스, 하디스 등 신흥 패스트푸드 업체들과의 경쟁에서도 압도적인 차이로 선두를 고수할 수 있었다. 맥도날드 성장 신화의 주요 포인트는 매뉴얼화이다. 그러나 오늘날의 맥도날드를 있게 한 요인을 매뉴얼화 하나로 압축하는 것은 지나친 단순화다. 성장신화를 일군 또 다른 키워드는 프랜차이즈 파이낸싱과 부동산 사업이다. 단기간 내에 프랜차이즈 사업을 확장시키기 위해서는 짧은 시간 내에 체인점을 내겠다는 파트너를 최대한 많이 끌어 모으는 게 관건이다. 맥도날드는 체인점을 내겠다는 파트너와 파격적인 조건으로 계약을 체결하기 시작했다. 초기에 맥도날드가 체인점을 내주는 조건으로 요구한 로열티는 매출액의 1.9%에 불과했다. 훗날 크게 올랐지만, 초기에 가맹점에서 받은 권리금도 단돈 950달러에 불과했다. 맥도날드는 초기에는 프랜차이즈 사업에서 수익을 못 올리더라도 단기간에 미국 전역으로 네트워크를 확장하는 게 중요하다고 판단했기 때문이다.

1971년 맥도날드는 제2차 세계대전 당시 적대국이었던 까닭에 미국 문화에 대한 반감이 만만치 않은 독일과 일본에 진출했다. 그리고 1977년에는 마침내 샌드위치의 본고장으로 패스트푸드의 종주국임을 자부하는 영국에까지 진출했다. 미국의 뒷마당격인 남미에도 진출했다. 특히, 1990년대 들어서는 동구 사회주의권 붕괴와 중국의 시장경제체제 도입 그리고 우루과이라운드 체결에 따른 아시아를 비롯한 개도국의 시장개방으로 맥도날드는 더욱 성장했다. 해외진출방식은 미국에서의 사업확장 방식과 동일했다. 철저한 매뉴얼화에 따른 제품과 서비스의 표준화이다. 이와 함께 또 하나 비장의 무기인 현지화 전략이 주효했다. 적어도 음식은 각 지역의 고유한 맛을 살려야 한다는 게 맥도날드의 기본전략으로 "생각은 글로벌하게, 행동은 지역현실에 맞게(Think Globally, Act Locally)"를 사시로 내세운 뒤 각국의 전통 미각에 맞는 신상품 개발에 열중하였다.

Question

1. 맥도날드가 지금의 위치를 차지하게 된 근본적인 이유를 설명하시오.
2. 맥도날드가 세계 최고의 글로벌 프랜차이즈로 성장하게 된 이유를 설명하시오.

1. 라이선싱

1) 라이선싱의 의의와 특징

라이선싱(Licensing)은 라이선서(Licensor, 라이선스 제공기업)가 보유하고 있는 특허, 노하우, 브랜드명 또는 등록 브랜드, 저작권, 디자인, 기술 및 작업방법 등과 같은 지적재산과 상업적 자산을 라이선시(Licensee, 라이선스 취득기업)에게 제공하고, 그 대가로 로열티를 받는 계약을 의미한다. 넓은 의미에서 볼 때, 라이선싱은 국제기술이전의 한 형태로 기술수출(Technology Export)을 의미한다. 라이선싱을 통한 해외시장진출방법은 해외직접투자 및 합작투자보다 비교적 위험부담이 적다. 왜냐하면 해외직접투자 및 합작투자는 해외에서의 위험이 수반되는 자본투입을 필요로 하지만, 라이선싱은 해외에서의 자본투입이 필요하지 않기 때문이다. 라이선싱이 해외시장진출방법으로 선호되는 이유는 다음과 같다.

- 수입 장벽 또는 해외직접투자에 대한 규제의 우회수단
- 정치적 위험에 대한 노출의 최소화
- 해외시장에서의 자원투입의 최소화
- 제공된 기술로부터 파생되는 기술역이전(Technology Feedback)의 가능성 존재
- 핵심기술보다 주변기술의 이전을 통한 라이선시의 미래의 경쟁력 약화

일반적으로 라이선싱은 국제기술이전을 통하여 로열티를 받는 단순한 기술거래로 인식되고 있다. 그러나 라이선싱을 통하여 기업은 해외시장에 대한 소비자의 동향 및 해당 기술과 관련된 제품의 매출규모 등과 같은 유용한 시장정보를 획득할 수 있다. 즉, 국제기술이전에 대한 대가인 로열티를 매출액기준으로 산정하여 수수할 경우, 라이선서는 해당 기술과 관련된 제품의 시장규모를 쉽게 파악할 수 있다. 만일 매출액기준으로 받는 로열티의 규모가 매우 크다면, 라이선서는 라이선시와의 계약을 파기하고 현지 국가에 해외직접투자 또는 합작투자 등과 같은 자본투자를 하여 현지생산을 할 수 있다.

또한, 라이선싱은 라이선서가 라이선시에게 지적재산과 상업적 자산을 사용하도록 하는 일방향적인 계약이지만, 경우에 따라서 쌍방향적인 교차 라이선싱(Cross Licensing)이 이루어질 수 있다. 교차 라이선싱은 해당 라이선서와 라이선시 쌍방이 라이선싱을 상호 교환함으로써 제3의 경쟁기업에 대항할 수 있는 공동적인 기술우위를 확보하기 위한 수단으로 사용되기도 한다. 성공적인 라이선싱협상을 위해서는 다음과 같은 측면들이 고려되어야 한다.

• 전달되는 권리의 범위: 이전하려는 기술 및 노하우의 구체화, 명확한 이전과정에 대한 협상
• 보상: 이전비용(예를 들면, 기술이전에 의해 발생하는 모든 변동비), 연구개발비 및 기회비용(수출 및 해외직접투자에 따른 이윤과의 비교) 등을 포괄하는 로열티의 확보
• 라이선시의 준수사항: 이전기술에 대한 규제, 제공되는 정보에 대한 비밀보호, 문서보존 및 감사조항, 품질표준
• 분쟁해결: 계약에 대한 법률적 해석 및 갈등해결, 중재조항
• 계약 기간과 종료: 현지국에서의 정부의 규제검토 및 상황악화에 따른 협정파기(예를 들면, 최대 허용기간)

2) 라이선싱의 장점과 단점

라이선싱은 기업이 보유하고 있는 다양한 지적재산과 상업적 자산의 제공을 통하여 해외시장에서 추가적 이윤을 달성할 수 있는 해외시상신출방법이나. 이러한 라이선싱의 장점을 살펴보면 다음과 같다.

• 보유하고 있는 지적재산을 활용한 로열티의 창출
• 관세 및 비관세 장벽의 우회를 통한 해외시장진출
• 신속하고 비용이 저렴한 해외시장진출(해외투자를 필요로 하지 않음)
• 비교적 낮은 글로벌 시장위험
• 교차 라이선싱의 이용 가능성
• 해외직접투자에 앞선 해외시장의 조사(예를 들면, 라이선시의 매출액의 확인을 통한 해외시장규모의 파악)

라이선싱이 위와 같은 여러 가지 장점을 갖고 있음에도 불구하고, 라이선서는 다음과 같은 단점을 간과할 수 없다.

- 수출 및 해외직접투자에 비해 대체로 낮은 수익성
- 수출 및 해외직접투자의 포기에 따른 높은 기회비용의 발생 가능성
- 제공된 라이선스에 대한 통제의 문제점(비밀유지 또는 기술유출, 라이선시의 생산 및 마케팅통제)
- 현지국 및 제3국 시장에서 라이선시는 잠재적 경쟁자가 될 수 있음.
- 라이선싱과 관련된 분쟁해결이 복잡하고, 만족스러운 해결이 어려움.

3) 라이선싱의 수익성 분석

라이선싱 계약 체결에 앞서 예상 수입 및 비용에 대한 분석을 통해 라이선싱의 사업타당성에 대한 판단을 내릴 수 있다.

(1) 판매수입평가

라이선싱을 통한 예상수입은 계약기간에 걸쳐 라이선싱 기술이나 브랜드를 사용해 제품을 제조하고, 판매하는 라이선시의 능력에 좌우된다. 따라서 라이선싱 수입의 극대화를 위해 우선 라이선서는 해외시장조사를 통해 라이선싱에 경쟁적인 제품을 생산할 수 있는 라이선시를 발굴해 계약을 체결하는 것이 무엇보다 중요하다. 라이선시의 판매능력은 차후에 보통 총 판매액의 일정비율로 산정되는 로열티 수입과 직결된다.

라이선싱을 통한 예상수입의 총규모에는 로열티 외에도 기술 자문료, 지분참여에 따른 배당금, 원자재 판매수입, 경영관리 수수료 등 다양한 수입원이 있다.

(2) 비용평가

라이선싱 수익성 분석의 다음 단계는 계약기간에 걸쳐 라이선시에게 이전되는 기술 및 서비스와 관련된 모든 추가적 비용을 평가하는 일이다. 라이선싱에 있어 예상되는 비용은 기회비용, 착수비용, 유지비용 등이 있다. 기회비용으로는 라이

선싱으로 인한 영업권 포기에 따른 손실과 라이선시가 미래의 경쟁자로 부각될 가능성 등이 있다. 착수비용으로는 현지시장조사, 라이선시의 발굴 및 협상, 현지국에서의 특허권 및 상표권 취득, 라이선시가 상업화하는데 수반되는 특허기술에 대한 수정이나 엔지니어링 서비스 등에 따르는 제반비용이 있다. 유지비용으로는 라이선시에 대한 정기적 교육 및 훈련, 현지국에서의 특허권 및 상표권 관리비용, 품질 감독 및 심사, 영업감사, 분쟁해결 등에 따른 비용이 있다.

4) 라이선싱 계약

라이선싱 거래를 성사시키기 위해 최종적으로 라이선싱 계약을 체결해야 하는데 중요하게 고려할 사인으로는 기술패키지, 준수조건, 보상, 기타조항 등을 들 수 있다(〈표 7-1〉 참조). 이 중에서 독점적 소유권, 지역권, 계약의무조항, 분쟁해결조항이 특히 중요하게 고려되어야 한다.

표 7-1 ▌ 라이선싱 주요 계약사항

계약사항	내용	
기술 패키지	• 지적재산권(특허, 상표, 노하우 등)과 이전방법 • 원자재, 장비, 중간재의 공급	
준수조건	• 라이선싱 기술의 사용여부 • 서브라이선싱(Sublicensing)관리 • 특허 및 상표의 도용방지 • 라이선서의 감사권리 • 경쟁적 기술 및 제품의 취급여부	• 판매지역권 • 영업기밀 유지 • 품질수준 유지 • 라이선시의 이행의무사항
보상	• 로열티 • 교육/훈련 수수료 • 세금	• 기술자문료 • 결제통화
기타조항	• 계약기간 및 연장 • 부쟁해결절차	• 계약취소 및 종료조건 • 승인취득

(1) 독점적 소유권

라이선시에게 특허나 상표에 대한 독점적 소유권 부여 여부를 결정해야 한다.

라이선서는 라이선시에게 공여된 기술패키지에 대한 특정 지역 내에서의 독점적 사용권을 보장해 주어야 한다. 라이선서가 독점적 라이선싱 계약을 체결할 것인가의 여부는 자신의 미래 해외진출 여부와 라이선시와의 교섭력 여하에 달려있다. 일반적으로 라이선서는 장래에 현지국에서 자신이 직접 기술특허, 상표 등을 사용하기 위해, 또는 제3자와 또 다른 라이선싱 계약을 체결하기 위해 독점적 라이선싱 계약의 체결을 꺼린다. 반면, 라이선시는 자국에서 라이선서 또는 제3자가 동일한 특허나 상표의 사용을 방지하기 위해 독점적 라이선싱 계약의 체결을 원한다.

(2) 지역권

특허 또는 브랜드 라이선싱 제품의 판매지역 제한 여부 결정은 중요하다. 판매지역을 국가 또는 국가 내 특정 지역 단위로 할 것인지에 따라 미래에 해당 지역에서의 라이선서의 해외사업 기회 가능성이 달라진다. 특히, 라이선시가 공여된 기술을 습득하여 장기적으로 라이선서의 경쟁자로 부상될 위험도 있다. 따라서 라이선서는 이를 방지하기 위한 조치를 강구해야 한다. 예를 들어 제공된 기술, 브랜드로 생산된 제품의 판매를 현지국 시장 내로 한정한다거나, 라이선싱 계약기간의 종료 후에는 해당 기술의 사용을 금지하는 등의 조항을 계약서에 명시함으로써 위험을 방지할 수 있다.

(3) 이행의무조항

라이선싱 사업의 성공여부는 약정된 품질 수준으로 제품을 생산하고, 시장잠재력을 최대한 개발할 수 있는 라이선시의 능력에 달려있다. 특히, 독점적 라이선싱에서는 라이선시의 역할이 더욱 중요하다. 따라서 일정 수익을 보장하기 위해 라이선서는 생산 및 판매에 관한 라이선시의 이행의무조항을 계약서에 명시해야 한다. 만약 라이선시가 이행의무를 준수하지 못할 경우 배상금을 물리거나 또는 라이선싱 계약을 취소시킬 수 있는 조치를 강구해 놔야 한다.

(4) 분쟁해결조항

라이선싱 계약 내용은 가능한 명료하게 작성되어야 하나 양측은 계약의 이행준수 판단에 있어 어느 정도 신축적인 태도를 견지할 필요도 있다. 계약내용이 명료해도 양측의 견해차이로 분쟁이 발생할 수 있다. 대부분의 분쟁은 계약내용을 토대로 상호 간 의견조정을 통해 내부적인 해결을 모색하나, 내부적인 조정이 힘들 경우 외부적인 중재에 맡겨야 한다. 그러나 법적 소송은 많은 시간과 비용이 수반되므로 가급적 양측은 분쟁 소송은 자제해야 한다. 분쟁 소송을 방지할 수 있는 가장 적합한 방법은 계약내용에 분쟁발생 시 사안에 따라 양측은 상호간에 협약된 중재규정에 의거해 분쟁을 해결한다는 조항을 명시해 놓는 것이다.

2. 프랜차이징

1) 프랜차이징의 의의와 특징

프랜차이징(Franchising)은 프랜차이저(Franchisor, 프랜차이즈제공기업)가 프랜차이지(Franchisee, 프랜차이즈취득기업) 또는 개인사업자에게 브랜드, 설비, 제품, 서비스 및 경영기법 등을 일괄적, 혼합적 또는 단일적으로 제공한 후, 그 대가로 로열티를 받는 계약방법을 말한다. 예를 들면 맥도날드(Mcdonald'S), 피자헛(Pizza Hut), 켄터키 프라이드치킨(Kentucky Fried Chicken: Kfc), 힐튼 호텔(Hilton Hotel) 및 허츠(Hertz) 등은 널리 알려진 국제적 프랜차이저이다. 국제프랜차이징은 패스트푸드, 소매업, 호텔 및 렌터카 등과 같은 서비스산업에서 많이 이루어진다.

일반적으로 라이선싱은 제조업과 관련되어 있는 반면, 프랜차이징은 서비스산업과 관련되어 있다. 넓은 의미에서 볼 때, 프랜차이징은 라이선싱의 한 형태로 볼 수 있으나, 라이선싱에 비해 프랜차이지의 운영에 대한 보다 강한 통제가 이루어진다. 즉, 프랜차이저는 프랜차이지의 모든 영업활동에 대한 통제권 또는 감독권을 갖고 있다.

프랜차이징은 제품 및 서비스의 유통권(Distributorship)과 등록 브랜드(Trademark)의 제공 등과 같은 다양한 형태로 나타날 수 있지만, 가장 전형적인 형태는 비즈니스 포맷 프랜차이징(Business Format Franchising)이다. 이것은 시스템 프랜차이징(System Franchising)이라고도 한다. 이 계약방법에서 프랜차이저는 생산 및 마케팅기법, 판매시스템, 절차 및 경영노하우뿐만 아니라, 기업명(또는 상호명)의 사용과 제품, 특허 및 등록 브랜드 등에 대한 사용권도 아울러 포함하는 총체적 경영방법(Total Business Method)을 프랜차이지에게 이전한다. 또한 프랜차이저는 프랜차이지에게 훈련, 지속적 지원, 인센티브 프로그램 및 협력적 마케팅프로그램의 참가권 등을 제공한다. 일반적으로 이러한 비즈니스 포맷 프랜차이징에서는 프랜차이지가 비교적 많은 자본을 투자하기 때문에 장기간의 계약이 이루어지는 경향이 있다.

국제프랜차이저의 해외시장 진입방법은 프랜차이저의 몰입, 해외아울렛의 통제 및 새로운 지식을 배울 수 있는 기회 등의 높고 낮음에 따라 세 가지 형태로 분류될 수 있다. 세 가지 글로벌 시장진입방법을 살펴보면 다음과 같다.

(1) 마스터프랜차이징과 지역개발계약

- 마스터프랜차이징(Master Franchising): 마스터프랜차이지가 현지국에서 프랜차이저의 역할을 담당한다. 이들은 현지국의 프랜차이지와 계약을 체결하며, 자신이 프랜차이즈점을 직접 소유하여 운영하기도 한다. 마스터프랜차이지는 로열티를 국제프랜차이저에게 지불한다.
- 지역개발계약(Area Development Agreements): 이것은 국제프랜차이저가 현지국의 제한된 지역 내에서 한 곳 이상의 프랜차이즈를 운영할 수 있는 권리를 프랜차이지에게 제공하고 로열티를 받는 계약을 말한다. 마스터프랜차이저와는 달리 지역개발업자는 다른 사업자에게 프랜차이즈권리를 팔 수 없다.

(2) 직접프랜차이징과 라이선싱

- 직접프랜차이징(Direct Franchising): 국제프랜차이저가 현지국프랜차이지와의 직접계약을 통하여 프랜차이즈를 제공한다. 이 방법은 가장 일반적인 해외진입 프랜차이징이다.
- 라이선싱(Licensing): 국제프랜차이저가 현지국의 프랜차이지에게 브랜드와 같은 단일적 자산에 대한 프랜차이즈를 제공하는 것을 의미한다. 넓은 의미의 라이선싱은 앞에서 언급한 라이선싱을 말하며, 좁은 의미의 라이선싱은 단일적 자산에 대한 프랜차이징을 의미한다.

(3) 부분 또는 단독의 기업소유 아울렛(Partially And Fully Company-Owned Outlets)

국제프랜차이저가 인수 및 합병, 합작투자 및 단독투자 등을 통하여 설립한 기업소유 아울렛에 프랜차이즈를 제공하는 글로벌 시장진입방법이다.

2) 프랜차이징의 장점과 단점

프랜차이징은 라이선싱과는 달리 계약대상이 포괄적일 뿐만 아니라, 계약의 규모도 크기 때문에 프랜차이저와 프랜차이지의 관점에서 프랜차이징의 장점과 단점이 각각 비교되어야 한다. 프랜차이저 관점에서 프랜차이징의 장점과 단점은 다음과 같다.

(1) 프랜차이저 관점에서의 프랜차이징의 장점

- 다수의 해외시장진출이 신속하게, 그리고 경제적으로 이루어질 수 있다.
- 실질적인 지본투자가 요구되지 않는다.
- 잘 구축된 브랜드는 해외에서의 초기판매 및 지속적 판매를 촉진시킨다.
- 현지시장을 효율적으로 통제하고 개발하기 위하여 프랜차이지의 지식을 활용할 수 있다.

- 전 세계적으로 표준화된 마케팅전략을 수행할 수 있다.

(2) 프랜차이저 관점에서의 프랜차이징의 단점

- 프랜차이지에 대한 통제가 어렵다.
- 프랜차이지와의 갈등이 나타날 수 있다(예를 들면, 법적 분쟁).
- 해외시장에서 프랜차이저의 이미지를 유지하기 어렵다.
- 프랜차이지의 성과에 대한 검토와 평가 및 지속적 지원이 필요하다.
- 프랜차이지가 취득된 지식을 활용할 수 있으며, 미래의 경쟁자가 될 수 있다.

또한 프랜차이지 관점에서의 프랜차이징의 장점과 단점은 다음과 같다.

(3) 프랜차이지 관점에서의 프랜차이징의 장점

- 잘 알려지고, 인식하기 쉬운 브랜드를 획득할 수 있다.
- 프랜차이저로부터 훈련 및 노하우를 취득한다(지속적 지원을 받음).
- 독립적인 사업을 운영할 수 있다.
- 사업의 성공가능성이 높다.
- 구축된 국제적 네트워크의 한 부분이 된다.

(4) 프랜차이지 관점에서의 프랜차이징의 단점

- 초기투자 및 로열티 지불이 요구된다.
- 프랜차이지는 오직 프랜차이저로부터 공급물품, 장비 및 제품을 구매해야 한다.
- 프랜차이저가 더 큰 힘을 보유한다(프랜차이저의 우세한 협상력).
- 프랜차이저의 아울렛이 현지에 있을 수 있으며, 이를 통하여 프랜차이지에 대한 경쟁이 유발될 수 있다.
- 프랜차이저가 프랜차이지에게 부적합한 기술 또는 관리시스템을 강요할 수 있다.

3) 프랜차이징 계약 및 운영

프랜차이징을 해외에 설립하는 절차는 현지시장의 판매잠재력 평가, 유망한 가맹점 발굴 및 프랜차이징 계약을 위한 협상, 가맹점과의 파트너십 구축 등으로 진행된다. 프랜차이징 계약에는 통상 가맹점들이 준수해야하는 영업방식이 명시된다. 일반적으로 가맹점들이 규정 준수를 위반할 경우 가맹본부 측이 계약을 종료시킬 수 있다. 물론 그 반대의 경우도 마찬가지이다. 그리고 가맹본부 측이 가맹점의 모든 운영을 감독할 수 있는 권한과 제품 및 서비스 이미지에 손상되는 가맹점의 영업활동을 제약할 수 있는 권한을 갖는 것이 일반적이다.

가맹본부 측이 가맹점의 영업활동을 지속적으로 지원하지 않는다면, 프랜차이징 사업은 유지되기 어렵다. 가맹본부의 지원업무에는 설비, 간판, 홍보, 영업, 원자재 공급 등이 포함된다. 이외에도 교육훈련, 제품, 회계, 상품기획, 운영관리 등을 지원한다. 이러한 지원은 가맹점의 영업실적을 일정수준으로 끌어올리고 유지시키는데 필수적인 업무들이다. 대부분의 가맹본부 측은 가맹점의 광고활동과 판매촉진도 지원한다.

글로벌 프랜차이징의 경우 현지의 법과 제도, 문화에 맞게끔 가맹본부 측은 프랜차이징 패키지를 수정 및 보완시켜야 한다. 예를 들어 맥도날드는 일본에서는 '마꾸도날드(Makudonarudo)', 호주에서는 줄여서 말하는 호주인의 특성을 반영해 '맥카스(Macca's)'로 변경하였다. 또한 프랑스에서는 빨간 배경색 대신 녹색으로 바꾸어 친환경적인 이미지를 강조하였다. 그리고 한국에서는 한국인의 입맛에 맞는 불고기 버거, 김치버거 등의 토종 메뉴를 개발하였다.

4) 본 글로벌 프랜차이징

본 글로벌 프랜차이징(Born-Global Franchising)은 본국이 아니라 외국에서 직접 프랜차이징 사업을 창업하거나 또는 본국에서 창업한 후 단기간 내에 프랜차이징 사업을 해외시장에 진출시키는 방식을 말한다. 이러한 본 글로벌 프랜차이징 방식은 국내 시장규모가 작거나 수요가 없을 때 적극 고려할 수 있다.

국내에는 사업장이 없고, 중국 46개 도시에 150개 매장을 운영하고 있는 커피 전문점인 '만(漫)커피'가 본 글로벌 프랜차이징의 좋은 예이다. 2011년 중국 베이징 외국인 밀집 거주지역인 장타이시루에 만커피 1호점을 오픈한 후 스타벅스와 같은 글로벌 기업들을 상대로 성공적인 경쟁을 하고 있다. 만커피는 미국식 스타일을 중국인에게 강요하는 스타벅스와는 다르게 매장 크기나 인테리어, 서비스 방식 등 카페를 구성하는 모든 요소를 중국인에게 맞추었다. 만커피는 1,000㎡규모 매장에 편안하게 앉아 쉴 수 있도록 널찍하게 자리를 제공하고, 주문과 동시에 만들어 내놓는 음식 메뉴와 고객테이블로 직접 주문한 음료를 가져다주는 서비스를 통해 경쟁업체들과의 차별성을 제시하여 중국인들로부터 큰 호응을 얻고 있다.

토의문제

1. 라이선싱의 개념 및 특성에 대해 설명하시오.
2. 라이선싱의 장점과 단점에 대해 설명하시오.
3. 라이선싱 계약 시 유의해야 할 사항에 대해 설명하시오.
4. 프랜차이징의 개념 및 특성에 대해 설명하시오.
5. 프랜차이징의 유형에 대해 설명하시오.
6. 프랜차이징의 장점과 단점에 대해 설명하시오.
7. 본 글로벌 프랜차이징에 대해 설명하시오.

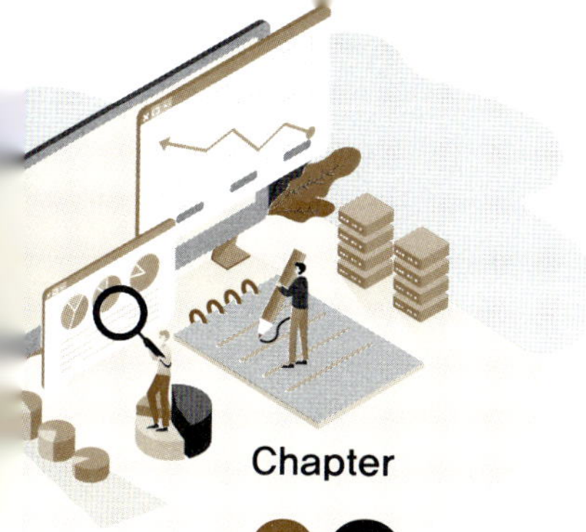

Chapter

08 전략적 제휴 전략

Case 08 현대자동차와 프라다의 전략적 제휴 사례

현대자동차는 1986년 출시된 그랜저를 시작으로 이후 다이너스티 등 고급화된 대형 세단들을 출시하면서 중형차 시장 외에도 대형차 시장점유율을 높이며 경쟁우위를 다져가기 시작하였다. 1999년 최고급 모델 자리를 이어받은 에쿠스가 경쟁업체인 쌍용의 동급 모델인 체어맨보다 높은 평가를 받았고, 소비자들의 선택에서도 상대적으로 긍정적인 평가를 받았다. 그러나 쌍용 측에서 2003년 9월 체어맨 시리즈의 개선모델인 뉴 체어맨을 출시하면서 에쿠스의 판매량을 본격적으로 추월하는 결과가 나타났다. 2004년 전반기 대형차 누계 판매액은 쌍용의 체어맨이 8,434대로 1위를 기록하고, 현대 에쿠스는 2003년보다 16.3% 줄어든 수치를 나타내 총 7,856대가 시판되었다. 또한 국내 고객들의 해외 수입 차량에 대한 관심이 높아지기 시작하였다. 이러한 환경 변화에 자극받은 현대차는 진정한 럭셔리 브랜드를 만들겠다는 의지를 갖고, 2003년 제네시스 프로젝트에 착수하였다. 제네시스 프로젝트는 난항을 거듭하다 2008년 첫 1세대를 선보임과 동시에, 이전까지는 최고급 모델 이미지를 가지고 있었던 에쿠스의 판매를 중지하였다. 럭셔리함을 강조한 제네시스는 출품 첫해인 2008년 북미 오토쇼에서 "올해의 차" 타이틀을 거머쥐게 되는데, 이는 국산차로서 이룩한 최초의 업적이다. 이런 승승장구 속에서 소비자들의 평가 또한 렉서스와 동급 범주로 제네시스를 인식하는 경향이 생겨 최고급 차량 모델 판매에 의미 있는 성공을 이뤘다는 평가 받는다. 실제로 제네시스는 출시 첫 해 국내에서만 총 2만 8천여 대의 판매고를 보이면서, 실질적인 매출이익도 시현하였다.

한편, 프라다는 1913년 마리오 프라다라는 인물이 설립한 의류 회사이다. 첫 시작은 가방류들을 수작업 하는 작은 가게에 불과했으나, 마리오 프라다 특유의 섬세한 실력과 독특한 디자인으로 점차 인기를 끌게 되었다. 그러나 세계 대전의 여파로 그만 몰락하고 만다. 반등의 계기가 된 것은 마리오 프라다의 손녀인 미우치아 프라다가 경영에 참여하고부터였다. 미우치아는 1970년대 초 가죽제품업자인 파트리치오 베르텔리와 가죽제품을 전문적으로 생산하기 시작하였고, 이를 통해 국제적인 브랜드로서의 초석을 닦게 된다. 90년대에는 포코노 소재의 원단을 최초로 사용하면서 선풍적인 인기를 끌고 비약적인 매출의 성장을 기록하게 된다. 독특한 디자인으로 소비자들의 니즈에 부합한 프라다는 동 성장을 발판으로 명품 브랜드로서의 위치를 확고히 하게 된다. 프라다는 현재 전 세계 약 80여 개국에 490여 개의 매장을 보유하고 있으며, 이 중 중국을 포함하는 아시아 지역의 매출이 전체 매출 대비 약 35%로써, 아시아 시장에서 프라다의 인기가 어느 정도인지 가늠할 수 있다. 프라다는 글로벌 브랜드 컨설팅사인 인터브랜드에서 선정하는 '글로벌 100대 브랜드(Best Global Brands 100)'에 2002년부터 2013년까지 선정될 만큼 전 세계적으로 유명한 명품 브랜드이고, 특히 2018년 조사한 바에 따르면, 그 브랜드 가치는 무려 4,812백만 달러로 추산되고 있다.

이러한 두 기업이 2008년 11월 '제네시스 프라다'라는 콜라보레이션을 발표했다. 제네시스 프라다는 국내 업계 최초로 상품 개발 단계에서부터 세계적인 명품 기업과의 협업으로 탄생한 차량으로 단순한 신차 출시를 넘어 문화와 패션을 자동차 산업에 접목하고자 하였다. 즉, 제네시스 프라다는 외부는 제네시스의 형태로, 내부는 프라다만의 느낌을 강하게 살린 차별화된 디자인으로 소비자에게 고급스러움이라는 감성 가치를 제공하기 위한 '고품격 프리미엄 세단'이다. 다만 당시 원래 계획은 단 3대만 차량을 만들어, 2대는 경매를 통해 판매하고, 수익금은 기부하려는 생각을 가지고 있었으며, 1대는 현대자동차 사옥에 전시한다는 계획을 세웠었다. 비록 양산형으로 만들어진 차량은 아니었지만, 2009년 서울 모토쇼에서 시범용 차량으로 출시된 뒤, 소비자들의 큰 관심을 받게 되고, 실질적인 구매 문의가 끊이지 않자, 현대자동차는 상업용으로 생산하기로 마음먹고 프라다와의 적극적인 전략적 제휴를 맺기로 한다. 현대자동차는 럭셔리 브랜드인 제네시스 그 이상의 프리미엄 브랜드를 추구하여 한정판매 생산 방식을 택함으로써 단지 1,200대만을 시판할 계획을 표명하였다. 제네시스 프라다는 외관 디자인에 있어서 고급스러운 펄의 느낌을 강조하기 위해 특수 도장 방식이 적용된 블랙 네로(Black Nero), 브라운 모로(Brown Moro), 블루 발티코(Blue Baltico)와 같은 3가지 전용 컬러를 적용하였다. 또한 '2011년 미국 10대 최고 엔진'에 선정된 타우 5.0 Gdi 엔진을 국내 자동차 모델 최초로 탑재해 최고출력 430마력, 최대 토크 52.0Kg.M, 연비 9.0Km/L의 동급대비 최고의 강력한 동력 성능을 확보했다. 이러한 성능부분에서의 차별성뿐만 아니라 풀 어댑티브 LED 헤드 램프, 인텔리전트 엑셀 페달(IAP), 프리 세이프 시트벨트(PSB) 등의 당시 최첨단 안전 사양과 스마트 크루즈 컨트롤(SCC), 후석 6:4 분할 파워시트, 리어 모니터 등 고급 편의 사양을 기본적으로 적용했다. 또한 동승석 플로어 콘솔 측면에 차량 고유 번호와 '제네시스 프라다'의 로고가 새겨진 고급스러운 디자인의 시리얼 넘버를 부착하여 차별화를 주고, 양사 공동 작업으로 특별 제작된 프라다의 스테디 셀러 사피아노 패턴 가죽의 키홀더와 북케이스도 제공하는 마케팅을 펼치기도 하였다. 따라서 성능면에서 그 어떤 경쟁업체 대비 뒤지지 않는 고급차를 양산할 목표를 세웠다.

현대자동차는 '제네시스 프라다'의 출시와 더불어 프라다와 공동으로 프리미엄 브랜드라는 품격과 명성에 걸맞은 프리미엄 VIP 마케팅을 전개해 화제가 되기도 하였다. 현대차는 프라다 측에서 직접 디자인에 참여해 구현한 프라이빗 쇼룸을 청담동 비욘드 뮤지엄 전시관 내에 운영하고, 사전 예약을 한 고객을 대상으로 조용하고 편안한 분위기 속에서 제네시스 프라다를 경험해볼 수 있는 기회를 제공하는 등의 마케팅을 펼쳤다. 또한 특수 트레일러로 제작된 전용 차량으로 출고 고객에게 1대1로 차량을 전달한다는 차별화된 배송 시스템을 적용해 고객이 더욱 편리하게 차량을 인도받을 수 있게 하였다. 더욱이 프리미엄과 희소성을 극대화하기 위해 기존의 일반적인 양산차의 주문 방식과 달리 주문 생산방식을 통해 판매가격을 7,900만 원으로 책정하고 국내에 1,200대만을 한정 생산 및 판매할 계획이었다.

현대차가 보유하고 있는 최고의 성능과 프라다가 주는 명품의 디자인, 그리고 소수 프리미엄 VIP 고객들을 위한 고급화 마케팅 전략은 많은 이로부터 큰 기대와 관심을 모았다. 초기 제네시스 프라다 모델은 출시 나흘 만에 100대를 계약하는 등 대성공을 한 것처럼 보였지만, 이후 2011년 11월까지 판매량이 300여 대에 그침에 따라 예견치 못한 처참한 실패를 겪었다. 특히 제네시스 프라다 1호 차의 주인공인 배우 차인표 씨 소유의 주행 거리 1,500KM 제네시스 프라다 차량이 중고차 매물로 나와 놀림거리가 되기도 하였다.

두 기업이 국내 최고급 럭셔리 세단이라는 포부를 가지고 차량을 생산했지만, 어디에서 무엇이 잘못되어 실패하였을까? 과연 두 기업 간 파트너십은 이상적으로 선정되었던 것인가? 프라다는 한국 내 자동차 점유율 1위인 현대자동차와 협력하는 것 자체가 한국 시장에서의 영향력을 확대하는 데 큰 도움이 될 것으로 판단했을 것이다. 반면, 현대차의 경우, 벤츠, BMW와 같은 제조업체에 비해 프리미엄 브랜드로서의 가치는 조금 부족한 것이 사실이었기에 프라다와의 제휴를 통해 명품으로서의 이미지를 새롭게 창출하고 싶었을 것이다. 즉, 두 기업 모두 보완적 관계를 통해 시너지 효과를 기대했다고 할 수 있다. 또한 두 기업은 내실이 있는 대기업으로서 각자가 기업 전략에 있어서 노하우를 가지고 있고, 여러 차례 협력을 해본 경험이 다수 있었으며, 최고급 프리미엄 세단의 성공이라는 공동의 목표와 신뢰를 바탕으로 충분히 성공적인 전략적 제휴를 이룰 수 있다고 낙관하였다.

그렇다면, 파트너 선정에 문제가 있었던 것은 아니었다고 추론해 볼 수 있는 바, 결과적으로 제네시스 프라다는 왜 실패하였을까? 좀 더 세부적으로 살펴보자면, 여러 가지 실패를 견인했던 분명히 이유가 존재하고 있었다.

먼저, 아직까지는 소비자들이 인식하는 현대차와 제네시스의 기업 및 상표 인지도가 독일 등 유명 해외 브랜드의 고급차에 비해 여전히 현저하게 떨어지고, 따라서 제네시스 프라다 모델의 가격경쟁력이 우월하지 않았기 때문이라는 이유를 지적 할 수 있다. 제네시스 프라다의 출고가는 7,000만 원 후반대로서 동 회사에서 생산하던 일반 제네시스가 4,000만 원 수준이라는 점을 상기하면, 그 가격이 1.5배 이상이었다. 하물며, 제네시스 프라다의 경쟁 상품으로 인식되는 당시의 수입차 가격과 비교했을 때도 가격적인 측면에서 전혀 우위를 가지고 있지 않았다. 비록 벤츠 S600과 같은 외제차의 최고급 모델은 출고가가 1억 원 대를 호가했지만, BMW5 시리즈나 벤츠 E클래스와 같은 한 단계 아래 모델의 경우에는 제네시스 프라다와 비슷한 가격대를 형성하였다. 브랜드 가치가 약한 현대자동차로서는 벤츠나 BMW의 최고급 모델들보다는 조금 더 낮은 가격을 소비자에게 제시했지만, 고객 입장에서는 오히려 차량 등급을 한 단계 낮춰서라도 희소성과 가치를 충족시킬 수 있는 매력적인 해외 브랜드를 선택하고자 했다. 즉, 제네시스 프라다의 경우, 현대의 최고급 모델이었지만, BMW나 벤츠의 고급 모델과 견주기에 여전히 네임밸류(Name Value)가 낮아 소비자에게 어필하지 못했음을 알 수 있다. 이러한 이유로 소비자들은 현대차라는 이미지 속에서 제네시스 프라다를 바라 볼 수밖에 없었을 것이다.

한편, 현대자동차는 최근 소비자들에게 긍정적인 이미지를 이끌어내지 못하고 있다. 2016년의 경우 국내 자동차 업체들 중 1년 전에 비해 이미지가 나빠진 회사로 현대차라고 답한 응답자가 45%로 가장 많았다. 이는 다른 국내 브랜드와 비교를 해보아도 현저하게 높은 수치이며, 또한 국내 소비자 조사 업체 '컨슈머인사이트'가 발표한 조사에 따르면, 소비자들은 국산차보다 외제차를 더 선호하고, 현대는 국산차 평균 고객만족도 38%에도 미치지 못하는 33% 밖에 고객을 만족시키지 못하고 있었다. 즉, 국내 소비자들은 과거 여러 경험을 통해 현대차를 중저가의 가성비 좋은 그럭저럭 쓸 만한 대량생산 차량 중 하나로 인식하고 있었기에, 오랫동안 국내에서 대중적이고 일반적인 브랜드로 시장을 점유하던 자동차 메이커(Maker)가 출시하는 소수의 차별화된 명품 자동차는 소비자들에게 매력적으로 다가오지 않았던 것이다. 명품은 소수를 위한 제품으로 구매자들에게 명품이라는 자부심과 자신의 가치를 올려준다는 욕구를 충족시켜 주는 다양한 활동이 있어야 하는데, 제네시스 프라다의 경우 제품 기획과 실제 마케팅 활동 사이에 큰 격차가 있었다. 즉, 제네시스 프라다는 제네시스 프라다를 타고 다닌다는 자부심을 갖게 해주기에는 부족했다.

또한 제네시스 프라다의 스타일이나 외관 디자인 등은 기존의 제네시스와 큰 차이가 없어 보여 소비자들에게 차별성을 주기 어려웠다. 이러한 최고급의 모델을 구입하는 소비자의 경우 외관을 중시하는 경향이 다분하다. 연비가 리터당 10km에도 미치지 못하지만, 그런 단점을 감수하고서라도 럭셔리 모델을 구입하는 이유는 그 모델 자체가 소비자들에게 프리미엄을 주고, 그에 따라 자신의 자부심을 다른 사람들과 차별화 될 수 있어야 함에도 차량에 대한 관심이 깊지 않은 사람이 언뜻 보기에도 '제네시스'와 '제네시스 프라다'의 외관에 큰 차이가 없다. 비록 현대자동차는 제네시스 프라다에 현대 로고는 사용하지 않았지만, 이미 널리 알려진 제네시스 차량과 외관이 거의 유사함에 따라 현대차의 대중적인 이미지가 프라다의 명품 이미지를 압도했다. 즉, 소비자들의 과시욕과 희소가치를 느끼기엔 충분치 않아 보였던 것이다. 7,000만 원대의 차량이 4,000만 원대 차량으로 생각된다고 여겨질 때 매력도가 크게 떨어질 것이라 예견하는 것은 그리 어렵지 않을 것이다.

〈제네시스와 제네시스 프라다의 외형 비교〉

제네시스 프라다 모델

2010년식 제네시스 모델

Question

1. 제네시스 프라다의 실패이유를 설명하시고, 추가적인 원인에 대한 의견을 제시하시오
2. 현대자동차를 위한 명품 마케팅 전략을 제안해 보시오.
3. 현대자동차가 추후 다른 기업과 또 다른 전략적 제휴를 한다면, 어떤 산업의 기업과 해야 하며, 어떤 사안에 중점을 두어야 하는지를 설명하시오.

1. 전략적 제휴란?

1) 전략적 제휴의 본질

전략적 제휴(Strategic Alliance)는 2개 또는 그 이상의 법적으로 독립적인 기업이 참여하는 기업 간의 협력을 말한다. 이것은 전략적 파트너십(Strategic Partnership), 연합(Coalition), 합작(Collaboration), 협력(Cooperation), 기업 간 결합(Corporate Linkage) 및 합작투자(Joint Venture) 등과 같은 용어와 동의어로 사용되기도 한다. 전략적 제휴의 기본적 속성은 책임의 공유, 개별 파트너 정체성 고수, 지원의 지속적 투입, 시너지(Synergy) 창출이다. 첫째, 전략적 제휴의 기본적 속성은 위험과 성과의 공유에 있다. 일반적으로 제휴 파트너는 자신이 의사결정에 참여하고, 공헌한 만큼만 위험과 성과를 분담하는 것을 원칙으로 한다. 따라서 파트너 간 명확한 업무분담이 이루어져야 한다. 둘째, 파트너 각자의 정체성을 유지하면서 협력에 참여한다. 그러나 실제적으로 전략적 제휴에 관련 업무영역과 비업무영역을 구분 짓기란 어렵다. 셋째, 전략적 제휴dptj 각 파트너는 제휴 사업에 자금, 기술, 인력 등의 자원을 지속적으로 투입해야 한다. 따라서 제휴 사업을 지속시키는 데 있어 어떤 추가 자원이 요구되며, 이들 자원을 어떻게 조달할 것인가 등에 대한 양측 간 합의가 이루어져야 한다. 넷째, 전략적 제휴는 파트너 간 자원을 공유함으로써 장기적으로 보다 큰 시너지를 창출하는 데 그 의의가 있다.

2) 전략적 제휴의 의의와 동기

오늘날의 시장경제체제는 국가 간 또는 기업 간의 다양한 협력에 그 기초를 두고 있으며, 특히 기업협력으로서의 전략적 제휴는 1980년대 초부터 기업에 있어서 매우 중요한 의사결정영역으로 자리 잡기 시작하였다. 다국적기업의 전략적 제휴는 국경을 초월하는 기업 간의 협력을 의미하며, 이를 통하여 참여기업들은 그들의 국제경쟁력을 강화시킬 수 있다. 또한 개별기업 또는 경쟁기업 간의 국경 초월적인 전략적 제휴는 기업전략의 중요한 구성요소가 될 수 있다. 특히, 경쟁기업 간의 전략적 제휴는 참여기업으로 하여금 불필요한 소모적인 경쟁을 방지할 수 있도록 해준다.

전략적 제휴는 협력에 투입되는 생산요소, 여러 가지 활동의 전개, 조정 및 협력결과의 배분에 대한 법적인 처리를 포함한다. 즉, 전략적 제휴에 참여한 기업들은 생산요소의 투입, 활동과정의 참여 및 산출요소의 배분 등에 대한 구체적인 협력사항을 법적인 효력을 갖는 계약서의 형태로 작성하여야 한다. 이러한 협력사항을 구체적으로 살펴보면 다음과 같다.

• 생산요소의 투입: 노동력, 원재료 및 자본 등과 같은 생산요소의 투입에서의 협력

- **활동과정의 참여:** 생산, 마케팅 및 유통 등과 같은 기능영역에서의 협력
- **산출요소의 배분:** 제품, 서비스 및 연구개발의 결과물(예를 들면, 특허, 지적재산 등) 등과 같은 산출요소의 배분

기업차원의 전략적 제휴 동기는 대체로 다음과 같이 제시될 수 있다. 먼저, 개발도상국 기업의 측면에서 볼 때 전략적 제휴의 동기는 다음과 같이 제시된다.

- 선진국기업으로부터의 기술, 경영 및 마케팅노하우의 이전
- 선진국기업으로부터의 자본도입
- 기업의 성장가능성

아울러, 선진국 기업의 관점에서 볼 때 전략적 제휴의 동기는 다음과 같다.

- 원가절감
- 위험감소
- 글로벌 시장의 확대
- 부족한 자원의 개발
- 시너지 잠재성의 활용

2. 전략적 제휴의 유형

전략적 제휴는 크게 관리적 기능영역, 제휴대상, 자본참여도에 따라 유형을 분류할 수 있다.

1) 관리적 기능영역에 따른 전략적 제휴

(1) 연구개발에서의 전략적 제휴

기술발전의 가속화와 제품수명주기 또는 기술수명주기의 단축으로 인하여 어떤 한 기업에 의한 연구개발 활동은 많은 투자를 필요로 할 뿐만 아니라, 동시에 높은 위험도 부담해야 한다. 연구개발에서의 전략적 제휴는 참여기업들이 각각 보유하고 있는 기술을 상호교환 하거나, 새로운 기술을 개발하기 위하여 공동 연구하는 것을 말한다. 또한 경우에 따라 참여기업들은 연구개발을 위한 자회사를 공동으로 설립하기도 한다.

이러한 전략적 제휴의 목적은 참여기업들이 비용을 공동으로 부담하여 연구개발투자에 대한 위험을 감소시키는 데 있으며, 아울러 해외시장에서 기술 및 제품 경쟁력을 유지하는 데 있다. 이와 같은 형태의 전략적 제휴는 연구개발비가 많이 소요되는 전자, 에너지, 화학, 우주항공 및 자동차 등과 같은 산업에서 많이 발견된다. 연구개발에서 전략적 제휴의 대표적인 유형은 공동연구개발과 교차 라이선싱(Cross-Licensing) 등이 있다.

공동연구개발은 신제품이나 신기술의 개발을 위해 둘 이상의 파트너가 협력관계를 맺는 것이다. 이를 위해 계약만 체결하기도 하고, 연구합작법인을 설립하기도 한다. 공동연구 결과물인 신기술 또는 신제품에 대한 생산과 판매는 파트너 각기 독자적으로 수행하는 것이 보통이다. 이러한 공동연구개발의 주요 동기는 상호 기술적 보완을 통해 신속하게 신기술을 개발하고, 이에 소용되는 비용과 위험부담을 공유하는데 있다.

교차 라이선싱은 기업 간 특허를 공유하는 것이다. 교차 라이선싱의 중요 목적은 기술개발 비용과 시간을 단축하고, 특정 기술에 대한 글로벌 표준 확립을 촉진시키는 데 있다.

(2) 생산 및 자원조달에서의 전략적 제휴

생산과 자원조달은 밀접하게 관련되어 있으며, 생산에 필요한 부품 및 원재료는 안정적으로 공급되어야 한다. 이러한 관점에서 볼 때, 생산 및 자원조달에서의 전략적 제휴는 생산시설을 갖춘 자회사를 공동으로 설립하거나, 부품 및 자원조달 부문에서 협력함으로써 이루어진다. 생산 및 자원조달에서의 전략적 제휴의 목표는 생산과정에서의 원가절감, 현지시장기회 및 저임금의 활용, 수입규제의 회피, 자원부족의 대비 및 보다 높은 이윤달성 등이다.

생산 및 자원조달에서의 전략적 제휴는 부품조달을 필요로 하는 제조업부문에서 흔히 발견되는 제휴형태이다. 이러한 형태의 전략적 제휴에 대한 대표적인 사례로 1984년 미국의 캘리포니아주 프리몬트(Fremont)에 설립된 Nummi(New United Motor Manufacturing, Inc.)를 들 수 있다. 이 회사는 GM과 Toyota에 의해 공동으로 설립되었으며, Toyota의 생산방식과 Toyota로부터 주요부품의 조달 등을 통하여 성공적인 공동생산을 수행하였다.

생산 및 자원조달에서 전략적 제휴 유형에는 공동생산, 부품공용화, 게스트 엔지니어링(Guest Engineering) 등이 있다. 공동생산의 목적은 규모의 경제를 이루어 생산비용의 절감을 도모하는 데 있다. 따라서 공동생산은 규모의 경제가 중요시되는 산업에서 활발히 추진된다. 부품공용화는 다른 기업들과의 부품을 공유함으로써 부품을 대량구매하고, 평균 단가를 줄여 안정적인 공급선 확보를 통해 경쟁력을 높이는데 그 목적이 있다. 부품공용화는 많은 부품이 들어가는 자동차, 전자산업에서 가장 두드러지게 나타난다. 게스트 엔지니어링은 대기업들이 완제품 개발과정에 협력업체의 기술진을 참여시켜 부품 설계 및 개발을 공동으로 수행하게 함으로써 제품 개발 기간과 비용을 절감하고, 신속한 기술이전을 통해 완제품의 품질을 높이는 데 그 목적이 있다.

(3) 마케팅과 유통에서의 전략적 제휴

마케팅 및 유통에서의 전략적 제휴는 시장지향적인 성격을 갖고 있으며, 이러한 제휴를 통하여 참여기업들은 특정 국가, 지역 및 고객을 표적시장으로 삼을 수 있다. 마케팅 및 유통에서의 전략적 제휴의 목표는 현지유통망의 이용, 고객에 대한 접근, 시장점유율의 확대 및 유통비용의 절감 등이다.

이러한 제휴는 일반적으로 해외에서 유통망을 구축하는 데 비용이 많이 드는 경우에 체결된다. 마케팅 및 유통에서의 전략적 제휴는 매우 불안정해질 수 있는 가능성을 갖고 있는데, 그 이유는 각 참여기업이 서로 다른 전략적 제휴의 동기를 갖고 있을 수 있기 때문이다. 예를 들면, 제품을 제공하는 A라는 참여기업은 현지시장에 관심이 있는 반면, 현지유통망을 제공하는 B라는 참여기업은 A기업의 제품에만 관심이 있을 수 있기 때문이다. 이러한 형태의 전략적 제휴는 일반적으로 현지국가의 유통망을 활용하려는 제조업부문에서 이루어진다.

마케팅과 유통에서 전략적 제휴의 유형은 교차유통협약, 피기백 마케팅(Piggyback Marketing), 공동 브랜드, 제판(製販)동맹 등이 있다. 교차유통협약은 양측 파트너가 서로 상대편의 제품을 자사의 유통망을 통해 유통시키는 판매대행 협약이다. 피기백 마케팅은 어느 한 국가의 제조업자가 해외시장에서 현지업체의 유통망을 통해 자사 제품을 유통시키는 방식이다. 따라서 피기백 마케팅은 양측의 제품이 상호 보완적인 경우 매우 효과적이다. 공동브랜드는 특히 마케팅 여력이 부족한 중소기업들에게 유용하다. 중소기업들은 브랜드와 유통망 공유를 통해 서로의 약점을 상호 보완하여 브랜드 개발 및 광고 비용부담을 줄일 수 있다. 제판동맹은 제조업체와 유통업체가 협력하여 상품을 공동 기획, 생산 및 판매하는 방식이다.

(4) 가치부가적 제휴

가치부가적 제휴(Value-Adding Partnership)는 "한 집단의 독립적인 기업들이 가치사슬의 전 분야에 걸쳐 재화와 서비스를 관리하기 위하여 밀접하게 공동협력하는 것"을 말한다. 여기에서 '독립적인 기업'이란 하청관계에서 흔히 발생할 수 있는 종속적인 관계가 배제된 상황에서 자율적으로 가치부가적 제휴에 참여하는 기업을 의미한다. 가치부가적 제휴의 목표는 앞서 언급한 관리적 기능영역에 있어서의 목표들을 포괄하고 있으며, 무엇보다도 가치사슬의 전 분야에 걸친 독립적인 기업 간의 협력을 증대하는 것이다. 이러한 협력을 통하여 참여기업들은 다른 경쟁기업에 비하여 강력한 비교우위를 달성할 수 있다.

가치부가적 제휴는 포터(Porter)가 제시한 가치사슬(Value Chain)에서 그 출발점을 찾을 수 있다. 그는 기업의 가치 활동을 주요활동(입하물류, 생산, 마케팅 및 판매, 출하물류, 고객서비스 등)과 지원활동(기업의 기간구조, 인적자원관리, 기술개발 및 자원조달 등)으로 나누어 가치사슬의 개념을 제시하였다. [그림 8-1]은 포터의 가치사슬을 보여준다.

그림 8-1 **포터의 가치사슬**

출처: Porter, M. E.(1985), P. 37.

이러한 가치사슬에 있는 활동은 여러 개의 개별 활동으로 다시 나눌 수 있다. 또한 각각의 범주가 모든 개별 활동으로 분리될 때 완전한 가치사슬이 형성되며, 가치연계(Value Linkage)는 기업내부의 가치 활동을 연결시킬 뿐만 아니라, 유통 및 공급업자의 가치사슬과도 상호의존관계를 형성한다. 그러므로 가치사슬에 연결되어 있는 각 기업 간의 협력 또는 제휴를 통하여 어떤 기업이나 산업은 경쟁우위를 확보할 수 있다. 이러한 협력 또는 제휴는 국내뿐만 아니라, 해외의 기업 간에도 이루어질 수 있다. 즉, 이러한 포터의 연구를 통하여 가치사슬의 국내외적 배치와 가치사슬에 연결된 기업 간의 국내외적 전략적 제휴를 통하여 기업이 그들의 국제경쟁력을 향상시킬 수 있다는 것을 확인할 수 있다. 글로벌경영의 관점에서 볼 때, 가치사슬의 해외배치와 가치사슬에 연결된 기업 간의 글로벌 제휴는 국제경쟁력 강화의 원천이 될 수 있다.

가치부가적 제휴에 대한 대표적인 사례로 이탈리아의 섬유산업을 들 수 있다. 이러한 사례는 다른 국가의 산업에서는 거의 발견되지 않는 형태의 제휴로서 협력(또는 하청)시스템과 비교해 볼 때 유사한 측면도 존재할 수 있으나, 결정적인 차이점은 참여기업이 독립적이라는 것과 가치사슬의 전 분야를 포괄한다는 것이다. 가치부가적 제휴는 이론적으로는 완벽한 형태의 제휴로서 여러 가지 이점이 많지만, 실제에 있어서 참여기업의 수가 많고 제휴의 범위가 광범위하여 시행하기 어려운 단점을 갖고 있다.

2) 제휴대상에 따른 전략적 제휴

(1) 라이선싱

라이선싱(Licensing)은 라이선서가 법적인 보호권을 가진 특허, 브랜드, 디자인 및 법적인 보호권이 없는 기술과 경영노하우 등을 라이선시에게 제공하는 계약에 근거를 두고 있다. 전략적 제휴의 관점에서 볼 때, 라이선싱은 참여기업 간의 이해관계에 따라 라이선싱의 대상과 범위가 결정된다. 전략적 제휴의 일환으로 라이선싱이 이루어지는 경우에 있어서, 라이선서는 이전되는 기술에 대한 독점적 사용을 라이선시에게 장기간에 걸쳐 허용하는 경향이 있다. 그러므로 라이선서는 장기적 관점에서 로열티의 수입을 극대화하기 위해서 라이선시의 기업이미지, 대량생산능력, 마케팅 및 유통능력 등을 고려하여 전략적 제휴를 체결할 필요가 있다.

또한 라이선서와 라이선시가 라이선싱을 상호 교환하는 교차 라이선싱(Cross Licensing)이 전략적 제휴의 대안이 될 수 있다. 특히, 경쟁기업 간에 교차 라이선싱이 이루어진다면, 참여기업들은 해당 산업 또는 해당 제품에 있어서 공동적인 기술우위를 확보할 수 있다. 그러나 교차 라이선싱을 통하여 핵심기술이 유출될 가능성이 높기 때문에 참여기업들은 교차 라이선싱의 대상, 계약조건 및 사용기간 등에 대하여 명확하게 규정하여야 한다.

라이선싱을 통하여 라이선서는 현지국의 라이선시로부터 로열티를 받을 뿐만 아니라, 아울러 라이선서의 혁신적 이미지 또는 기술선도자의 이미지를 현지국에서 구축할 수 있는 기회도 갖게 된다. 만일 라이선싱으로 이전되는 특정 기술과 관련된 현지국의 시장규모가 크고, 현지국에 라이선서의 기업이미지가 잘 구축되었다면, 라이선서는 현지국으로의 라이선싱을 중단하고 해외직접투자를 할 수 있다. 반면에, 라이선시는 라이선싱을 통하여 자국시장에서 신제품을 생산할 수 있는 기회를 갖게 되지만, 기술적으로 라이선서에게 종속될 위험에 처할 수 있다.

(2) 국제납품계약

전략적 제휴로서의 국제납품계약(International Subcontracting)은 계약에 참여한 기업들이 어떤 특정의 제품, 반제품 및 부품 등에 대하여 수출 및 수입계약을 하는 것을 말한다. 이러한 납품계약은 일반적으로 장기간 지속되기 때문에 파트너기업의 선정이 매우 중요하다.

납품을 의뢰한 기업(주문기업)의 관점에서 볼 때, 납품하는 기업의 이미지, 납품되는 제품의 품질 및 가격 등은 계약의 체결 및 유지에 대한 의사결정을 하는데 있어서 중요한 기준이 된다. 그리고 납품을 의뢰받은 기업은 납품가격 및 규모, 장기적 납품가능성 등을 고려하여 파트너기업을 선정할 필요가 있다. 그러나 현실적으로 볼 때, 납품을 의뢰받는 기업보다 의뢰하는 기업의 협상력이 크기 때문에 납품계약과 관련된 전략적 제휴가 납품을 의뢰하는 기업에게 일방적으로 유리한 조건으로 맺어질 가능성을 배제할 수 없다.

3) 자본참여도에 따른 전략적 제휴

(1) 다수지분참여

다수지분참여(Majority Participation)에 의한 전략적 제휴는 해외진출기업이 50% 이상의 자본참여를 하는 넓은 의미의 합작투자를 의미한다. 이 경우에 있어서 다수지분으로 해외에 진출하는 기업은 현지국에서 경영권을 확보할 수 있다. 해외에 진출하는 기업의 관점에서 볼 때, 100% 단독투자를 한 다국적기업이 지분의 50% 미만을 현지국의 파트너기업에게 양도하는 경우, 그리고 현지국의 파트너기업의 자본이 충분하지 않은 경우에 다수지분참여에 의한 전략적 제휴가 이루어질 수 있다.

다수지분참여를 통하여 현지국으로 진출하는 기업은 현지국정부에 의한 정치적 차별가능성을 고려할 필요가 있다. 그러나 다수지분참여에 의한 전략적 제휴는 100% 단독투자에 비해 현지국의 정부 또는 기업과의 관계를 더욱 양호하게 만들 수 있다. 현지국의 파트너기업은 소수지분으로 참여하기 때문에 경영권이 없으나, 현지국에서의 생산, 마케팅 및 유통 등과 같은 분야에서 추가적인 전략적 제휴를 할 수 있는 가능성을 갖고 있다.

(2) 동등지분참여

동등지분참여(Equal Participation)에 의한 전략적 제휴는 해외진출기업이 50%의 지분을 갖는 좁은 의미의 합작투자를 말한다. 만일 두 개의 기업이 동등지분참여를 하고 있다면, 이들 두 기업은 경영권을 공유할 뿐만 아니라, 합작투자기업의 경영에 있어서 동일한 책임과 의무도 지게 된다. 일반적으로 동등지분참여는 합작투자기업의 설립을 위해 참여기업들이 동등한 자본을 부담하지만, 경우에 따라서 해외투자기업은 자본을 부담하고, 현지국기업은 공장부지 또는 건물을 제공하는 형태의 동등지분참여가 이루어질 수 있다.

실증적 연구결과에 의하면, 동등지분참여에 의한 합작투자가 다수지분참여 및 소수지분참여에 의한 합작투자보다 더욱 성공적인 것으로 밝혀졌다. 이 연구에서 20건의 동등지분참여의 사례를 분석한 결과, 이들 합작투자기업의 60%가 성공을 거둔 것으로 밝혀졌다. 또한, 13건의 비동등지분참여의 사례를 분석한 결과, 이들 합작투자기업의 31%만이 성공을 거둔 것으로 나타났다. 즉, 이러한 실증적 연구결과는 동등지분참여가 성공할 가능성이 높고, 비교적 안정적이라는 것을 대변하고 있다. 하지만, 현지국의 파트너기업이 합작투자를 계속적으로 이끌어갈 만한 재정적인 여력이 충분하지 않고, 현지국의 법률이 미래에 있어서 해외투자기업에 의한 다수지분참여를 규제하고 있다면, 동등지분참여에 의한 합작투자는 어느 정도의 불확실성과 위험성을 내포하고 있다.

(3) 소수지분참여

소수지분참여(Minority Participation)에 의한 전략적 제휴는 다국적기업이 50% 미만의 자본참여를 통하여 해외시장에 진출하는 방법이다. 이 경우에 있어서 현지국의 파트너기업이 다수지분을 갖고 있기 때문에 소수지분을 갖고 있는 해외투자기업의 경영권이 배제된다. 그러나 현지국의 파트너기업은 다수시분을 보유하고 있기 때문에 합작투자회사에 대한 경영권 및 지배권을 행사할 수 있다.

현지국의 파트너기업은 현지국정부의 보호와 지원을 받을 가능성이 높은 반면, 소수지분으로 참여한 해외투자기업은 현지국정부로부터 투자에 따른 혜택을 거의 받지 못하거나 불이익을 받을 가능성이 있다. 그러나 소수지분참여를 통하여 현지국에 진출한 기업은 기술이전, 부품공급 및 유통 등과 같은 추가적인 계약을 함으로써 이윤획득의 기회를 증대시킬 수 있다.

3. 전략적 제휴의 관리

전략적 제휴의 궁극적 목적은 제휴 파트너 모두 Win-Win하는 것이다. 이를 위해 전략적 제휴는 파트너 간 신뢰 구축을 통해 상호 기회주의적 행동을 억제하고, 결속력 강화가 전제되어야 한다. 제휴 파트너 간 신뢰는 상대방의 기회주의적 행동을 억제하는데 요구되는 안전장치로 법적 계약을 통해 모든 상황을 통제하는 시간과 노력을 해소시켜 준다. 파트너 간 상호 신뢰를 바탕으로 양측 관계는 더욱 결속되며, 이 관계를 유지 및 강화하고자 하는 양측의 노력인 몰입이 촉진된다. 따라서 파트너 간 상호 신뢰를 통한 몰입 없이는 기업 간 제휴 관계가 지속될 수 없는 것이다. 그러면 어떠한 조건하에 또는 어떻게 해야 전략적 제휴에 있어 파트너 간 상호 신뢰와 몰입이 생성되고 강화되는가? 전자는 신뢰와 몰입의 생성과 관련된 구조적 조건이고, 후자는 신뢰와 몰입의 유지 및 강화를 위한 운영적 조건으로 볼 수 있다([그림 8-2] 참조).

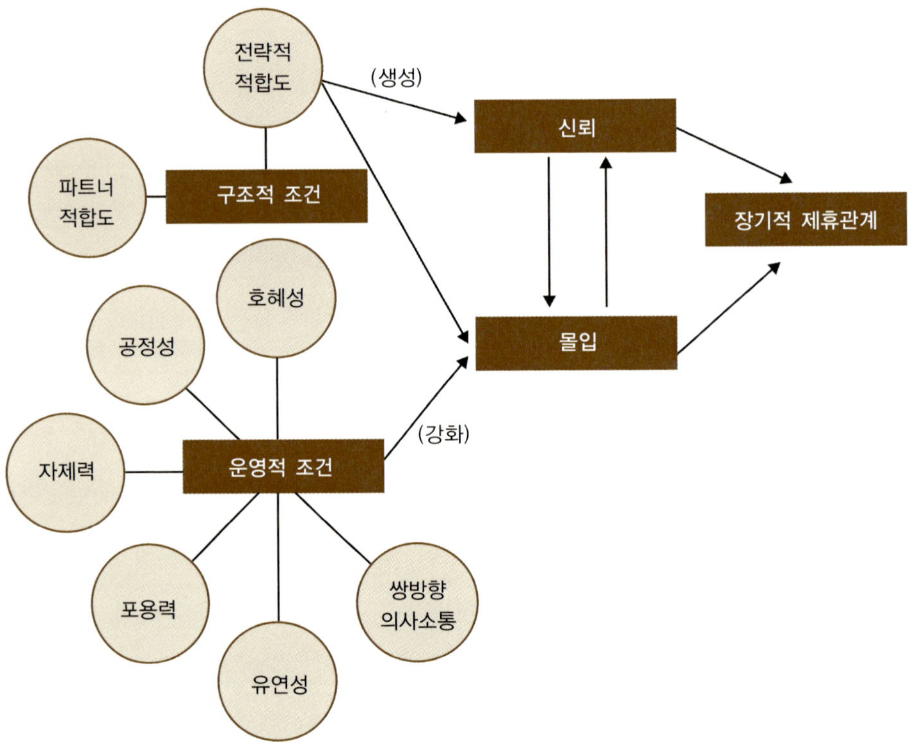

그림 8-2 | 성공적 제휴관계의 조건과 규범

1) 구조적 조건

전략적 제휴에 있어 어떠한 구조적 조건하에서 상호 신뢰와 몰입이 생성되는가는 신뢰와 몰입의 원천에 대한 문제라 할 수 있다. 이와 관련해 두 가지 조건이 충족되어야 한다. 첫째는 제휴사업의 전략적 적합성이고, 둘째는 파트너 기업의 적합성이다.

(1) 전략적 적합성

전략적 적합성은 전략적 제휴가 양측 파트너 모두에게 공통의 혜택을 제공할 수 있어야 함을 의미한다. 즉, 협력관계가 양측 파트너 모두에게 전략적으로 중요하며, 양측의 경쟁적 지위 향상에 도움이 되고, 또한 협력관계 없이 독자적으로 자신의 전략적 목표를 달성하기 어려움을 의미한다. 즉, 전략적 적합성이 높을 경우 파트너 상호 간 신뢰와 몰입은 증대된다. 따라서 전략적 적합성 충족 없이 제휴에 대한 파트너 간 공통의 비전의 생성을 기대하기 힘들다.

(2) 파트너 적합성

전략적 제휴는 두 개 이상의 기업이 관련된 상호작용의 관계로 볼 수 있다. 따라서 기업에게 적합한 파트너를 선정하는 것이 제휴의 구조적 성공조건이 된다. 전략적 제휴에 있어 파트너의 적합성 기준으로는 힘의 균형, 자원공헌의 상호 보완성, 양립성 등을 들 수 있다. 이러한 기준에 있어 적합도가 높을수록 상호 신뢰와 몰입이 증대되어 전략적 제휴의 성공 가능성이 높아진다.

2) 운영적 조건

전략적 적합성과 파트너 적합성의 구조적 조건이 충족되었다면, 어떻게 상호 신뢰와 몰입을 더욱 유지 및 강화시킬 수 있을 것인가에 대한 운영적 조건을 고민해야 한다. 운영적 조건은 파트너 간 관계관리와 직결된 문제로 파트너 간 관계관리가 원만하지 못하면 제휴는 장기적으로 지속되기 어렵다. 파트너 간 상호작용에 영향을 미치는 요인에는 호혜성, 공정성, 자제력, 포용력, 유연성, 쌍방향 의사소통이 있다.

(1) 호혜성(Reciprocity)

전략적 제휴는 기술, 노하우, 지식, 자금 등 유·무형 자원을 서로 공유함으로써 시너지 효과에 따른 상호 혜택을 도모하는 공생관계라 할 수 있다. 따라서 상호작용관계는 일방적이 아니라 쌍방향이 되어야 한다.

(2) 공정성(Fairness)

성공적인 전략적 제휴를 위해서는 파트너 양측 입장이 공정하게 반영되어야 한다. 어느 한 측 입장만 고려될 경우 양측 간 갈등으로 상호 신뢰가 구축되기 어렵다. 공정성은 두 가지 형태의 정당성에 대한 준수를 전제로 한다. 즉, 이익과 부담이 어떻게 파트너 간 배분되는가의 배분적 정당성과 상대편 파트너를 대하는 절차와 방침에 대한 절차상 정당성이 준수되어야 한다.

(3) 자제력(Forbearance)

전략적 제휴에 있어 기회주의 행동, 즉 주요 사안에 대한 의사결정과 관련해 의도적으로 자기 측에 유리하도록 행동하거나 또는 상대방에게 피해를 주는 기회적 행동에 대한 자발적 억제를 해야 한다. 자제력은 파트너 간 신뢰 조성에 긍정적인 영향을 미치고, 장기적 관계유지를 위해 단기적 손실을 감수할 수 있게 하여 상호 몰입 증진에도 도움이 된다.

(4) 포용력(Tolerance)

전략적 제휴에 있어 상대편의 요구와 조직문화를 수용하려는 의지가 포용력이다. 포용력은 상대편 조직문화에 대한 민감성이 전제되어야 한다. 특히, 국적이 다른 경쟁 기업 간 제휴관계에서는 국가 및 조직 간 문화적 차이에 대한 민감도가 결여될 경우 운영상에 오해와 갈등이 야기되어 상호 간 신뢰 구축이 안 될 수 있다.

(5) 유연성(Flexibility)

유연성은 상황변화에 적응하고자 하는 유연적 태도를 의미한다. 유연성이 높을 경우 전략적 제휴의 문제점을 적시에 해결하고, 환경의 변화에 능동적으로 대처할 수 있게 하여 상호 신뢰 구축도 긍정적인 영향을 미친다.

(6) 쌍방향 의사소통(Two-Way Communication)

전략적 제휴에 있어 파트너 간 원활한 의사소통은 적시에 주요 정보에 대한 양측 간 공유를 가능하게 한다. 이를 통해 파트너 양측의 오해와 잘못된 기대를 사전에 방지할 수 있어 상호 신뢰 구축을 통한 파트너 간 관계 몰입과 결속력 증진에도 도움이 된다. 제휴의 운영적 조건인 호혜성, 공평성, 자제력, 포용력, 유연성은 파트너 간 원활한 의사소통이 전제되지 않고서는 기대하기 어렵다. 이러한 관점에서 의사소통은 단순히 정보전달 차원이 아니라 상호 이해의 폭을 넓혀 공감대를 형성할 수 있는 수준으로 발전되어야 한다.

토의문제

1. 전략적 제휴의 개념과 동기를 설명하시오.
2. 전략적 제휴의 유형에 대해 설명하시오.
3. 전략적 제휴의 성공을 위한 구조적, 운영적 조건에 대해 설명하시오.

Chapter

09 해외직접투자전략

Case 09 국내시장에서 르노삼성 사례

삼성그룹은 1995년 다른 국내 자동차 기업들에 이어 후발주자로 승용차 사업을 시작하였다. 1994년 닛산과의 기술제휴를 체결하고, 여러 국내외 기업들과 협력해 삼성모터스의 자체모델을 출시했으나, 자동차 생산을 시작한 시점부터 IMF라는 뜻하지 않은 경제위기에 부딪혀 정부와 다른 업체들과의 정치적 조정과 갈등을 거친다. 1999년 6월 30일 삼성자동차는 법정관리를 신청하여 최종적으로 부도 처리되었고, 2000년 프랑스 소재 자동차 생산기업인 르노에 매각되었다.

르노(Renault S.A.)는 1899년 르노 3형제에 의해 설립된 회사로서 본사가 파리 근교에 위치한 프랑스 기업이다. 유럽이 주력시장이었으나 아시아로 시장 확대를 위해 닛산 지분(총 44.4%)을 대거 인수한 경험이 있다.

삼성자동차의 르노 매각 과정에서 삼성그룹의 삼성카드와 삼성캐피탈이 르노그룹 BV(Renault Group BV)와 합작 투자 형태로 르노삼성자동차를 설립하게 된다. 따라서 르노삼성자동차(지금부터 '르노삼성'이라고 칭함)라고 하는 신설회사를 먼저 만든 후 삼성의 자동차 지분을 전면 흡수하면서 인수가 진행된 것이다. 르노삼성의 출범 당시 지분구조는 르노그룹 Bv가 70.1%, 삼성캐피탈과 삼성카드가 19.9%, 나머지 지분인 10%를 삼성자동차 채권금융기관들이 나눠가졌다. 이후 2004년에 삼성그룹의 지분에 해당하는 부분이 모두 삼성카드로 옮겨졌으며, 2006년에는 채권금융기관의 지분이 르노그룹bv에 전면 이관되었다.

삼성과 르노 간의 인수합병은 삼성의 경영권과 주식구조상의 지배력을 볼 때 르노에 완전히 흡수되었다고 볼 수도 있지만, 르노그룹과 별개로 르노삼성을 설립해 투자 시점에서

부터 삼성그룹의 자본투입이 이뤄졌고, 지금까지도 삼성그룹의 브랜드 명칭을 그대로 이용하고 있는 바, 두 기업의 여러 경영활동에서 상호 영향을 주고받고 있다는 점에서 일반적인 인수합병의 개념과 다른 특이점을 형성하고 있다. 르노삼성은 삼성의 브랜드명을 계속 사용할 수 있는 권리를 요구했으며, 삼성은 자사 브랜드를 임대해 주는 대신 그 대가로 영업이익이 발생할 경우 매출의 0.8%를 로열티 형태로 받고 있다.

르노삼성의 이런 특이한 경영 전략은 한국 내 르노에 대한 인식이 미미한 상태에서 재벌기업의 영향력이 지대한 국내 내수시장에서 변함없는 최고의 자리를 유지하는 삼성이라는 브랜드 가치가 높게 평가됐기 때문이다. 또한 현재 르노삼성의 주요 시설은 모두 한국에 위치해 있다. 본사는 서울시에 공장은 부산에 위치해 있고, 중앙연구소 또한 경기도 용인시에 있다.

르노삼성의 인수 계약에 있어서 또 다른 특이한 조건은 사업이 손익분기점을 넘기는 시점부터 삼성차의 채권단에게 상환을 시작하고, 그 이전까지 무이자로 자금을 차용하는 등 채권단에게 매우 불리한 조항을 포함하고 있었다. 이에 따라 모기업인 르노가 르노삼성법인에 이익금을 최대한 남기지 않는 방식으로 회계처리를 하기 때문에 한국법인인 르노삼성의 흑자규모가 매우 미미하다는 게 특징이다.

삼성자동차는 국내 자동차시장에서 다소 적은 비중인 약 30만대를 생산하고 있으며, 준중형 세단 SM3, 중형 세단 SM5, 준대형 세단 SM7, SM5와 SM7의 중간급의 중형 세단 SM6로 구성되는 SM시리즈와 SUV모델 QM3 및 QM5를 생산하고 있다. 르노삼성은 이와 같이 현대자동차와 유사하게 가성비 높은 중형차 라인을 주로 선보이면서 현대차의 대체재로 자리 잡고 있다. 그러나 새로운 기술개발보다는 SM시리즈만의 품질과 디자인, 그리고 SM5의 성공적인 평판이 르노삼성이 시판하는 SM시리즈의 판매를 견인하고 있다.

그럼에도 불구하고 르노삼성의 경영실적은 회사설립 이래로 꾸준히 불안한 모습을 보이고 있다. 설립 초기 2년은 적자를 보였다가, 2002년에 잠시 흑자로 돌아섰다가 다시 이익이 급감하였고, 2005년 흑자로 회복되어 2006년에는 2,200억 원 이상의 역대 최고치의 기업성과를 시현하고는 다시 감소하는 추세를 겪고 있다. 르노삼성의 회계처리 방식이 신뢰성이 떨어진다고 판단되기에 영업실적을 기준으로 다시 한 번 인수합병의 성과를 살펴보도록 하자.

2012년에는 수익성 악화 탓으로 800명가량의 직원을 희망 퇴직시킨 바, 이는 전 직원의 15%에 달하는 대규모 구조조정이었다. 특히, 2012년 1분기에는 전년 동기 대비 내수와 수출이 각각 41%, 22% 감소함으로써 극심한 판매부진에 시달렸다. 이러한 경향은 2013년도에도 이어졌으나, QM3가 2014년 11월 기준으로 2만대가 판매됨에 따라 서서히 회복세에 접어드는 모습을 보였다. 그러나 최근 몇 년 중 2017년을 기점으로 다시 하락세가 이어졌다. 2018년 상반기에는 총 83,062대를 판매했는데, 이는 국내와 국외 두 부문 모두에서 전년도 동 기간보다 32.8% 적은 판매량이다. 더욱이 2018년 6월에는 판매량이 국내

자동차 5개사 중 꼴찌인 쌍용차에까지 밀림에 따라 내수시장 꼴찌 자리를 탈환하는 수모를 겪기도 했다.

이처럼 르노삼성이 끝없는 판매 부진과 성과 하락의 소용돌이에 갇힌 이유는 무엇일까? 르노삼성의 경영 실패 요인으로 흔히 높은 원가 구조로 인한 수익성 악화, 글로벌 생산전략 및 현지화 노력의 부재라는 세 가지 원인을 들곤 한다.

먼저, 르노삼성은 르노와 닛산의 기술을 사용하는 대가로 기술료를 지급하고 있다. 르노그룹에 인수된 이후 르노삼성이 지급한 기술료는 4,944억 원에 달하는데, 이는 르노가 르노삼성 인수에 쓴 현금 2,090억 원의 무려 두 배가 넘는 금액이다. 르노그룹이 가장 잘한 일이 삼성자동차 인수였다는 우스갯소리가 나올 만큼, 르노는 르노삼성에 투자한 금액을 훨씬 능가하는 투자금을 빼내어 가고 있다. 르노-닛산 얼라이언스의 영향으로 르노삼성은 자동차 핵심 부품의 상당수를 일본에서 수입해 와서 조립한다. 이에 엔화의 가치까지 고려해야 하는데, 이런 이중비용을 절감하기 위해 르노삼성은 한국에서 직접 생산하는 부품의 비율을 80%까지 높이겠다는 목표를 수립했지만, 일반적으로 부품을 자체 생산하기까지는 상당한 시간이 걸릴 것으로 예상된다. 게다가 자동차의 판매량마저 해가 갈수록 감소하여 규모의 경제는 일찌감치 불가능해졌다. 이로 인해 부품의 비싼 원가 문제는 앞으로도 당분간 지속될 것이라는 전망이다.

부산공장의 턱없이 부족한 자동차 생산라인으로 막대한 작업량을 소화하려고 한다는 점도 문제지만, 또 다른 더 큰 문제는 부산공장에서 사용하고 있는 생산기술들이 자체적인 연구를 통해 개발된 것이 아닌 르노와 닛산의 기존 생산기술을 옮겨와 그대로 적용한 것이라는 점이다. 결국 모기업의 생산 제품 대비 차별화된 기능이 전혀 없는 르노삼성차의 성능은 모두에게 아쉬움으로 다가왔다. 이는 르노삼성의 제품 라인이 굉장히 적다는 사실과 더불어 르노의 르노삼성에 대한 무관심의 증거로 거론된다. 르노 자체의 르노삼성에 대한 기본적인 관심과 전략이 없는 상황이다 보니 필연적으로 질 좋은 고품질의 자동차를 개발할 수도 없거니와, 제품의 경쟁력 부족은 판매 부진으로 이어지고, 영업수익의 감소는 다시 투자할 자금의 축소로 귀결되는 나비효과와 악순환이 지속적으로 반복되어졌다고 볼 수 있다.

최근 모기업 르노는 르노삼성 부산공장에 1,800억 원을 투자해 닛산의 신형 SUV차량인 '로그'모델의 생산을 맡겼고, 이로 인해 르노삼성은 2017년 현저히 부진한 내수판매량에 비해 높은 수출량과 3,000억 원 가량의 흑자를 남기게 되었다. 하지만 이것은 모두 국내 모델이 아닌 로그 모델 하나의 생산과 수출을 통한 실적인 것으로 나타난 바, 위탁생산으로 얻은 수익은 모기업 르노의 영업실적을 그대로 르노삼성에 잠시 옮겨온 것일 뿐이다. 이는 사실 고려할 만한 성과라고 볼 수 없을 뿐더러, 영업부진에 대한 단기적인 처방에 불과하다.

르노는 결국 진정으로 중요한 내수판매를 살려내지는 못했다. 이를 극복하려면 현지화를 위한 대대적인 연구개발 투자가 필요할 것으로 전망되지만, 르노는 여전히 이 사실을 무시하는 것으로 일관하고 있다.

Question

1. 삼성의 자동차 사업 매각은 바람직했는가? 그렇다면 그 이유에 대해 설명하시오.
2. 르노가 삼성을 인수한 배경에는 어떠한 동기가 있다고 생각하는가?
3. 르노삼성의 국내 내수시장 점유율 확대를 위한 전략적 방안을 제시하시오.

1. 해외직접투자

1) 해외직접투자의 개념 및 특징

해외직접투자(Foreign Direct Investment: FDI)는 기업이 자본, 기술, 노동력, 토지, 공장 및 설비 등과 같은 생산적 자산(Productive Assets)의 취득을 통하여 해외에 기업을 설립하여 기업경영에 참여하는 국제화전략이다. 자본투자의 관점에서 볼 때, 해외투자는 해외포트폴리오투자(Foreign Portfolio Investment)와 해외직접투자로 분류할 수 있다. 해외포트폴리오투자(해외증권투자 또는 해외간접투자라고도 함)는 해외에서 주식 및 채권 등을 구매하여 투자한 자금에 대한 수익의 창출을 목표로 하는 반면, 해외직접투자는 해외에서 일정지분의 주식을 매수하여 투자한 기업에 대한 경영통제를 목표로 한다. 우리나라에서는 통계적 목적으로 해외기업의 주식을 20% 이상 소유하는 것을 해외직접투자로 보며, 20% 미만은 해외포트폴리오투자로 본다. 미국의 상무성의 규정에 따르면, 미국의 시민, 기관 또는 계열그룹이 해외기업의 주식을 10% 이상 소유하면 해외직접투자로 간주한다. 해외포트폴리오투자와 해외직접투자의 주요특징을 비교하면 다음과 같다.

(1) 해외포트폴리오투자의 특징

- 해외자본시장을 통한 간접투자: 해외자본시장에서의 주식 및 채권의 구매를 통한 자산운용에 중점을 둠.
- 단기적 관점에서의 투자: 해외자본시장에서의 주식 및 채권의 거래에서의 매수와 매도포지션을 대체로 단기적으로 유지함.
- 순수한 수익확보의 관점에서의 투자: 해외자본시장에서의 주식, 채권의 매수 및 매도를 통하여 수익을 창출함.
- 제한적 물적 자원의 해외이동: 기업이 보유한 제한적 잉여자금을 해외자본시장에서 운용함.

(2) 해외직접투자의 특징

- 특정 기업이 해외에 직접투자: 특정 기업에 의한 해외에서의 기업설립 및 경영참가
- 장기적 관점에서의 투자: 장기적인 관점에서의 기업가치의 극대화
- 경영통제권의 확보: 소유지분에 따른 경영통제권의 확보(단독투자 및 다수지분)
- 영속적인 조직구조를 유지: 지속적 사업 활동을 통한 기업의 유지 및 발전
- 인적 및 물적 자원의 포괄적 해외이전: 기업이 보유한 경영자원 및 생산요소의 일괄적 해외이전(일반적으로 패키지형태의 이전)

2) 해외직접투자의 동기

해외직접투자의 동기는 시장추구, 생산효율성추구, 자원개발추구, 지식추구, 대외환경 대응, 경쟁자 대응, 정부유치정책, 복합적 동기 등으로 볼 수 있다.

- 시장추구: 해외직접투자는 현지시장에서 자사 제품의 수요를 촉진하고, 확대하는데 그 목적이 있다. 따라서 시장추구형 해외직접투자는 진출하고자 하는

투자대상국이나 인접한 지역시장의 규모가 크거나, 잠재적 성장가능성이 높을 경우 유효하다.

- 생산효율추구: 해외직접투자는 현지국의 풍부한 생산요소들을 효과적으로 활용하여 생산비를 낮추는데 목적을 둔다. 즉, 본국에서의 높은 인건비나 원·부자재 가격 등으로 본국에서 생산해서는 가격경쟁력이 불리할 경우 이들 생산요소 비용이 저렴한 국가에다 직접투자를 하여 제품을 생산하는 것이다.
- 자원개발추구: 원유, 광업, 농업, 임업 등과 같은 지하자원과 임·수산자원을 개발 및 확보하기 위한 투자이다. 이 경우 원자재를 직접 수입할 경우 과다한 수송비 때문에 현지국에서 원자재를 일차 가공하여 본국으로 반입한 후 이들 원료로 제품을 생산하여 내수에 충당하거나 제3국으로 수출하기도 한다.
- 지식추구: 외국의 선진 기술이나 경영관리 기법 등을 습득하기 위한 동기에서 비롯된 투자이다. 이는 기술이나 지식습득을 용이하기 위해 기술수준이 높은 선진국 기업과의 합작 또는 인수합병의 형태를 취하는 경우가 많다. 또한 정보, 지식, 기술, 고급인력 등이 풍부한 외국지역에 투자할 경우 현지 선진기술과 지식을 습득하는 데 유리하다.
- 대외환경 대응: 현지국의 높은 무역장벽, 국내의 급격한 임금 상승 및 노사갈등, 자국 통화의 지속적인 평가 절상 등 대외환경의 변화는 기업들이 대응전략으로서 해외직접투자를 촉진시키는 계기가 된다. 해외직접투자를 통해 무역장벽을 회피할 수 있고, 자국 통화가 평가 절상되었을 경우 그만큼 해외직접투자 비용을 절감할 수 있다.
- 경쟁자에 대응: 국내외 경쟁업체들의 해외생산 거점 확보에 자극 받아 해외직접투자에 편승하거나 또는 외국기업의 국내시장 진출에 따른 역대응 전략으로 상대국에 직접투자를 실시한다. 이는 해외직접투자가 경제적 타당성에 의거해서 결정되기 보다는 주요 경쟁업체의 해외직접투자에 자극을 받아 반사적으로 해외직접투자 결정을 내리는 형태이다.
- 정부유치정책 활용: 해외직접투자는 현지국 정부의 외국인 투자 유치지원책에 촉진되기도 한다. 선진국은 자국의 고용 증진을 목적으로 그리고 개발도상국

은 기술이전, 자금유입 등을 통한 자국 경제발전을 위해 세제혜택, 금융지원, 공장부지 무상임대 등 다양한 외국인투자 유치지원책을 펼친다.

- 복합적 동기: 해외직접투자가 어느 특정 동기에 의해 촉발되기도 하지만, 통상적으로 여러 복합적 동기를 가진다. 예를 들어 중국이나 인도 같이 전략적으로 중요한 시장의 해외직접투자는 시장추구 동기도 있지만, 현지국의 저렴한 노동력을 활용하기 위한 생산효율추구 동기도 작용한다.

3) 수평적 해외직접투자와 수직적 해외직접투자

수평적 해외직접투자는 본국에서 생산하는 동일한 제품을 외국에서 생산하기 위한 투자이다. 따라서 현지국에서의 생산 공정은 본국에서의 생산 공정과 동일하다. 예를 들어 현대자동차가 중국, 인도에서 같은 차종을 생산하기 위한 투자 형태이다. 이러한 수평적 해외직접투자는 현지시장 잠재력을 개발하기 위한 시장추구형 동기에서 비롯된다.

물론, 국가별로 제품차별화를 위한 수평적 분업을 이룰 수 있다. 즉, 고부가가치제품과 저부가가치제품 또는 대형제품과 소형제품을 별도로 상이한 국가에서 생산할 수 있다. 예를 들어 일본 가전업체들이 범용 가전제품 생산은 아시아 신흥공업국이나 아세안(ASEAN)으로 이관하고, 일본에서는 기술 집약도가 높은 첨단 제품 생산에 치중하는 경우이다.

수직적 해외직접투자는 해외에서 본국이나 제3국의 다른 공장으로 투입될 부품 등 중간재를 생산하거나 또는 본국이나 제3국에서 핵심부품을 조달하여 해외에서 단순조립생산을 해내기 위한 투자로서 주로 생산효율성추구 동기에서 비롯된다. 이러한 수직적 해외분업생산은 1960년 대 중반 미국, 유럽, 일본 등 선진국 다국적기업들이 대만, 한국, 홍콩, 멕시코 등 개도국에 섬유, 전기, 라디오, Tv 등 노동집약적인 부품 생산과 단순조립기지를 세우면서 시작되었다.

4) 해외직접투자의 장점과 단점

(1) 해외직접투자의 장점

해외직접투자는 수출, 라이선싱 등 다른 진입방식과 비교하여 다양한 장점과 단점을 가지고 있다. 먼저 해외직접투자의 장점은 다음과 같다.

- 해외직접투자는 수출이나 라이선싱과는 달리 기업의 직접적인 경영참여로 인해 제품생산, 기술이전, 마케팅 등에 대한 높은 통제가 가능하여 장기적으로 이익 창출을 도모할 수 있다.
- 해외직접투자는 수출시 요구되는 운송비용의 절감과 현지국의 풍부한 노동력, 원자재, 천연자원 등의 활용으로 인한 생산비용 절감, 그리고 관세 및 비관세 장벽 등 무역장벽을 회피할 수 있다.
- 해외직접투자는 기업이 현지경영을 통해 현지 소비자의 기호에 맞는 제품 개발 또는 기존 제품을 수정할 수 있는 기회를 높일 수 있다. 또한 현지생산을 통해 현지 소비자에게 더욱 신속한 제품인도가 가능하고, 더 높은 수준의 A/S를 제공할 수 있으며, 광고 등 촉진기회를 높일 수 있다. 그리고 현지기업 이미지를 현지의 다양한 이해관계자들에게 인식시켜 줄 수 있다.

(2) 해외직접투자의 단점

- 해외직접투자는 다른 진입방식에 비해 상대적으로 높은 자본투자와 그에 따른 높은 사업위험부담과 정치적 위험에 광범위하게 노출된다. 성공시에는 큰 이익을 기대할 수 있지만, 실패 시에는 재정적 위험부담이 매우 크다.
- 해외직접투자는 자본투자 회수기간이 길고, 사업실패 시 철수비용이 높다. 현지국에 경쟁자에 의한 높은 진입장벽이 존재할 경우 높은 투자 수익을 기대하기 힘들고, 그만큼 실패 위험도 높다.
- 해외직접투자는 기업의 기술, 경영노하우 등이 현지기업들에게 이전되어 장기적으로 경쟁력 약화를 초래할 수 있다. 특히, 합작투자의 경우 공동경영을

통해 기업 자신의 독점적 기술, 영업기밀 등이 현지 파트너 기업에게 쉽게 유출될 가능성이 크다.

- 해외직접투자를 통해 기업이 현지경영을 성공적으로 수행하기 위해서는 현지국 사정에 정통한 전문가가 요구되는데, 대다수 기업들이 유능한 지역전문가를 확보하기가 어렵다.

5) 해외직접투자의 절차

해외직접투자는 높은 자본투자와 위험부담이 있기 때문에 기업이 해외직접투자를 결정했을 때에는 현지국의 투자환경과 해당 투자프로젝트의 사업타당성에 대한 철저한 분석이 요구된다. 통상 해외직접투자 결정 여부는 투자목적 평가, 투자입지 선정, 투자방식 결정, 투자수익성 분석 등의 절차로 이루어진다.

(1) 해외직접투자의 목적 평가

해외직접투자의 결정 여부에 있어 먼저 투자목적에 대한 면밀한 검토가 필요하다. 현지시장 잠재력 개발, 생산비용 절감, 원·부자재 확보, 무역장벽 및 환율변동 등 외부환경 대응 등에 비추어 투자목적과 성과 기대치를 분명히 해야 한다.

(2) 투자입지 선정

해외직접투자 목적이 명확하다고 판단되면, 투자입지를 선정해야 한다. 입지선정은 투자목적과 밀접한 관련이 있는데, 만약 시장추구 동기라면, 시장규모와 잠재성장성이 유망한 국가, 생산효율성 동기면 노동력이 풍부하고, 임금이 저렴한 국가, 자원개발 동기면 부존자원이 풍부한 국가, 지식추구 동기면 선진기술과 전문 인력을 보유한 국가 등이 유망한 투자 대상국이 된다.

(3) 투자방식 결정

해외직접투자 방식은 소유지분구조에 따라 단독투자 대 합작투자로 구별된다. 단독투자는 100%의 현지자회사 지분을 소유한 형태이고, 합작투자는 파트너 기업과 현지자회사의 소유지분을 공유하는 것이다.

한편, 현지국에 새로 회사를 설립하느냐 아니면 현지기업을 인수하느냐에 따라 신설 대 인수합병으로 구분된다.

신설 대 인수합병 결정은 투자기업의 자원, 역량, 사업경험, 시급성 등에 의해 좌우된다. 첫째, 해외직접투자 사업이 관련 사업일 경우 투자기업은 해당 사업에 대해 이미 자원 및 역량을 보유하고 있고, 축적된 경험을 가지고 있기 때문에 현지국에 자회사를 신설할 수 있다. 반면, 비관련사업일 경우에는 현지자회사 설립과 운영에 대한 자원 및 역량, 경험 등이 모두 미흡하기 때문에 자원과 역량, 경험이 풍부한 현지기업을 인수합병하여 그 기업의 자원과 역량을 이전받아 사업위험 부담을 줄일 수 있다.

둘째, 신설에는 투자인허가, 공장건설, 판매망 구축 등 상당한 시간이 소요된다. 반면, 현지기업을 인수합병할 경우 시간적 낭비 없이 현시사업을 펼칠 수 있다. 따라서 경쟁기업보다 먼저 진입하여 선두주자 지위 구축이 시급하다면 현지기업을 인수합병하여 신속히 진출하는 것이 방법이다.

(4) 투자타당성 분석

해외직접투자의 타당성 여부의 최종 결정은 수익성 분석을 통해 평가된다. 만약 해외직접투자의 수익성이 다른 진입방식들에 비해 불리하다면 굳이 해외직접투자로 진출할 필요가 없는 것이다. 따라서 최종 투자결정은 판매수입 대비 비용에 따른 수익성에 근거한다.

투자수익성 분석은 현지국에서 판매수입과 비용에 영향을 미치는 요인들에 대한 평가로 이루어진다. 특히 해외사업의 투자타당성 분석에서는 외국인비용(Cost Of Foreignness)이 감안되어야 한다. 외국인비용은 현지국의 이질적인 사업 환경,

현지국 정부의 차별적 정책, 현지 소비자의 외국 제품에 대한 적대감 등에서 비롯되는 비용부담을 포괄하는 개념이다. 따라서 해외직접투자에서는 기준수익률에 외국인비용에 따른 리스크 프리미엄을 추가하여 투자타당성을 분석해야 한다.

6) 해외직접투자 정책 및 협상

(1) 외국인 투자에 대한 현지국 정부 정책

해외직접투자는 현지국의 정치, 경제, 사회 전반에 걸쳐 긍정적인 영향을 미치지만, 부정적인 영향도 있다. 현지국에 대한 외국인투자의 긍정적인 공헌으로는 자본유입, 고용창출, 수출증진 및 수입대체효과를 통한 무역수지 개선, 기술이전, 연계산업발전, 경쟁촉진 등을 들 수 있다. 반면, 현지국에 대한 외국인투자의 부정적 영향으로는 외국자본에 의한 경제종속, 초과실송금과 이전가격으로 인한 외화유출, 이질적 외국문화의 유입으로 인한 자국 문화의 훼손 등이 있다.

해외직접투자는 현지국 경제에 큰 영향을 미치기 때문에 각국 정부는 외국인투자 허용업종, 허가신청과 절차, 투자금, 투자비율 등에 대한 규제를 통해 외국인 투자를 관리한다. 특히, 주요 전략 산업에 대해서는 외국기업에 의한 인수합병이나 소유권이 제약된다. 일반적으로 현지국 정부는 해외직접투자의 공헌을 최대화하고, 피해를 최소화시킬 목적으로 다양한 규제 및 유인책을 동시에 시행한다(〈표 9-1〉 참조).

표 9-1 ▌ 외국인투자에 대한 현지국 정부 규제 및 유인정책

외국인투자 규제정책	외국인투자 유인정책
• 소유지분 규제 • 현지산 사용요구 • 현지인 채용의무화 • 수출의무규정 • 연구개발의 현지화 및 기술이전 • 현지종업원에 대한 교육훈련	• 보조금 • 장기저리 융자 및 대출보증 • 조세 감면 또는 면제 • 과실송금 및 해외차입금 이자에 대한 원천과세 면제 • 공장이나 설비에 대한 가속감가상각 허용 • 이중 공제 및 누적 손실분 이월 인정 • 원자재, 부품 및 설비 수입에 대한 관세 환급 또는 면제

(2) 현지국 정부와의 협상

일단 현지국에 투자가 이루어진 후에 외국투자기업은 현지국 정부의 정책적 포로 입장에 놓이게 되기 때문에 현지국 투자 전에 현지국 정부에 대해 더 높은 교섭력을 발휘해야 한다. 따라서 외국투자기업은 투자 전에 현지국 정부와의 협상에 있어 현지국의 고용증대, 기술이전, 현지 연구개발 인력 및 연구전문인력 육성, 수출증대, 현지산 원자재 사용, 지역사회 기여 등 경제적 공헌도를 협상무기로 삼아 최대한의 지원을 이끌어내는 것이 중요하다.

2. 단독투자

기업이 완전소유 자회사(Wholly Owned Subsidiaries)를 해외에 설립하는 것을 단독투자라고 한다. 여기에서 완전소유(Full Ownership)는 해외에 투자한 기업이 100%의 주식지분을 갖는 것을 의미한다. 즉, 기업은 해외자회사에 대한 완전소유를 통하여 해외기업 활동에 대한 배타적인 경영통제권을 행사할 수 있다. 해외에서의 완전소유 자회사는 신설투자와 인수 등과 같은 두 가지 방법에 의해 설립될 수 있다.

해외에서의 신설투자(Greenfield Investment)는 해외에 새로운 공장 또는 사업체(예를 들면, 생산자회사, 마케팅자회사 또는 판매법인, 서비스자회사 등)를 설립하는 것을 말한다. 신설투자를 'Greenfield Investment'라고 하는데, 이것은 녹지에 공사를 하여 새 건물 또는 공장을 짓는 이미지를 표현한 것이다. 반면에, 인수(Acquisition)는 'Brownfield Investment'라고 하며, 이것은 기존의 공장 또는 설비를 인수하여 해외에 진출하는 방법이다.

단독투자는 일시에 많은 투자 자본을 요구하기 때문에 장점과 단점을 신중하게 검토한 후 투자에 대한 의사결정을 하여야 한다. 단독투자의 장점을 살펴보면 다음과 같다.

- 현지자회사에 대한 완전한 통제권 확보: 경영권의 확보를 통하여 현지자회사의 경영활동에 대한 배타적인 통제가 가능하다.
- 기술유출의 방지: 기업이 보유하고 있는 특허 및 노하우 등과 같은 기술적 자산을 보호할 수 있다.
- 효율적 글로벌 네트워크의 구축: 장기적이고 전략적인 관점에서 글로벌 네트워크의 구축이 가능하다(예를 들면, 가치사슬의 글로벌화).
- 신속한 의사결정: 본사와 현지자회사 간의 원활한 커뮤니케이션을 통하여 신속한 의사결정이 가능하다.
- 내부화 이점의 활용: 현지자회사가 생산한 제품 또는 서비스를 본사 또는 다른 현지 자회사에 납품할 수 있다.

단독투자를 할 때는 다음과 같은 단점을 간과하지 않아야 한다.

- 높은 비용: 대규모 인적 및 물적 자원의 투자로 인하여 높은 비용이 발생한다.
- 높은 위험: 단독투자는 글로벌 경영활동을 통하여 발생할 수 있는 손실을 전적으로 부담하기 때문에 위험성이 매우 높다. 특히, 정치적 위험이 높은 국가에서는 이러한 손실에 대한 위험부담이 더 클 수 있다.
- 설립시간의 소요: 현지자회사의 설립에 필요한 토지 및 건물구입 또는 신축 등과 관련하여 많은 시간이 소요되기 때문에 신속한 해외시장진출이 어렵다.
- 정치적 차별가능성: 본국과 현지국 간의 관계가 좋지 않거나 악화될 경우에는 현지 자회사에 대한 심각한 차별이 나타날 수 있다.

3. 합작투자

1) 합작투자의 개념 및 동기

합작투자(Joint Ventures)는 서로 다른 국적을 가진 2개 또는 그 이상의 개인, 기업 또는 국가기관(또는 국영기업)이 기업을 설립하여 공동으로 경영하는 것을 말한다. 넓은 의미에서 볼 때, 합작투자는 다수지분참여(Majority Participation, 50% 이상의 자본참여), 동등지분참여(Equal Participation, 50% : 50%의 동일한 자본참여) 및 소수지분참여(Minority Participation, 50% 미만의 자본참여) 등으로 구분될 수 있다. 그리고 좁은 의미에서 볼 때, 합작투자는 동등지분참여와 동의어로 사용되기도 한다. 합작투자는 2개 이상의 기업의 협력에 그 바탕을 두고 있기 때문에 전략적 제휴의 관점에서 논의되기도 한다.

합작투자의 동기는 해외투자기업과 현지파트너기업의 관점에 따라 서로 다를 것이다. 이러한 서로 다른 합작투자의 동기를 살펴보면 다음과 같다. 먼저 해외투자기업의 합작투자 동기는 다음과 같이 요약될 수 있다.

- 현지시장의 개척 및 확보: 해외투자기업은 현지파트너기업이 보유하고 있는 현지시장에 대한 정보와 경험을 획득할 수 있으며, 이것을 현지시장의 개척 및 확보를 위해 유용하게 활용할 수 있다.
- 현지국 정부의 규제회피: 정치적 또는 경제적 이유로 해외투자기업의 투자 및 경영활동 등을 제한하거나 규제하는 현지 국가들이 있다. 이러한 국가에서의 규제를 피하기 위해서 합작투자가 선호된다.
- 투자위험의 분산: 단독투자를 할 경우, 해외투자기업이 투자위험을 전적으로 부담하게 한다. 그러나 해외투자기업은 현지파트너기업의 자본참여를 통하여 이러한 투자위험을 줄이거나 분담할 수 있다.
- 현지시장 진입시간의 단축: 합작투자에 참여한 기업 간의 신제품개발, 마케팅 및 생산 등과 관련된 다양한 기능적 활동의 공유를 통하여 현지시장 진입시

간이 단축될 수 있다.

- 기술의 산업표준 채택가능성: 합작투자에 참여한 기업들이 기술을 표준화함으로써 글로벌 경쟁에서 기술우위가 확보될 수 있다. 또한, 표준화된 기술은 현지국에서 산업표준으로 채택될 수 있을 뿐만 아니라, 국제적으로도 산업표준이 될 수 있다.
- 효율적 사업포트폴리오의 구성: 시장점유율 또는 시장성장률에서 문제가 있는 사업을 합작투자를 통하여 해외로 이전함으로써 효율적인 사업포트폴리오의 구성이 가능하다. 예를 들면, 선진국에서의 사양 산업 또는 쇠퇴산업이 개발도상국에서는 성장산업이 될 수 있다.

현지파트너기업의 합작투자 동기는 다음과 같이 제시될 수 있다.

- 외국자본의 활용: 현지파트너기업은 외국으로부터 유입되는 투자 자본을 활용하여 새로운 사업에 진출하거나 기존사업을 확대시킬 수 있다.
- 외국기업의 명성활용: 현지파트너기업은 국제시장에서 좋은 이미지를 갖고 있는 외국기업의 명성, 브랜드 및 제품 등을 무상으로 또는 저렴하게 활용할 수 있다.
- 외국기업의 경영기법습득: 합작투자를 통하여 현지파트너기업은 외국기업으로부터 우수한 경영기법을 전수받을 수 있다. 특히, 마케팅 및 생산부문의 경영기법들은 현지파트너기업의 발전에 큰 영향을 미치게 된다.
- 외국기업으로부터의 기술이전: 현지파트너기업은 외국기업이 보유하고 있는 우수한 기술을 전수받을 수 있다. 선진국기업과 개발도상국기업 간의 합작투자에 있어서, 개발도상국의 정부는 합작투자를 승인하는 조건으로 기술이전을 요구하는 경우도 있다.

2) 합작투자의 장점과 단점

(1) 합작투자의 장점

- 위험부담의 감소: 합작투자기업들은 참여한 지분에 해당하는 위험만을 부담한다. 특히, 위험을 전적으로 부담하는 단독투자보다 위험을 공유하는 합작투자가 위험성이 높은 대규모의 해외사업에 더욱 적합하다.
- 정치적 위험의 회피: 일반적으로 현지국 기업이 합작투자에 참여하기 때문에 현지국정부에 의한 정치적 차별이 감소될 수 있다. 그러나 제3국의 기업과 합작투자를 하는 경우에는, 현지국 기업이 합작투자에 참여하지 않기 때문에 정치적 위험이 발생할 가능성이 높다.
- 합작투자파트너 간의 지식이전의 촉진: 합작투자를 통하여 합작투자기업들이 보유한 경영 및 기술노하우 등과 같은 지식의 이전이 촉진된다. 하지만 이러한 지식이전은 제한된 범위 내에서 이루어지기 때문에 합작투자와 관련된 지식이전의 대상과 범위를 구체적으로 명문화할 필요가 있다.
- 공동목표의 달성촉진: 합작투자는 참여한 기업들의 공동목표의 달성을 촉진할 수 있다. 즉, 참여한 기업들은 장점을 공유하고, 단점을 보완함으로써 효율적이고 목표지향적인 경영을 할 수 있다.

(2) 합작투자의 단점

- 기술유출의 가능성: 합작투자에 있어서 기술을 제공한 기업은 기술유출의 위험을 감수하여야 한다. 그러므로 기술유출로 인하여 심각한 피해가 예상되는 첨단기술 또는 핵심기술은 이전대상에서 제외하는 것이 바람직하다.
- 경영권분담과 이익분배에서의 갈등 표출 가능성: 다수지분참여와 소수지분참여에서는 합작투자에 참여한 기업들의 경영권이 분명하기 때문에 이를 둘러싼 갈등의 소지는 비교적 적은 편이다. 그러나 동등지분참여에서는 합작투자에 참여한 기업들이 경영권을 두고 첨예하게 대립할 가능성이 매우 높다. 또한, 합작투자기업의 이익분배방법을 두고 합작투자에 참여한 기업 간에 마찰이 있

을 수 있다.

- 의사소통의 문제점: 단독투자에서는 의사소통이 신속하고 원활하게 이루어지지만, 합작투자에서는 이러한 의사소통이 잘 이루어지지 않을 수도 있다. 이러한 경우에 대비하여 합작투자기업은 의사소통과 관련된 규정 또는 매뉴얼 등을 만들어 기업 내에서의 의사결정이 원활하게 이루어지도록 노력해야 한다. 이뿐만 아니라 본사와 합작투자기업 간의 의사소통도 합작의 성공과 밀접하게 관련되어 있다.
- 합작종결의 어려움: 합작투자가 합작파트너기업 간의 오랜 협상을 통하여 시작되는 것처럼, 합작종결도 합작파트너기업 간의 오랜 협상을 요구할 수 있다. 단독투자의 경우에 있어서는 본사의 신속한 의사결정에 따라 경쟁력이 없는 현지 자회사가 매각되거나 폐쇄될 수 있다. 그러나 합작투자기업의 매각과 폐쇄는 합작파트너기업 간의 협상을 통해 이루어지기 때문에 시간이 오래 걸릴 수 있고, 합작종결의 지연으로 인한 여러 가지 문제가 나타날 수 있다.

3) 국제합작기업 설립과 파트너 선정

(1) 합작기업 설립을 위한 협상

합작투자로 현지국에 진출하기로 한 외국투자기업은 현지국 정부 및 파트너를 상대로 효과적인 협상전략을 수립해야 한다. 협상단계에서의 외국투자기업은 현지국 정부 및 파트너와의 협상 사안과 외국투자기업의 교섭력 등 두 가지 사안에 관심을 기울여야 한다.

첫째, 현지국 정부와의 협상에는 주로 현지국 정부의 규제와 현지국 정부의 인센티브에 초점을 맞춰야 한다. 둘째, 현지 파트너와의 협상에서는 주로 소유지분율, 인사권, 이익배당 및 송금, 자본증자 및 재투자 계획, 양측이 제공하는 자원에 대한 가격산정 등이 주요 관건이 된다.

(2) 합작 파트너 선정 기준

합작투자 시 가장 중요한 결정은 유망한 현지 파트너의 선정이다. 합작기업은 쌍방이 의견일치를 이루면 원만한 유대관계가 유지되지만, 양측의 의견 충돌로 계약을 파기하는 것이 상호간에 유익하다고 판단될 경우에는 언제든지 결별을 선언할 수 있다. 따라서 합작기업 설립 초기에 유망한 파트너 선정이 매우 중요한데, 합작 파트너 선정을 위한 주요 기준으로는 양립성(Compatibility), 능력(Capacity), 몰입(Commitment) 등이 있다.

첫째, 성공적인 합작투자를 위해서는 경영방침, 조직문화에 있어 투자기업 자신과 잘 양립되는 파트너를 선정하는 것이 중요하다. 또한 양립성에 있어서 파트너 기업 간 시장 영역 중복성도 중요하게 고려되어야 한다. 지역적으로 중복된 시장에서 경쟁관계에 있으면, 파트너 간 항시 존재하는 경쟁심리 때문에 발생하는 상호 기회주의적 행동으로 합작운영에 있어 갈등이 표출될 가능성이 높다.

둘째, 기술, 브랜드 마케팅, 유통, 자금 등에 있어 파트너의 강점과 약점을 평가하는 것도 합작 파트너 선정 시 필수적이다. 합작을 통해 투자기업의 강점과 약점을 보완해줄 수 있는 파트너 선정을 통해 시너지 효과를 극대화할 수 있다.

셋째, 파트너의 능력이 뛰어나고, 양립성 조건이 좋아도, 합작사업에 대한 파트너의 관심도와 의지가 낮다면 성공적인 합작성과를 기대하기 어렵다. 따라서 합작사업에 높은 관심과 몰입을 보일 수 있는 파트너를 선정하는 것이 매우 중요하다. 합작사업에 대한 파트너의 몰입의지를 판단할 수 있는 한 가지 방법은 합작사업이 파트너에게 사업적으로 중요한 비중을 차지하는지 여부를 파악하는 것이다. 만약 합작사업이 파트너의 핵심 사업 분야면, 파트너는 합작사업 성공을 위해 지속적인 관심을 가질 것이다.

4) 합작사업 운영 및 관리

(1) 통제 메커니즘

합작사업에 대한 통제기반은 크게 소유지분기반, 능력(힘)기반, 신뢰기반 등이 있다.

- 소유지분기반 통제: 합작기업에 대한 경영통제는 소유지분구조에 따라 크게 두 유형으로 구분된다. 즉, 다수 지분 소유에 따른 지배적 통제구조와 양측 파트너의 균등 지분 소유에 따른 공동통제구조로 나뉜다.
- 능력(힘)기반 통제: 소유지분에 따른 경영권 통제는 결국 양측의 힘에 의해 결정될 것인데 이러한 힘은 양측 파트너의 자원 및 능력에 기반한다. 즉, 파트너 양측의 자원 공헌도가 비슷할 경우 교섭력도 균형을 이루어 자연적으로 양측의 합작지분도 대칭이 될 가능성이 높다.
- 신뢰기반 통제: 합작투자는 파트너 간 계약관계에 기반하기 때문에 만일 상호신뢰가 없다면 갈등의 소지가 높을 수 있다. 파트너 간 신뢰가 형성되지 않으면 상호 불신으로 시너지 효과의 극대화를 이루기 어렵다. 따라서 소유권이나 힘에 의한 통제보다는 신뢰기반 통제가 매우 중요하다.

표 9-2 ▌ 힘(Power)대 신뢰(Trust)의 통제 메커니즘 비교

	힘기반 통제	신뢰기반통제
운영준거	공포생성(위계적 관계)	신뢰생성(사회적 관계)
업무원칙	자사 이익 추구	공평성 추구
협상전략	상호의존성 무시/강압적	상호의존성 존중/호혜성
의사소통	일방적	쌍방적
영향력	강압을 통해서	전문적 의견을 통해서
계약	폐쇄적/공식적/단기적 계약 내용 고수	개방적/비공식적/장기적 계약 내용 유연성
갈등관리	상세한 계약을 통해 잠재적 갈등 방지, 법적 시스템을 통해 갈등 해소	상호이해의 폭을 넓힘으로써 잠재적 갈등 방지, 조정이나 중재 같은 절차를 통해서 갈등 해소

(2) 갈등관리

국제합작에서는 파트너 간 조직문화나 경영방식의 차이 등으로 인해 다양한 갈등이 발생한다. 즉, 목표차이, 의사결정방식, 문서계약에 대한 태도, 판매방식, 인사정책 등의 차이로 인해 합작 파트너 간 갈등이 야기되는 것이다. 특히, 선진국 기업과 개발도상국 기업 간 합작투자에서는 조직문화 및 경영방식의 차이로 파트너 간 갈등이 많이 발생한다.

합작 파트너 간 갈등은 피할 수 없는 현실이다. 따라서 갈등 해결 방안이 중요하며, 크게 네 가지 방법이 있다.

- 문제해결전략: 양측 모두 만족할 수 있는 해결책을 찾기 위해 공통의 관심사, 우선순위, 아이디어 등을 공개적으로 논의하여 갈등을 해결하는 방안이다.
- 절충전략: 양측의 입장에서 상호 주고 받기식(Give And Take)으로 합의를 도출하고, 양측의 이해득실의 조화를 추구하는 방안이다.
- 압박전략: 일방이 자신의 소유지분과 지배적 힘에 의거해 강압적으로 문제를 해결하는 방안이다.
- 법리전략: 갈등을 계약서나 협약서에 따라 해결하는 방안이다.

4. 인수합병(M&A)

1) 인수합병의 개념 및 동기

글로벌경영의 관점에서 볼 때, 2개 이상의 기업이 법적인 절차를 거쳐 단일 기업이 되는 합병(Merger)과 해외투자기업이 현지국기업의 주식의 일부 또는 전부를 매수하여 경영권을 획득하는 인수(Acquisition)를 결합한 용어를 M&A(Merger And Acquisition)라고 한다. 합병은 합병의사를 가진 서로 다른 국적의 기업들이 이사회와 주주총회의 결의를 거쳐 자산과 부채를 정리하여 하나의 기업이 되는 것을 말한다. 반면에, 인수는 해외투자기업이 협상 또는 다른 수단을 통하여 현지국 기업을 매수한 후 그 기업을 존속시키는 것을 의미한다. 이와 같이 인수와 합병이 개념적·법적으로 차이가 있지만, 기존의 현지국 기업을 투자 또는 사업 확장의 대상으로 한다는 측면에서는 동일하기 때문에 M&A로 통칭하고 있다. M&A의 주요동기를 살펴보면 다음과 같다.

- **규모의 경제 및 범위의 경제 달성:** 동일한 제품을 생산하는 현지국 기업을 M&A하는 경우, 대량생산을 통한 규모의 경제, 그리고 경영 및 기술노하우의 공유를 통한 범위의 경제가 달성된다.
- **시장진입시간 단축:** 신설투자는 회사의 설립과 인력의 채용을 위해 많은 시간이 소요되지만, M&A는 이러한 수고와 노력이 거의 필요 없기 때문이다.
- **위험회피:** 새로운 사업에 진출하는 다각화전략의 일환으로 M&A를 하는 경우에는 위험이 분산될 수 있다. 또한, 신설투자의 경우에는 해외투자의 초기단계 부터 시작하기 때문에 사업위험이 높지만, M&A는 해외투자의 초기단계가 거의 존재하지 않기 때문에 이러한 위험을 피할 수 있다.
- **부족한 경영자원의 취득:** M&A를 통하여 해외투자기업은 기술 및 경영노하우, 브랜드 및 제품 등과 같은 경영자원을 일시에 획득할 수 있다. 또한, M&A를 통하여 현지국기업의 경영자 및 근로자가 승계되는 경우에 해외투자기업은 그들이 보유한 지식과 노하우를 그대로 전수받을 수 있다.
- **시장점유율의 증대:** 해외투자기업은 기존의 현지국기업을 M&A함으로써 비교적 빠른 시간 내에 현지국에서의 시장점유율을 증대시킬 수 있다. 예를 들면 기존의 현지국기업의 마케팅노하우와 유통경로를 활용한다면, 현지국에서의 고객 또는 소비자에 대한 접근성이 좋아지기 때문에 해외투자기업의 시장점유율이 증대될 수 있다.

2) 인수합병의 유형

결합 형태에 따른 M&A의 유형은 4가지로 분류될 수 있다. 먼저, 합병의 방법은 흡수합병과 신설합병으로 구분할 수 있다. 흡수합병(Merger)은 한 기업이 다른 기업에 흡수되는 방법이며, 합병 후 하나의 기업만이 남게 된다(A기업+B기업=A기업). 이 경우에서 흡수되는 기업의 경영자원은 흡수하는 기업의 처분에 맡겨야 한다. 신설합병(Consolidation)은 법적인 절차에 따라 합병기업의 전부가 없어지며, 이들에 의하여 신설된 기업은 소멸된 기업의 권리나 의무를 이어받고 종업원을 수용할 수도 있다(A기업+B기업=C기업). 그러나 신설합병에서는 소멸된 기업의 경영자원을 신설기업이 반드시 승계할 의무는 없다. 일반적으로 신설합병은 법적인 절차가 복잡하고 비용이 많이 들기 때문에 흡수합병이 선호되고 있다.

인수의 방법은 자산인수와 주식인수로 분류할 수 있다. 자산인수(Asset Acquisition)는 인수기업이 피인수기업의 자산의 일부 또는 특정 사업부문을 취득하는 것이며, 반면에 주식인수(Stock Acquisition)는 주식의 일부 또는 전부를 취득하는 것이다. 주식인수를 구체적으로 살펴보면 다음과 같다.

① 교섭방법에 따른 분류

- 위임장대결(Proxy Fight): 인수를 시도하는 기업이 목표기업의 주식의 일부분을 확보한 후, 주주들의 의결권을 위임받아 주주총회에서 경영권을 확보하는 방법이다.
- 공개매수(Tender Offer): 인수를 시도하는 기업이 목표기업의 주식을 공개적으로 매입하여 인수하는 방법이다. 이 방법은 단기간에 대량의 주식을 매입할 수 있으나, 공개매수로 인하여 주가가 상승할 경우에는 인수부담이 클 수 있다.

② 성격에 따른 분류

- 우호적 인수(Friendly Acquisition): 인수기업과 피인수기업의 합의와 협조를 바탕으로 이루어지는 인수를 말한다.

- 비우호적 인수(Unfriendly Acquisition): 피인수기업의 의사에 관계없이 적대적으로 이루어지는 인수를 의미한다.

③ 대금지급에 따른 분류

- 현금인수(Cash Acquisition): 기업매수의 대가로 현금이 지급되는 인수를 뜻한다.
- 주식교환인수(Stock Exchange Acquisition): 피인수기업의 주식을 인수기업의 주식과 일정비율로 교환하는 것을 말한다.
- 부채에 의한 인수(Leveraged Buy-Out): 목표기업의 자산을 담보로 하거나, 또는 신용을 이용하여 자금을 조달하여 인수하는 방법이다.

3) 인수합병의 장점과 단점

(1) 인수합병의 장점

- 신속한 글로벌 시장진입: M&A는 현지국의 피인수기업 또는 피합병기업이 소유하고 있는 인적 및 물적 자원을 바로 활용할 수 있기 때문에 신속한 해외시장 진출을 가능하게 해준다. 특히, 글로벌화가 빠르게 진행되고 있는 산업에 있어서 M&A는 신설투자 또는 합작투자보다 더 효과적인 글로벌 시장진입의 대안이 될 수 있다.
- 새로운 제품라인 또는 사업영역의 구축: 다국적기업은 해외에서의 M&A를 통하여 새로운 제품라인을 보유할 수 있을 뿐만 아니라, 새로운 사업영역도 구축할 수 있다. 즉, M&A는 해외에서 기업이 다각화전략을 추구하는 데 있어서 중요한 역할을 한다.
- 투자위험의 감소: M&A는 신설투자에 비해 투자위험이 현저히 낮을 수 있다. 신설투자에 있어서 생산과 매출은 공장이 설립된 이후에 발생하지만, M&A에 있어서 생산과 매출은 인수 및 합병시점부터 발생하기 때문에 투자자본이 더 빨리 회수될 수 있다. 그러나 불량기업을 M&A한 경우에는 투자위험이 증

대될 수 있다.

(2) 인수합병의 단점

- 현지국정부의 규제: 현지국 정부는 자국의 산업을 보호할 목적으로 외국기업에 의한 M&A를 허용하지 않을 수도 있다. 특히, 첨단산업, 전략산업 또는 국방산업의 경우에는 M&A가 원천적으로 금지될 가능성이 매우 높다.
- M&A 대상기업의 구조적 문제: 일반적으로 M&A 시장에 매물로 나온 기업들은 실적이 부진한 경우가 많기 때문에 대상기업을 선정하는 데 있어서 많은 어려움이 따른다. 또한, 실적이 양호한 기업도 문제점을 은폐하는 경우가 많기 때문에 주의할 필요가 있다.
- 통합과정에서의 갈등: 국적이 서로 다른 기업들에 의해 M&A가 이루어지기 때문에 국가 간의 문화적 차이에 의한 갈등과 기업 내부적인 기업문화의 차이에 의한 갈등이 통합과정에서 나타날 수 있다.

4) 인수합병의 추진절차 및 과오

(1) 인수합병의 추진절차

인수합병에 따른 시행착오를 줄이고 성공 가능성을 높이기 위해서는 추진 단계에 따른 철저한 준비와 전략이 요구된다.

- 제1단계: 인수합병의 명확한 목적을 확립해야 한다.
- 제2단계: 인수합병 당위성에 대한 공감대가 최고경영층에서 형성되면, 인수합병 실무를 담당할 인수팀을 구성해야 한다.
- 제3단계: 인수대상기업의 검토 및 선정이 이루어져야 한다. 인수대상기업들의 매각의사와 프로필에 대한 검토가 요구된다.
- 제4단계: 구체적인 인수합병전략을 수립한다.

- 제5단계: 인수합병을 위한 협상을 개시한다. 구체적인 인수가격과 인수조건 제시보다는 우선 피인수기업의 경영층과 접촉하여 인수목적에 대한 설명과 우호적인 인수가 가능한지를 타진한다.
- 제6단계: 양측 간에 인수 및 매각 의향이 타협되었을 경우 인수합병을 위한 양해각서(MOU)를 작성한다. 이는 최종 계약에서 양측의 업무협약의사를 확증하는 절차이다.
- 제7단계: 인수가격 산정과 인수방식의 결정을 위해 인수대상기업에 대한 실사를 실시한다. 주주, 사업내용, 재무제표, 영업권, 기술력, 노조활동, 자산, 부채 등에 대한 실사를 통해 인수대상기업의 가치를 평가한다.
- 제8단계: 기업자산 평가 등 실사 결과를 토대로 최종적으로 인수방식, 인수가격 등 인수조건을 타진한다. 또한 실사를 통해 파악한 쟁점들을 고려해 인수방식을 변경할 수도 있다.
- 제9단계: 계약 체결을 위한 인수계약서를 작성한다. 인수가격 등 구체적인 인수조건에 대한 최종 합의가 이루어져야 한다.
- 제10단계: 인수대금의 지불과 함께 성공적 통합을 위한 사후관리 방안을 마련한다.

(2) 인수합병 추진 시 과오

인수합병은 성공보다 실패확률이 높다. 따라서 인수합병 추진에 따른 과오를 피하기 위해서는 다음과 같은 주요 사안에 대한 엄밀한 평가와 관리가 있어야 한다.

첫째, 피인수기업의 예상 판매수익에 대한 과대평가이다. 피인수기업의 예상 판매수익에 대한 과대평가는 인수가격 결정시 높은 프리미엄을 지불하게 하여 인수기업의 자금 부담을 가중시킬 수 있다. 따라서 피인수기업의 예상 판매수입을 과대평가하는 과오를 피해야 한다.

둘째, 추가적 자금소요에 대한 간과이다. 대체로 인수합병 후에 시설투자 등 추가적 자금 투입이 요구되는데 이를 간과하는 경우가 많다. 추가적 자금소요 여부를 판단하기 위해서는 시장개척 비용, 시설개선 자금, 연구개발비, 핵심 임직원 및 주요 고객 이탈 방지에 소요되는 자금에 대한 수요를 면밀히 체크할 필요가 있다.

셋째, 인수 후 통합의 어려움이다. 인수 후 피인수 및 인수기업의 상이한 조직문화와 경영방식을 하나로 통합하는 데에는 많은 시간과 어려움이 따른다. 따라서 인수 후에는 재무상태, 생산실적, 경쟁지위 등과 같은 주요 사안에 대한 자료 보고를 철저히 관리할 필요가 있다.

넷째, 다각화 경영에 대한 과신이다. 많은 인수가 사업다각화의 일환으로 추진된다. 이 경우 인수기업이 피인수기업을 인수함으로써 사업 확장과 경쟁지위의 향상에 대해 너무 과신하는 실수를 범하는 경향이 있다. 따라서 인수기업과 피인수기업의 결합을 통한 시너지 효과에 대한 냉철한 분석이 요구된다.

다섯째, 진입장벽에 대한 과소평가이다. 인수를 통해 새로운 사업 분야로 쉽게 진입할 수 있다는 오판을 내리기 쉽다. 만약 해당 사업 분야에 강력한 경쟁자가 있어 진입장벽이 높으면, 기대했던 소기의 성과를 달성하기 어렵다. 이러한 관점에서 피인수기업의 시장점유율이 높을수록 인수합병을 통한 시장진입 성공가능성은 높아진다.

여섯째, 사업 철수에 대한 소극적 태도이다. 많은 기업들이 인수를 통해 사업 확대에만 관심을 갖고, 부실한 사업을 매각하는 것에는 매우 소극적이다. 그러나 기업이 제한된 자원으로 부실한 사업을 건실하게 재구축하고, 동시에 새로운 사업을 인수하여 성공시킨다는 것은 자금 부담이 매우 높다. 따라서 인수합병은 자사 내 어느 사업을 확대하고, 어느 사업을 축소시킬 것인지에 대한 사업구조조정 계획에 입각해서 이루어져야 한다.

5) 인수 후 통합관리

인수 후 통합(Post-Merger Integration: PMI)관리는 성공적인 인수합병을 위해 매우 중요하다. 많은 인수합병 실패가 인수 후 통합의 문제에서 비롯된다. 인수합병 시너지 효과는 인수 후 인수기업과 피인수기업 간 상이한 조직문화와 경영방식을 얼마나 잘 통합하고, 관리하는가에 따라 좌우된다. 인수 이후 두 기업의 통합과 운영에서 실패한다면 시너지 효과를 기대하기 힘들다.

인수 후 통합은 비전 및 전략 통합, 자원통합, 인적통합, 조직문화통합 등 네 가지 범주에서 이루어져야 한다. 특히, 이 네 가지 통합을 성공적으로 이루기 위해서는 인수된 새 회사의 최고경영자의 리더십이 무엇보다 중요하다.

- 비전 및 전략: 통합 후 시너지를 창출할 수 있는 새로운 비전과 마스터 플랜의 신속한 제시가 중요하다. 여기에는 추진 가능한 목표와 전략이 포함된다. 또한 최고경영진은 인수를 통해 시너지가 창출될 수 있음을 전 구성원들에게 이해시키고 협조를 구해야 한다.
- 자원통합: 두 기업 경영자원의 결합을 통한 상호 약점 보완과 새로운 강점 창출에 초점이 맞춰져야 한다. 이를 위해서는 두 기업에 내재된 우수한 자원과 기업운영의 노하우에 대한 이전 및 공유가 전제되어야 한다.
- 인적통합: 피인수기업의 핵심 인재들의 유출을 방지하고, 사업에 머문 인재를 적재적소에 배치하는 일이 무엇보다 중요하다. 인수합병의 실패는 대개 인수기업이 피인수기업 내에 팽배한 불안을 진정시키는 노력을 소홀했기 때문이다. 따라서 변화에 따른 거부감과 불안을 해소시키기 위해 공개적이고, 명확한 의사소통을 통해 신뢰 및 공감대 형성이 무엇보다 중요하다. 또한 피인수기업 인재들의 신속한 정착을 위해 빠른 시간 내에 핵심 인재와 그들의 역량을 식별하여 구체적인 인센티브와 보상 방안을 제시해야 한다.
- 조직문화통합: 피인수기업의 효율적 조직문화를 인수기업의 조직문화에 통합하여 양측이 동의할 수 있는 제3의 혁신적 조직문화를 창출하는 것이 중요하다. 양측의 조직문화와 경영방식은 나름대로 장단점이 있으므로 서로 조화시키는 노력이 중요하다.

토의문제

1. 해외직접투자의 동기에 대해 설명하시오.
2. 수평적, 수직적 해외직접투자를 비교해서 설명하시오.
3. 해외직접투자의 장점과 단점에 대해 설명하시오.
4. 해외직접투자의 절차에 대해 설명하시오.
5. 외국인 투자기업의 현지국 정부에 대한 협상력과 현지국 정부의 유인책에 대해 설명하시오.
6. 단독투자의 개념과 특징에 대해 설명하시오.
7. 단독투자의 장점과 단점에 대해 설명하시오.
8. 합작투자의 동기에 대해 설명하시오.
9. 합작투자의 장점과 단점에 대해 설명하시오.
10. 합작투자에 적합한 파트너 기업을 선정하는 주요 기준에 대해 설명하시오.
11. 합작투자의 통제 메커니즘은 무엇이며, 그 내용에 대해 설명하시오.
12. 합작투자 갈등의 원천과 관리 방안에 대해 설명하시오.
13. 인수합병을 추진하는 동기에 대해 설명하시오.
14. 인수합병의 장점과 단점에 대해 설명하시오.
15. 인수합병의 절차와 과오에 대해 설명하시오.
16. 인수 후 통합의 관리에 대해 설명하시오.

04 Part

해외시장진출의 실제 사례

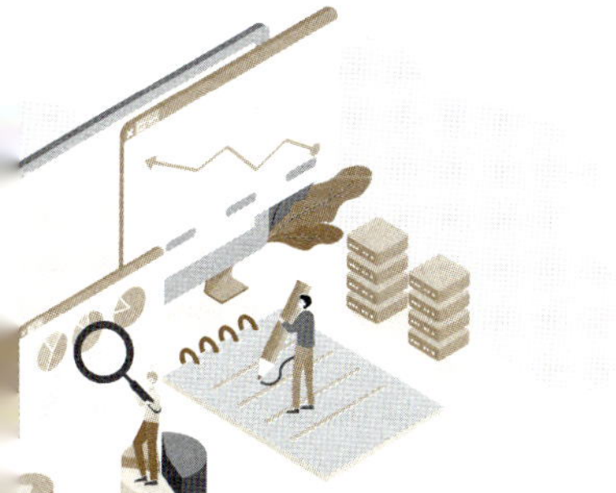

Chapter

10 미국

1. 시장의 특성

세계 최대의 단일시장이자 한국의 제2위 수출 대상국인 미국은 2019년 경제규모는 명목 GDP 기준 21.44조 달러로 세계 GDP의 약 25%를 차지하고 있는 세계 최대 규모의 시장이다. 수입규모는 상품기준으로 2019년 2조 4,984억 달러로 단일 국가로서는 세계 수입시장 점유율이 약 13.1%로 세계 최대의 수입시장이기도 하다. 한국의 대미 수출액은 2019년 기준 733.43억 달러로 중국 1362.03억 달러에 이어 두 번째로 큰 규모이며, 한국 전체 수출액 중 약 13.5%의 비중을 차지하고 있다. 구매력은 풍부한 소비인구와 함께 소비자들의 구매력도 매우 높은 시장이며 가장 많은 신기술을 보유하고 있으며, 세계 시장 변화의 흐름을 좌우하는 시장이다.

미국의 연간 연구개발(R&D) 투자금액은 5천억 달러 이상으로 전 세계 R&D 투자액의 28%를 차지하고 있다. 2020년 회계연도 미국 연방정부의 R&D 투자는 1,341억 달러 규모이다. 연방정부의 2020년 회계연도 R&D 투자규모는 전년 대비 5% 감소한 것으로 나타났으며, 국방부와 항공우주국(Nasa)을 제외한 모든 부처의 R&D 예산이 전년 대비 삭감되었다. 미국의 유수한 첨단기업들이 연구개발 및 혁신을 지속하면서 새로운 시장을 창출하고, 이를 주도하고 있다. 최적화된 비즈니스 환경을 가지고 있으며 불필요한 규제와 진입장벽이 없는 사실상의 완전 개방시장이라고 볼 수 있다. 주요 국제기구 및 컨설팅 기관에서 발표하는 글로벌 비즈니스 및 투자환경 평가에서 상위권 랭크되어 있고, 세계 각국의 거의 모든 기업이 미국에 진출해 있으며, 미국 시장에서 성공해야 진정한 글로벌 브랜드로 인정받는다.

표 10-1 ▌ 주요 기관별 비즈니스 및 투자환경 평가 결과

평가기관	미국
At Kearney[1)]	1위
World Economic Forum[2)]	1위
World Bank[3)]	8위

주: 1) Fdi Confidence Index(2019년)
2) Global Competitiveness Index(2018년)
3) Ease Of Doing Business(2019년)

출처: KOTRA(2020). 2020 국별 진출전략 미국.

전 세계에서 유입된 풍부한 인적자원은 미국 경쟁력의 원천임과 동시에 최대의 자산으로 기업의 인재 유치가 용이하다. 세계 최고 수준의 대학을 기반으로 한 인재양성 시스템과 미국으로 유입되는 풍부한 노동력은 서비스 중심과 첨단 산업이 발달한 미국의 기업 운영에 긍정적인 요소로 작용하고 있다. 시장 조사기관인 Conference Board에 따르면, 미국의 노동생산성은 2018년 기준 시간당 72.9 달러로 세계 5위이다. 2019년 한국의 대미 투자액은 147억 6800만 달러로 1위이며 금융 및 보험업, 제조업, 부동산업, 도매 소매업 등을 중심으로 활발한 투자가 이루어지고 있다.[1)]

1) KOTRA(2020). 2020 국별 진출전략 미국.

표 10-2 | 2019년 한국의 국별 해외 투자현황

(단위: 백만 불, 개)

순위	국가명	투자금액	신규 법인수
1	미국	14,768	652
2	케이만군도	8,077	141
3	중국	5,794	486
4	베트남	4,473	915
5	룩셈부르크	2,989	46
6	홍콩	2,755	113

출처: 한국수출입은행(2020). 해외직접투자통계, 국가별통계. Http://Www.Koreaexim.Go.Kr

2. 시장진출 장벽

미국의 관세법을 집행하는 기관은 국토안보부(Department Of Homeland Security) 내의 미국 세관(Www.Cbp.Gov)이다. 미국 세관은 미구에 수입되는 모든 품목에 대한 광범위한 정보를 전산 처리하여 가지고 있으며, 국가별 제품수입 현황, 가격, 생산업체 등 많은 자료를 보유하고 있다. 따라서 이런 광범위한 자료를 바탕으로 수입제품 가격의 적절성, 원산지에 대해 서류조사를 하고, 이에 따라 통관 절차를 진행하고 있다. 일반적으로 미국에 수입되는 공산품에 대한 세관의 수입규제는 없다. 미국 세관은 농무부(www.usda.gov)와 식약청(www.fda.gov)을 비롯해 모든 국가 기관과의 협조를 통해 불법적인 수입을 차단하고 있으며 해충, 해로운 짐승 등이 수입되지 않도록 만전을 기하고 있다. 미국은 무기류, 마약류 등을 제외한 대부분의 품목 수입이 자유화돼 있으며, 섬유와 같은 품목에 한해 일부 관세율 쿼터(Tariff Rate Quotas: TRQ)로 관리하고 있다.

비관세 장벽으로는 일반 사용자나 공공의 건강 혹은 안전에 직접적인 영향을 미치는 제품에 대한 규제인 정부 차원에서 요구하는 인증, 현재 미국 내 정부부처, 행정기관, 민간기구 및 단체에서 운영하고 있는 강제인증제도와 자율인증제도, 연방정부가 직접 주관하는 인증제도와 함께 민간기구의 인증을 인정(Accreditation)

해 주는 제도, 기술규정, 표준 및 적합성 평가 절차 등 국가 간의 교역에 불필요한 장애요인을 형성하는 TBT(Technical Barrier To Trade, 무역기술장벽) 등이 있다.[2)]

3. 시장진출전략

미국 대통령 선거인 2020년 11월 이전 경기부양에 따른 산업 기회를 활용할 수 있을 것이다. 금리인하 및 소비심리 개선으로 주택경기와 자동차 수요가 개선될 것으로 보인다. 고속철도, 운송기기, 전기차 등 인프라 관련 기자재 공급도 가능할 것이다. 풍부한 셰일자원이 있는 미국시장은 석유화학 및 석유 제품 현지 생산을 검토할 수 있으며, 이를 통한 미국 현지생산 확대 및 고기능성 첨단소재를 적극적으로 연구·개발할 수 있을 것이다.

5G 시대 돌입의 본격화로 새롭게 형성된 5G 관련 장비 및 서비스 시장을 선점하여 5G 통신망, 자동차 내부 통신장비 등 새롭게 형성된 분야를 공략할 수 있으며 자율주행차 관련 부품과 5G 서비스관련 시장을 선점할 필요가 있다. 인간의 건강을 생각하는 헬스케어 시장 성장으로 바이오제약 및 디지털 헬스케어 시장을 집중적으로 공략하고 바이오의 약품 바이오시밀러로 미국의 약품시장 수익성 약화에 대응할 수 있으며 디지털 헬스케어로 확대된 의료서비스 수요를 맞출 수 있을 것이다. 윤리적 가치에 대한 인식 확대로 그린이라는 키워드로 미국 소비재 시장에서 경쟁할 수 있으며 친환경, 천연 등의 흐름을 반영한 뷰티제품의 차별화와 변화가 필요하며 기업의 사회적 가치와 지속 가능한 경영을 마케팅 포인트로 활용할 수 있을 것이다. 소비자 직접 판매 방식이 부상하면서 디지털 마케팅을 활용해 제조업체에서 소비자에게 직접 판매하는 방법으로써 SNS 등 디지털을 기반으로 한 제품을 홍보하여 소비자와 신속한 소통을 통해 차별화된 고객서비스를

---

2) 대한무역투자진흥공사(2020). 글로벌윈도우, 국가·지역정보, 미국 수입규제 및 관세. Http://Www.Globalwindow.Org

제공할 수 있을 것이다. 또한 미국의 정치, 산업, 소비자 환경 변화로 글로벌 경쟁력 확보를 통한 미국 신성장 산업에 대한 관심이 필요하다.[3] 또한 〈표 10-3〉에서 보는 바와 같이 보일러/기계류, 전기/전자기기, 자동차 및 부품, 유류 및 석유화학, 의약품 등은 미국에서 해외로부터 수입되는 주요 품목들이며, 이 부분에 대해 미국에 수출하고자 하는 한국기업들은 참고할 필요가 있다.

표 10-3 ▌ 미국의 주요 수입품목

(단위: 백만 불)

구분		2016년	2017년	2018년	2019년 1~8월
전체 수입액		2,186,785.9	2,339,884.0	2,540,805.7	1,670,592.6
1	보일러·기계류(84)	308,830.8	341,270.1	377,998.6	251,090.4
2	전기·전자기기(85)	330,619.3	350,623.5	360,510.8	222,241.9
3	자동차 및 부품(87)	280,571.1	289,636.3	300,501.5	205,944.3
4	유류 및 석유화학(27)	153,870.1	194,869.8	233,011.8	139,571.8
5	의약품(30)	92,031.2	96,348.3	114,988.7	84,919.1
6	광학·의료기기(90)	79,497.9	84,915.7	92,170.5	63,010.6
7	기타 특수품목(98)	68,957.5	72,856.4	82,491.5	59,282.2
8	가구 및 조명기기(94)	59,101.2	62,441.8	67,083.8	41,933.3
9	귀금속 및 보석(71)	66,324.5	58,979.4	60,016.3	36,201.2
10	플라스틱 제품(39)	48,082.8	52,175.8	59,039.1	39,266.2

주: HS 코드 2자리 기준.

출처: Global Trade Atlas(2019). 재인용; KOTRA(2020). 2020 국별 진출전략 미국.

3) 2020 국별 진출전략 미국. 전게서.

4. 한국기업의 성공 및 실패사례

1) 성공사례

(1) D사

건설기자재 업체인 D사는 'KOTRA 달라스 무역관'의 지사화 사업[4]을 지속적으로 몇 해에 걸쳐서 진행하며, 미국 시장의 조사 및 잠재 바이어 발굴을 해왔다. D사의 목표시장은 워낙 보수적인 건설 장비 시장이라 처음은 어려운 듯 보였으며, 단기간 내에 성과가 보이지 않았다. 반면에 적극적이면서도 바이어에게 부담을 주지 않는 적절한 대처와 무역관 담당자를 통한 꾸준한 유선 연락 및 지속적인 접촉이 끝내 수출을 이루게 되었다. D사는 라스베가스에서 격년으로 열리는 최대 규모의 건설장비 전시회를 2015년부터 참가해왔다. 특수 품목으로 건설장비 집게를 제조하는 D사의 제품은 바이어들의 관심을 받았고, 2015년에는 전시회장에서 관심을 보인 최종소비자에게 현장 계약 판매를 하였고, 2017년 전시회에서 제조 및 유통을 하는 현지의 R사와의 만남을 시작으로 2018년에 본격적인 첫 구매 수주를 받아 수출을 이루게 되었다.[5]

(2) K사

산업용 섬유제조 회사인 K사는 KOTRA의 미국 시카고 BI(Business Incubator, 창업보육센터)에 현지거점을 두고 근처 물류창고를 직접 운영하는 등 현지화에 힘썼다. 중소규모의 미국 도매 업체들의 다양한 주문에 신속하게 대응하고, 미국 세일즈 담당 현지인을 고용하여 마케팅 인력도 현지화하여 충원하였다. 기존 미국 거래처에 지속적으로 방문하여 탄탄한 거래 관계를 유지하면서도 신규 바이어 발굴에 힘써 북미수출의 성과를 거두었으며. 기존 거래처와는 색상에 대한 신제

4) 지사화 사업은 해외에 지사를 설치할 여력이 부족한 중소·중견기업 현지 지사 역할을 대행하여 수출 및 해외진출을 지원하는 사업.

5) 대한무역투자진흥공사(2020). 글로벌윈도우, 국가 · 지역정보, 미국, 현지진출 성공사례.

품의 개발을 함께 진행해 신규 주문을 받았다. 이러한 미국수출의 성공은 시카고 Bi의 거점으로 현지 물류창고로 물량을 준비하고 현지 영업 인력을 채용하여 빠른 납품기간 및 서비스 대응으로 현지 도매업체 및 잠재 구매업체를 지속적으로 접촉하고 연락을 취했기 때문인 것으로 보인다.[6)]

(3) A사

프랜차이즈 제과업체인 A사는 2002년 미국 로스앤젤레스에 첫 현지법인을 설립해 미국 시장에 진출했다. 2005년 로스앤젤레스 한인타운에 첫 매장을 시작으로 미국 내 30개 이상의 매장을 운영하고 있다. 초창기에는 인근 한인 교포사회 중심으로 홍보를 시작하고 한국에서 가져오는 냉동생지를 매장에서 직접 구워 매장을 찾는 고객들의 후각을 자극하는 등 현장 마케팅을 통해 신선한 빵을 고객들에게 제공하는 것이 성공전략으로 꼽히고 있다. 주요 성공 요인은 현지의 다른 베이커리들과의 차별화로 다양한 제품, 고객의 편의를 배려한 카페식 매장 운영, 고급스러운 디자인을 꼽을 수 있다. 현지의 기존 베이커리들은 매장에서 직접 빵을 굽지 않고 공장에서 구워진 빵을 아침 일찍 배달해오는 것이 대부분이다. 그렇다 보니 매장에서 판매하는 제품 종류도 100여 가지뿐이다. 하지만 A사의 경우 300여 종이 넘는 제품을 판매하고 있어 소비자들의 선택이 폭이 넓은 것이 특징이다. 미국의 제과업체 매장은 고객이 원하는 제품을 직원이 직접 꺼내어 주는 방식인 반면에 A사의 매장에서는 고객들이 직접 원하는 제품을 선택하고 고르도록 하였다. 또한 커피와 주스 등의 음료수도 제공하고 있고 카페 형식의 매장은 편안한 분위기로 커피와 함께 직접 고른 페이스트리를 즐길 수 있어 편의성과 고급스러운 디자인의 쾌적한 환경은 분위기를 즐기는 고객들에게 좋은 반응을 이끌어 내고 있다. 한국에서 다년간의 경험을 갖춘 본사 인력과 현지 사정과 문화에 정통한 현지 인력의 조화는 또 하나의 성공 요인으로 꼽히고 있다.[7)]

6) 대한무역투자진흥공사(2020). 상게서.
7) 대한무역투자진흥공사(2020). 상게서.

(4) D사

디지털TV용 모듈 전문개발업체인 D사가 미국시장 진출을 시작하게 된 것은 미국의 디지털TV 방송 시작이라는 국가적인 정책과 밀접한 관련이 있다. 전 세계적으로 디지털방송이 시작되고 있는 가운데 미국 정부는 2008년부터 디지털방송 전환을 추진한 바, 2009년 2월부터 기존의 아날로그 방송을 전면 중단키로 했다. 이에 따라 미국 디지털방송시장 진출을 준비해 오던 D사는 기존의 아날로그 TV로 디지털방송을 수신할 수 있는 컨버터 박스 개발에 착수했다. 수년 동안 막대한 자금을 들여 개발에 성공한 컨버터 박스는 토종 기술의 자존심을 세워줄만한 성과였다. D사는 북미지역 민간해외지원센터인 Candlewood Investment Inc.와 연계하여 현지 진출에 착수했다. 현지 시장조사는 물론 구체적인 마케팅 전략을 세우고 세일즈 오피스를 선정, A/S센터, 물류센터 선정하는 등 전 과정을 민간해외지원센터와 협력하는 마케팅의 현지화를 통해 현지 활동을 펼쳤다. 사업 첫해인 2007년에는 시장조사와 구체적인 마케팅전략을 수립했다. 사실 해외시장개척에서 1년이라는 시간은 준비단계에 해당한다. D사의 경우는 특정시장을 전략적으로 공략했기 때문에 미국 내 영향력 있는 유통망을 확보하는 것이 관건이었다. 무엇보다 미국정부를 상대로 하는 마케팅이니 만큼 철저한 준비가 필요했다. 민간해외지원센터를 통해 미국 소비자들의 성향이나, 소비패턴, 디지털tv에 대한 정서 등 그에 따라 어떻게 대응해야 하는지에 대한 계획을 세우고 실천해 나갔다.

D사의 미국시장에서의 성공요인은 첫째, 현지진출을 위한 사전 준비 해외시장 진출 전 철저한 사전준비는 필수이다. D사의 경우 미국시장이 요구하는 NTIA인증을 획득하는 등 사전노력을 게을리 하지 않았다. 둘째, 민간해외지원센터의 적극적 도움을 통한 현지 마케팅 활동으로 미국 최대의 유통체인 Radio Shack 진출을 이루어냈다. 셋째, 현지시장에서도 인정받을 수 있는 뛰어난 기술력을 보유하고 있다는 것이다.

2) 실패사례

(1) S사

한국과 동남아시아에서 식품사업을 하는 S사는 20년 이상의 경험과 자금으로 미국시장에 진출했다. 그런데 미국 회계사와 상담을 하는 과정에서 시작부터 난관에 부딪쳤다. 현지법인을 설립하려면 소셜 시큐리티 번호가 있어야 했다. 결국 지인을 통해 미국 영주권자 한 명을 소개받았다. 서류상의 모든 것, 이를 테면 회사 대표와 주주 등을 모두 그 사람의 명의로 하게 됐다. 얼마의 월급도 꼬박꼬박 지급했다. 물론 실제적인 업무 처리는 모두 S사가 했다. 사업은 성공적으로 진행되었다. 그런데 문제가 발생한 것은 1년 뒤 미국 현지법인을 결산하면서 생겼다. 그 명의를 빌려준 사람에게 세금 폭탄이 날아온 것이다. 담당 회계사가 법인을 유한회사(Limited Liability Company: LLC)로 만들어 회사의 순이익이 전부 주주에게 이전됐다. 결국 소득세 전부를 대납해 주고 나서야 마무리 할 수 있었다. 법인의 영업성과가 개인의 소득세로 통합되지 않는 전통적인 Corporation 형태가 일반적으로 적합하다. 참고로 미국의 법인세율은 한국의 2배가 넘는다는 점이다.

(2) K사

한국에서 액세서리를 제조 판매하는 K사는 미국에 현지법인을 설립하여 직접 미국시장을 진출하기로 했다. 광고를 통해서 그 분야에 경험이 있는 한국인 동포를 임원으로 채용했다. 독특한 디자인과 현지 임원의 영업 능력으로 인해 빠르게 자립할 수 있을 것 같았다. 문제는 수금이 제대로 되지 않았다. 물건은 나가는데 자금이 들어오지 않고 오히려 매달 비용을 본사에서 미국 현지법인에 송금을 해줘야 사무실이 어느 정도 유지되는 상황이 계속됐다. 임원의 보고서는 그대로 믿을 수밖에 없었다. 하지만 추후에 현지 임원이 수금한 자금을 개인적으로 사용하고 본사에서는 받지 못한 것으로 밝혀졌다. 현지 임원에게 은행계좌 관리 권한을 주고 수표를 발행하도록 한 것이 가장 큰 실수로 나타났다. 현지 직원에게 과도

한 권한을 주는 것은 업무의 신속성과 편리성은 있지만 견제가 없는 권한은 문제를 일으킬 수 있다. 이러한 상황은 기존 바이어와 신뢰 관계를 회복할 수 없는 비즈니스의 실패로 남게 됐다.

(3) M사

전자 부품업체를 운영하고 있는 M사는 2명 정도의 현지 직원을 채용했는데 노동법과 이민법에 대한 이해 부족이 소송으로 비화되었다. 유학 자녀가 있는 한국 직원을 미국에 파견하였는데 현지 직원과의 사이에 문제가 발생하였다. 회사는 직원을 못 믿고 직원은 회사를 못 믿는 상황이 되었다. 노동법은 법 자체의 차이라기보다는 문화적인 차이에서 오는 경우가 많은데, 그에 대한 이해가 부족했다. 미국은 주마다 조금씩 다르지만 월급이 아닌 시급 단위로 지급하도록 돼 있고, 1주일에 40시간 이상을 근무하면 50%의 초과근무수당도 지급해야 한다. 이런 기본적인 지식이나 규정은 미국 변호사나 회계사, 그리고 관련 단체의 도움을 미국 진출의 계획단계부터 자문을 받았다면 문제가 되지도 않을 단순한 사안이었다.

Chapter

11 일본

1. 시장의 특성

일본은 아시아에서 유일한 G7 회원국으로 세계 경제와 공급체계에서 주도적인 역할을 하고 있다. 세계의 제조업을 선도하는 초일류 기업이 다수 존재하고 있으며 일본 닛케이에서 조사에 따르면 2019년 주요 상품 및 서비스 점유율 전체 74개 품목에서 미국이 25개, 중국이 10개 품목에서 선두였으며, 일본은 11개 품목에서 선두를 차지했다.

최근에는 세계적으로 활약하는 일본기업의 수가 다소 감소하는 추세를 보이고 있고 제조업의 경쟁력이 하락하였으나, 종합상사의 소매 유통업체는 호조를 보이고 있다. 일본은 세계적인 R&D 투자국으로 혁신 허브 역할을 수행하고 있으며 연구개발 및 혁신에 대해 적극적으로 유도하고 있어서, GDP 대비 연구비 비중과 인구 100만 명당 국제 출원 건수가 세계 1위이고, 출원 거주국별 특허 등록 건수도 세계 1위이다. 특히 기초과학 분야에 있어서는 G2라고 할 정도로 2000년부터 거의 매년 노벨상 수상자를 배출하여 총 17명이 노벨상을 수상하였다. 일본이 기초과학이 튼튼한 원인은 과학자들의 순수연구 중시 경향, 장기적인 안목의 연구 프로젝트 추진, 국가 차원의 적극적인 연구지원, 100년이 넘는 연구역사로 축적된 지식과 넓은 연구를 위한 활용 가능한 인재로 지적되고 있다. 세계에서 가장

표 11-1 ▌ 일본의 세계 1위 기업

품목	회사명	점유율(%)	품목	회사명	점유율(%)
Cmos 센서	소니	50.1	이륜차	혼다	35.4
				야마하	9.4
리튬이온 전지용 절연체	아사히카세이	17.0	레이저 복사기	리코	16.7
	도레이	11.0		제록스	16.6
				캐논	16.6
휴대용 리튬이온전지	Atl	34.6	편광판	스미토모화학	24.0
				닛토덴코	21.0
중소형 액정패널	재팬 디스플레이	16.3	발전용 대형터빈	미츠비시 히타치 파워시스템즈	45.0
	샤프	9.6	Vr Gear	소니	24.0
마이크로	르네사스 일렉트로닉스	18.3	디지털 카메라	캐논	40.5
				니콘	19.1
				소니	17.7

자료: 일본경제신문(2019). 재인용; KOTRA(2020). 2020 국별 진출전략 일본.

많은 장수기업과 세계에서 가장 오래된 장수기업을 보유하고 있다. 일본에는 100년 이상의 전통기업이 개인 상점이나 중소기업을 포함하면 10만 개 이상으로 추정되고 있으며 이 중 4만 5천 개가 제조업이다. 일본에는 창업 이래 1000년 이상 존속하는 기업이 무려 7개나 존재하고 있다. 중산층이 두터운 소비시장이며, 장기 불황으로 절약형 소비와 가치추구형 프리미엄 소비로 구조가 양분화 되어 있다. 일본 명목 GDP는 미국, 중국에 이어 3위로 2019년 기준 1인당 명목 GDP는 40,846.78달러로 나타나고 있다.

새로운 소비층으로는 맞벌이 여성, 1인 가구, 고령자 등이 있고 일본의 65세 이상의 고령자비율은 28.4%로 세계 1위이며, 2025년에는 고령화 비율이 30%를 초과할 전망으로 건강지향형 소비가 지속 확대될 전망이다. 생활필수품에는 가급적 저가 상품을 구입하려는 경향을 보이나, 관심을 갖는 분야에 대해서는 높은 비용을 지불하는 것을 꺼리지 않는 경향이 있다. 특히 경험과 체험, 추억, 인간관계, 서비스 등 눈에 보이지 않는 가치를 중시하는 사람이 늘어나고 있으며 복잡한 유통구조 및 신용 중시 거래 방식으로 신규 사업자 진입이 쉽지 않다. 일본 유통구조의 특성은 도매, 소매업체의 수가 많고 중소, 영세 규모의 업체의 비율이 높으며, 1차 도매, 2차 도매, 3차 도매 등 상품의 유통경로가 다단계로 복잡하다.

이로 인해 해외 기업의 일본 진출이 어렵고, 국내외 가격 차이 및 유통비용 증가 등을 초래해 일본 소비자의 불만이 생기는 경우가 있다. 납품 후 결제가 대부분으로 상대방의 신용이 매우 중요하기 때문에 신규 시장진입이 어려우며, 이로 인해 회사 신용정보 서비스가 발달하였다.[1)]

2. 시장진출 장벽

일본은 비관세장벽으로 다음과 같은 인증제도가 있다.

(1) JIS 제도

JIS(Japanese Industrial Standards)는 제품의 종류와 치수, 품질, 성능, 안전성 등을 확인하기 위하여 시험방법 등을 요구하는 규격치 및 기준을 정한 "일본공업규격"의 약칭이다. 1949년 공업표준화법에 근거하여 제정되는 일본의 국가규격 동법에 의하여 설치된 일본공업표준조사회의 심의를 거쳐 주무 대신에 의하여 제정되고 일본규격협회로부터 발행 배포되고 있다. JIS 인증 대상 품목는 토목, 건축, 기계, 전자기기 및 전기기계, 자동차, 철도, 선박, 철강, 비철금속, 화학, 섬유, 광산, 펌프, 종이, 관리시스템, 생활용품, 의료안전용구, 항공, 정보처리, 요업 등의 분야이다.

(2) JAS 제도

JAS 제도란 일본농림규격(Japanese Agricultural Standard)의 약자로 농림물자의 품질 개선, 생산 합리화, 거래의 단순공정화 및 사용 또는 소비의 합리화 도모를 위해 농림물자의 규격화 및 품질표시 적정화에 관한 제도이다. JAS법에 의한

1) KOTRA(2020). 2020 국별 진출전략 일본.

식품류 관리제도는 JAS 규격제도와 품질표시기준제도로 규정돼 있다. 대상 품목은 모든 음료 및 식료품이다.

(3) PSE 마크

전기용품 안전법은 전자 제품과 전기 제품의 안전을 규제하기 위해 일본의 경제산업성(METI)이 제정한 법이다(카테고리 A-특정전기용품(Specified Products: SP) / 카테고리 B-특정전기용품 외 전기용품(Non-Specified Products: NP). 카테고리 A에 속하는 제품은 제조업체 또는 수입업체가 다이아몬드 PSE 마크를 제품에 부착하기 위해 등록된 적합성 평가 기관으로부터 적합성 테스트를 통과해야 한다. 카테고리 B로 분류된 제품은 원형 PSE 마크가 적용된다. 이에 해당하는 전기용품은 모든 전기제품은 아니며 전기용품 안전법의 대상이 되는 "전기용품"에 대해서는 특정전기용품(116개)와 특정 전기용품 이외의 전기용품(341개)로 분류된다.

(4) PSC 마크

강제인증으로서 소비자제품안전법에서 지정한 제품의 제조업자 및 수입업자는 PSC 마크를 부착하기 위하여 적합성 등의 검사를 수행한 후 인증을 획득하여야 한다. 특정 소비재(유아용 침대, 휴대용 레이저 응용장비 등)의 경우 경제산업성(METI) 지정 인증기관에서 시험수행과 인증서발행 업무를 수행하고, 비특정 소비재(가정용 압력냄비 및 압력관련 제품 등)는 자기적합선언 방식으로 인증서를 획득할 수 있다.

(5) PSTG 마크

가스사업법에 의거해 도시가스용 기기 중 정령에 규정된 4가지 품목(가스 순간급탕기, 가스 스토브, 가스버너가 부착된 목욕용 보일러, 가스목욕용 버너)은 정부가 정한 기술기준에 적합한 PSTG마크를 표시하지 않으면 판매가 불가하다. PSTG마크가 요구되는 품목에는 기술기준에 대한 적합성의 자기확인 및 자주적 검사의 실시, 검사 기록의 작성 및 보존이 의무화 돼 있는 가스용품이 있으며, 구조, 사용조건, 사용 상황 등으로 보아(특히 재해 발생 가능성이 높아) 제3자 기관의 검사가 의무화 되어있는 특정 가스용품이 있다.[2)]

(6) PSLPG 마크

액화석유가스(LPG)용기기 중 정령에 규정된 '액화석유가스기기' 및 '특정액화석유가스기기'는 정부가 정한 기술기준에 적합한 PSLPG 마크를 표시해야 한다. 그중 '특정액화석유가스기기'는 제3자 기관의 검사가 의무화 되어있다. 대상품목으로는 특정 액화석유가스기기와 특정 액화석유가스기기 이외의 액화석유가스기기가 있다.[3)]

(7) J-Moss 마크

전기전자기기에 함유된 화학물질 표시에 관한 JIS규격(JIS C 0950)에 의거해 적용대상으로 규정된 7개 품목제품은 관리대상으로 지정된 6가지 물질이 함유율 기준치를 넘는 경우 J-MOSS 마크(오렌지색)의 표시와 함께 함유정보 제공을 의무화하고 있다. 대상품목으로는 자원유효이용촉진법에 지정된 7개 품목인 PC, 유닛형 에어컨, TV수신기, 전기냉장고, 전기세탁기, 전자레인지, 의류건조기가 있다.[4)]

(8) TBT

공업 분야의 일본 국가 공업규격 JIS가 존재하고 있는데, 특히 안정성이 요구되는 분야인 건축기준법, 고압가스보안법, 소방법, 약사법 분야에서는 해외표준규격과 상관없이 법률이 강제적으로 JIS 규격을 인용하고 있다.

그 밖에 일본 계량법에 규정된 기준에 합격한 제품임을 인증하는 마크인 가정

---

2) 대한무역투자진흥공사(2020). 글로벌윈도우, 국가지역정보, 일본, 수입규제 및 관세.

3) 대한무역투자진흥공사(2020). 상게서.

4) 대한무역투자진흥공사(2020). 상게서.

용 계량기 마크와 특정보건용 식품으로 판매하기 위해서는 각 제품마다 식품의 유효성 및 안전성에 관한 심사를 받아 정부로부터 표시 허가를 받아야 하는 특정보건용 식품마크가 있다.[5)]

3. 시장진출전략

일본시장은 2021년으로 연기된 도쿄올림픽의 기회를 활용해야 한다. 도쿄올림픽을 통해 본 일본의 수소에너지 사회 조성으로 한국은 신성장산업인 수소에너지에서 일본과 선제적 협력을 통한 공급망 구성이 가능할 것으로 보인다. 전력 송배전 분리에 따른 전략기자재 시장 진출이 유망하며 관광객 4천만 시대를 연 일본의 새로운 소비층을 공략할 수 있다. 관광객에 따른 민박 등 새로운 형태의 숙박시설이 증가하고 이와 관련한 내장재, 오토도어록, TV 및 LED 조명 등의 가전 수요와 감시카메라 등의 수요가 증가할 것으로 예상된다. 3차 한류가 선도하는 서비스·소비재 틈새시장 진출이 가능하고 일본 소비자의 건강 의식 고조됨으로써 일본 식품시장 트렌드 변화에 따른 한식의 기회를 포착할 수 있을 것이다.

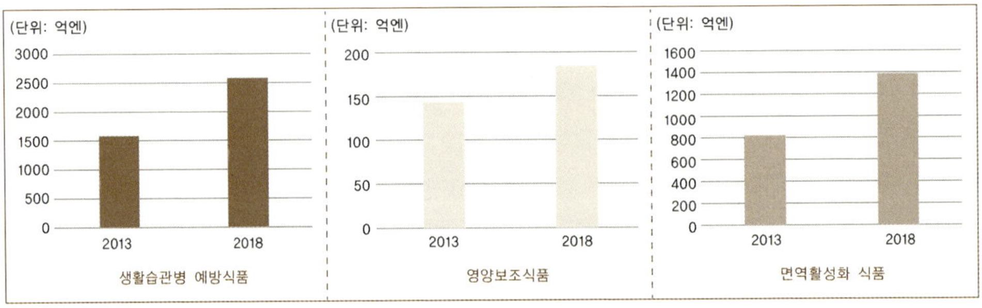

그림 11-1 ▌ 일본 건강식품 세부품목 별 시장규모 추이

출처: 후지경제 재인용; KOTRA(2020). 2020 국별 진출전략 일본.

5) 대한무역투자진흥공사(2020). 상게서.

저출산, 고령화 등 인구구조의 변화로 고령자 시장을 겨냥한 의료바이오, It시장 진출이 가능하며 일본의 인재난 대응이 다양한 형태의 사업으로 전개되어 자동화, IT화를 통해 업무효율화를 원하는 업계 움직임이 활발하게 진행되고 정보화 투자에 대한 일본기업의 수요가 지속 확대될 것으로 예상된다. 일본 전력시장 진출에 있어서 가격과 품질 경쟁력을 갖추어야 한다. 동일본 대지진 이후 만성적 전력 부족으로 에너지 효율에 관심이 높은 상황이며 일본 고객들은 해외 기업에 동일한 품질의 가격이 일본기업 대비 최소 10%에서 최대 30%로 저렴한 가격을 기대하고 있으므로 가격경쟁력이 필수적이다. 현지 우수한 영업마케팅 능력을 가진 기업과의 전략적 제휴를 통한 진출을 추진해야 하며 납품 경력 홍보와 전문 전시회를 통해 인지도 제고하고 고객을 발굴해야 한다. 차세대자동차 글로벌 파트너십 강화를 통한 성장시장 조기 진입을 추진해야 하며 일본 벤처 붐 및 일본 정부의 적극적인 창업 지원 정책은 한국 스타트업의 일본 진출 기회 요인으로 작용할 것이며 일본 소비자의 의식 개선으로 인해 환경을 오염시키는 플라스틱에 대한 부정적인 인식 확산됨에 따라 탈플라스틱, 친환경 소재 및 상품의 진출의 기회로 활용할 수 있을 것이다.[6]

4. 한국기업의 성공 및 실패사례

1) 성공사례[7]

(1) A사

A사는 해외가전제품의 황무지라고 할 수 있는 일본시장에 이불 살균청소기라는 새로운 개념의 가전제품을 다각적인 홍보전략 통해 성공적으로 진출했다. TV

6) KOTRA(2020). 2020 국별 진출전략 일본.

7) 대한무역투자진흥공사(2020). 글로벌윈도우, 국가지역정보, 일본, 현지진출 성공사례.

광고, 홈쇼핑, 가전양판점, 온라인판매 등 다양한 홍보판매채널을 구축해 소비자 인지도를 높이고 일본에 침구살균기라는 새로운 분야의 시장을 창출했다. 2012년 본격적인 일본 시장 개척을 위해 일본 지사를 설립하고 2012년 2월에는 연예인 간접 홍보 방법을 이용한 신제품 런칭 발표회 개최 및 기자회견을 하는 등 공격적인 홍보 전략을 펼쳤다. 또한 2012년 초 병원 및 알레르기 퇴치연구소의 공인 테스트 결과를 이용한 신문, 잡지, 온라인 매체 홍보를 통해 다양한 매체에 소개되면서 침구살균기에 대한 일본 소비자의 인지도가 높아졌다. 2013년도에는 소비자의 인지도 제고를 위해 가전제품 최대 유통채널인 가전양판점 홍보 컨설팅 업체를 선정해, 시연이 가능한 새로운 디자인의 가판대를 제작해 좋은 성과를 얻었다. TV 광고 제작을 위해 다양한 소비자 체험담을 포함한 CM을 제작해 침구살균기의 효능과 성능을 실질적으로 소비자의 목소리로 전달한 것이 일본시장에 적중했고, 다양한 매체에 소개되면서 수출 증대로 이어졌다. 이러한 장기적인 홍보 전략 구축으로 침구살균기는 A사라는 이미지를 일본 내 정착하는 데 성공했다. 특히 2013년 말에는 한국의 중견·중소기업 사상 최초로 닛케이 히트상품 8위에 선정되는 결과를 이뤄냈으며, 2018년 기준 일본을 비롯한 세계시장 누계 출하 대수 600만 대를 돌파하여 안정적인 시장 점유율 확보에 성공했다.

(2) B사

B사는 PC 등의 단말기를 멀리 떨어진 장소에서 원격 지원하는 기술을 개발하는 업체로 스마트폰을 일반 PC로 원격 조작할 수 있는 솔루션을 개발했다. 2001년 설립 이후 꾸준한 연구개발을 통한 기술 증진으로 2011년에는 대한민국 SW 대통령상을 수상하는 등 국내에서 성과가 부각되기 시작했다. B사는 일본시장 최초로 스마트폰을 PC로 원격 지원할 수 있는 서비스를 개발해 NTT 도코모와 성약 성공했다. 지금까지 스마트폰(안드로이드)과 PC는 OS 기반이 서로 달라 원격제어를 하는 기술이 쉽지 않았으나 해당사가 이를 업계 최초로 상용화시켰다. B사는 도쿄 IT 센터 입주를 통해서 일본시장 진출의 기반을 확고히 했다. 일본시장 “리모트 원격 툴” 분야 시장점유율 2006년 이후 6년 연속 1위를 차지하는 등 눈에 띄는 성

과를 이루었다. 2012년에는 대일 수출실적 868만 달러를 달성하는 등 일본시장에서의 위치를 확고히 했다. 이러한 성과는 일본 최대 통신사업자 NTT 도코모에게도 인정을 받아, 2012년 8월 이후 출시되는 일본 최대 이동통신사인 NTT 도코모 스마트폰에 B사 제품이 탑재되기에 이르렀다. 2012년 12월에는 NTT 도코모로부터 144억 원 투자유치가 성사됐으며, 향후 모바일 R&D센터 공동운영 등 업무제휴를 실시한다. 이후 정부, 공공단체, 금융, 제조사 등을 고객사로 확보, 일본 내 리모트 서비스 시장 점유율 60% 이상을 유지하고 있다. 이러한 성공의 배경은 고객 만족을 위한 서비스 제공으로 신뢰도 제고를 제공했다는 점이다. 일본 고객에게 맞춤형 서비스를 제공해, 고객이 사용 중에 오류가 발생할 경우 이를 현지에서 즉각 대응하는 이른바 유지보수 서비스를 강화했다. 이러한 점으로 신뢰를 중시하는 일본 고객들에게 높은 평가를 받았다. IT 센터 입주로 안정적 비즈니스, AS 제공이 가능했다는 것도 큰 요인이었다. B사는 경쟁 원격지원 개발사 중에서도 특히 콜 센터 등의 고객지원용 솔루션에 큰 강점을 보유하고 있다. 특히 상담원이 고객의 문의를 접수해 애로사항을 처리할 때 원격지원 솔루션을 사용하고자 한 사업이 큰 성공 요인이라 할 수 있다. 이후 지속적인 신규 서비스 개발 등을 통해 일본에서의 입지를 강화해 나간 B사는 2017년까지 일본 원격솔루션 시장 점유율 1위를 기록하며 성공적으로 일본 사업을 추진 중이다.

(3) C사

C사는 통신기기를 생산하는 기업으로 국내 우수 통신 기업의 파트너사로 실력을 쌓아왔다. 국내에서의 실적을 발판으로 일본 진출을 노렸으나 쉽지 않았다. 2015년 글로벌기업의 일본 법인과 첫 미팅을 시작으로 여러 번 줄다리기 끝에 2016년 6월 첫 계약을 체결하였다. 이후 2016년 12월부터 개발에 돌입, 2017년 8월 첫 수주에 성공하였다. 그 과정에서 2017년 도쿄 IT지원센터에 입주하여 현지화 및 현지 대응에 힘을 쏟고 여러 조언을 얻어 개발과 미팅에 착수하였다. 이렇게 해서 개발한 제품은 해당 글로벌 기업의 단독 벤더로 매년 일정규모의 매출이 지속적으로 발생할 것으로 예상된다.

2) 실패사례

(1) N사

보안업체 N사는 일본의 100여년 된 종합상사와의 계약을 위해 기존 보안전문 파트너사와의 계약을 포기했다. 하지만 이 일본의 종합상사가 결국 사업을 원만하게 이끌지 못해 어려움에 처하게 되었다. 결국 잘못된 파트너와 장기 독점 총판계약을 체결하여 어려운 상황에 놓이게 된다. 계획 없이 5년 독점 총판 계약을 체결하고 대리점이 제대로 시장개척을 못하자 직접 일본 고객을 만나 영업을 하고 대리점을 대신하여 계약을 체결하는 황당한 사례가 발생하였다.

(2) B사

국내 최대 가구업체인 B사가 홍콩시장에서의 성공경험에도 불구하고, 일본시장에서 실패한 가장 큰 이유는 홍콩과는 본질적으로 다른 이 지역의 시장특성에 성공적으로 대처하지 못했기 때문이다. 홍콩시장은 상대적으로 규모가 매우 작았기 때문에 대규모 투자 없이도 자사의 브랜드를 소비자에서 알릴 수 있었고, 합리적인 가격의 이미지를 쉽게 심을 수 있었다. 반면에 B사는 일본시장에서 처음에 일본인들은 문화적 취향이 그리 다양한 편이 아니기 때문에 하나의 디자인을 가지고도 성공할 수 있다는 확신을 가지고 출발하였다. 하지만 문제는 일본의 가구문화가 한국문화와 상당히 다르다는 점이다. 축소 지향적이고 실용적인 기풍을 가지고 있는 일본 소비자들에게 부피가 상대적으로 크고 화려한 B사의 가구가 적합하지 않았던 것이다. 또한 일본 가구문화의 근본속성을 고려하지 않고 최근의 추세에만 초점을 맞춘 것도 하나의 실책이다. 시장조사 결과 B사의 소비자 평가는 매우 양호한 것으로 나타났지만 그것이 곧바로 구매로 연결되지는 않았다. 일본의 경우는 현지 소비자들의 제품선택이 무척 까다롭다는 점을 미리 예상치 못한 것도 결정적인 잘못이었다. 뿐만 아니라 천장이 낮고 방이 좁은 일본 대도시의 왜소한 가옥규모에 한국 가구 크기가 맞지 않아 배달물건이 되돌아오는 등 현지 가구 수요 특성에 대한 조사가 미흡하였다.

(3) 국내 소프트웨어 업체

국내 소프트웨어 업체들의 일본진출이 늘고 있지만, 준비가 부족한 상태에서 진출을 시도하는 기업들이 여전히 많다. 무조건 유명 대기업만을 연결하려고 하거나 전략 수립 일체를 관련 기관에 일임하는 경우도 있다. 국내 업체들은 히타치나 후지쯔 등 대기업과 연결하려고 노력하지만 이들 기업들은 소규모 한국기업에 별다른 관심을 보이지 않는 경우가 대부분이다. 어렵게 연결이 되더라도 이렇다 할 결과가 없었다. 이와는 달리 역량 있는 일본 중소 IT기업에 눈을 돌리지 않아 어렵게 마련한 파트너 행사가 흐지부지 되는 사례도 많다. 정확한 시장조사 없이 경쟁사를 따라 진출하는 사례도 문제다. 특별한 강점이 없으면 일본에서 성공할 수 없는 것이 분명한데도 경쟁사가 진출한다거나 성공한 기업이 있다는 이유로 자사에 대한 SWOT 분석과 전략조차 마련하지 않고 진출하려는 사례가 많았다. 한 국내 IT관련 협회의 경우 일본 대기업 IT구매 담당자를 만나는 자리에 약속시간을 한참 지나 대규모 방문단을 이끌고 나타나 해당 기업관계자들을 당혹스럽게 한 사례가 있다. 보수적인 일본 비즈니스 관행을 이해하지 못하고 상대방의 명함을 아무렇게나 주머니에 넣거나 드레스코드를 맞추지 않는 사례도 있었다.

Chapter

12 중국

1. 시장의 특성

중국의 소비시장은 글로벌 금융위기 이후 빠르게 확대되면서 글로벌 2위 규모로 성장하고 있으며 유형별, 세대별, 지역별 소비 구조 등 질적 측면에서도 적지 않은 변화가 발생하고 있다. 미·중간 무역분쟁 심화로 인해 중국의 내수중심 성장전략이 강화되면서 향후 많은 변화가 예상된다. 중국 소비는 서비스관련 지출 비중이 확대되는 소비구조의 선진화와 선택재 비중이 늘어나는 고도화 과정이 동반 진행되고 있고 2010년 이후 빠른 소득증가와 구매력 향상을 바탕으로 2~4선급의 신흥도시가 전체소비 확대를 견인하며 지난 20여 년간의 인구구조 변화를 반영하여 양로서비스를 중심으로 60대 이상의 소비지출이 확대되었으며 20대와 40대가 신흥 주력 소비계층으로 부상하고 있다. 2019년 외국인 투자 네거티브리스트 항목을 지속적으로 축소하며 금융시장 개방을 병행하며 2020년에도 대외개방 정책을 추진할 것으로 전망된다. 세계은행 발표에 의하면 전 세계 경영환경 순위에서 중국은 2017년 78위에서 2018년 46위 대폭 상승하였다. 소비 중심의 내수경제 성장을 모색하기 위한 소비환경 개선하고 개인소득공제 확대, 해외직구 규제 완화 등의 소비 진작을 위한 정책을 지속적으로 추진할 예정이다. 의약품, 자동차, 생활용품 등 수입 관세 인하, 정보통신제품 공급체계 개선하고 소비 관련 금융지원정책, 야간경제 활성화, 모바일 제품구매 편의성 증대 등 잇달아 발표하였다. 최종 소비 지출의 경제성장 기여도 비중을 확대하고 내수 활성화 위한 정책 지속 추진하고 있다. 2019년 기준 1인당 명목 GDP는 10,098.87 달러로 1만 달러 선에 도달하였다.

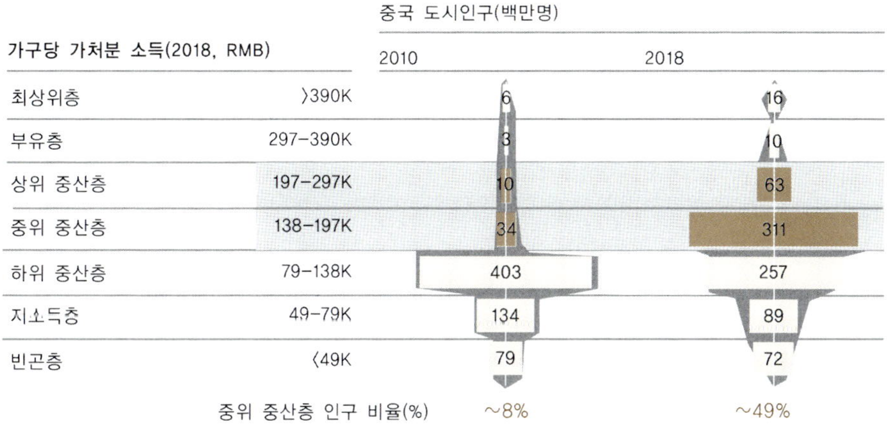

그림 12-1 ▍ **중국 중산층 현황**

출처: China Consumer Report 2020, Mckinsey & Company(2020). 재인용; KOTRA(2020). 2020 국별 진출전략 중국.

중국의 2020년 소비시장은 고령화는 심화되지만 다른 한편으로 도시인구 및 소득 증가로 소비 여력이 확대되고 있으며 도시인구 가운데 중위중산층 이상 비율이 급증하였다.[1)] 2010~2017년까지 중국 소비자들은 전 세계 가구 소비 성장분의 31% 차지하였으며 소득수준 향상에 따라 건강 및 라이프스타일 관련 상품 구매 확대되어 신선 우유, 패스트푸드, 화장품, 스킨케어 등 소비가 증가되고 있다. 4차 산업혁명과 제조업의 융합으로 새로운 차원의 제조강국으로 도약 중이며 산업체질 개선을 추진하고 있다. 도로 교통, 첨단 의료기계, 공업용 로봇 등 제조업에서 첨단기술 적용에 노력하고 있으며 인터넷, 빅데이터, 인공지능, 사물인터넷을 실물경제와 융합해 산업을 개선시키고 있다. 중국 전체 R&D 지출 비중 2.18% 증가하고 과학기술의 경제성장 기여 비율이 58.5%로 상승하였다. 의료,

1) 2010~2018년 도시인구 수 22.3% 증가(6.69억→8.18억), 중위중산층 이상 비율 급증(8%→49%)

교육, 문화콘텐츠, 관광, 디자인 등 서비스업 혁신 및 개방 확대되고 있으며 3차 산업 GDP 비중은 2012년 2차 산업 비중 추월 후 2018년에 52.2% 도달하였다. 시장규모는 확대 중이나 중국기업 경쟁력 제고, 외자 진입 확대는 경쟁 격화의 요인이 될 것이다.[2)]

2. 시장진출 장벽

중국의 비관세장벽은 다음과 같다.[3)]

(1) 강제인증(China Compulsory Certification)

강제인증(China Compulsory Certification, 이하 Ccc 인증)이란 중국 소비자 및 환경보호를 위해 실시하는 일종 상품검사제도이다. 중국 내에서 생산, 유통되는 제품과 중국으로 수출되는 제품 및 부품 중 강제인증 품목에 해당하는 제품은 반드시 Iec(국제전기 표준협회) 및 중국국가 표준에 준하여 안전 및 품질인증을 받아야 하며 Ccc 마크를 부착해야만 중국에서 판매가 가능하다. 중국 시장감독관리국에서 규정한 Ccc 인증품목은 총 20개 유형, 230여 종 품목이다.

(2) China RoHS

중국에서 생산, 판매 및 수입하는 전자정보제품에 유해물질 사용을 규제하고 전자정보제품 폐기 후 유발되는 환경오염을 통제 및 감소시키기 위해 제정한 것으로 EU의 RoHS(Directive On The Restriction Of The Use Of Hazardous Substances In Electrical And Electronic Equipment)지침을 모태로 하고 있다. 전자정보제품에 함유된 6대 유해물질인 납(Pb), 수은(Hg), 카드뮴(Cd), 6개 크롬

2) KOTRA(2020). 2020 국별 진출전략 중국.

3) 대한무역투자진흥공사(2020). 글로벌윈도우, 국가지역정보, 중국, 수입규제 및 관세.

(Cr+6) 등 중금속 물질과 폴리브롬화 비페닐(PBB), 폴리브롬화 디페닐에티르(PBDE) 등 난연제 사용 제한 및 금지를 통해 환경보호와 자원 재활용 확대를 도모하고자 이 인증제도를 시행하고 있다.

(3) 중국 화장품위생허가(NMPA)

중국에서 최초 수입되는 화장품은 '화장품위생감독조례' 및 그 실시세칙에 따라 국가약품감독관리국으로부터 허가를 받아야 한다. 비특수 화장품은 '수입화장품등록증서'를, 특수 화장품은 '수입화장품위생허가비준'을 받아야 한다. 동일한 생산기업에서 생산되는 동일 계열의 제품이라도 제품별로 취득해야 한다.

(4) 중국 의료기기 행정허가

의료기기 감독 의료기기 등록 제도를 통해 중국에서 판매 혹은 사용되는 모든 의료기기 제품에 대해 중국 정부가 엄격하게 감독하고 있다. 의료기기 인증 취득은 중국 의료기기 시장 진출해 있어 강제적이고 필수적인 기본 요구 조건이다. 등록 되지 않은 의료 기기의 판매 및 사용은 절대 금지되어 있다.

(5) CSEL(China Special Equipment License)

중국 국무원 산하기관인 국가시장감독관리총국에서 총괄하는 제도이다. 보일러, 압력용기 등 여덟 가지 특종설비에 대해 중국내외 생산자에게 제조허가증(Manufacture License)을 발급하는 제도로, 중국 내에서 특종설비 제품을 합법적으로 판매하기 위해서는 반드시 제조허가증을 발급받아야 한다. 여기서 '특수 장비'는 보일러, 고압 용기, 고압 배관, 엘리베이터, 승강기, 여객용 케이블카 및 대형 놀이기구를 가리킨다. 이 인증은 특별한 마크 없이 인증서를 발행한다.

(6) 중국통신제품형식인증(State Radio Regulatory Commission: SRRC)

특정 무선 또는 소출력 무선기기를 대상으로 하는 강제인증으로 미승인된 통신

제품이 중국에 판매 금지한다. 중국으로 수입되는 무선전송 장비의 경우 관련 외국인 사업자는 SRRC사무소에서 발행하는 "Radio Transmission Equipment Type Approval Certificate"(무선전송장비 형식승인인증서)를 획득하고 해당 장비의 Type Approval Identifier(형식승인ID)를 보유하여야 한다.

(7) 에너지효율라벨

중화인민공화국 에너지효율 라벨 제품 목록의 제품은 통일된 에너지효율 표준, 실시규칙, 에너지효율 라벨양식, 규격으로 통일적으로 등록해야 한다. 목록에 포함된 제품은 제품 혹은 포장에 에너지효율 라벨을 통일적으로 표시하여야 한다. 에너지효율라벨 등록은 시장감독관리총국 및 국가발개위에서 지정한 에너지라벨 관리센터에 등록하여야 하고 매년 감독관리를 받아야 한다.

(8) TBT

① 국가표준

중국의 국가표준은 GB로 표기하며 보통 GB 약자 뒤에 숫자를 표기하여 각 국가표준의 일련번호가 부여된다. 이는 강제성을 띤 규범체계로서 위반 시 처벌의 대상이 될 수 있다. 중국의 국가표준은 3가지 약호로 나뉘어 강제성 국가표준(GB), 추천성 국가표준(GB/T), 기술 지도성 국가표준문서(GB/Z)으로 분류된다.

② 환경규제

중국 정부는 환경오염으로 인한 경제적 손실을 막고 친환경 경제구조 구축을 위해 지속적으로 환경규제를 강화하고 있다. 대표적인 조치가 '자동차 배기가스 표준'이다.

3. 시장진출전략

중국시장을 전역별로 나누어 지역별 진출전략을 살펴보면 다음과 같다. 중국의 발해만 지역은 메가시티 경제권대상 전략 마케팅 및 미개척 시장에 집중하여 진출할 필요가 있다. 산동성, 정저우에 대한 협력 수요를 적극적으로 활용하고 협업사업 강화해야 한다. 항공 GP 등 신사업 기회 발굴 및 물류·통관 서비스 분야 협력 추진해야 한다. 동북지역에는 중국의 동북진흥정책과 한국의 신북방정책 연계하여 국내기업의 진출기반을 강화해야 한다. GP 업그레이드 및 다변화 등 산업 전환 수요에 맞춘 협력 모델을 고도화할 필요가 있다. 하얼빈, 장춘과 같은 동북 진출 거점을 활용한 농업, 스마트팜 등 신유망산업 지원이 필요하며 자동차 제품 생산 경험과 IT 기술을 활용, 현지기업의 제조원가 경쟁력과 결합하여 한국과 중국의 상호보완적 산업구조를 기반으로 양국의 산업구조를 개선할 수 있는 계기가 될 수 있다. 동북 3성은 중국 내륙과 유라시아 대륙을 연결하는 핵심 거점이기 때문에 지정학적 중요성에 주목할 필요가 있다. 화동지역은 장강삼각주의 거대 경제권에 적극적으로 진출하여 내중국 수출 동력을 확보해야 하며 전지상거래, 신유통 마케팅 기법의 다각화로 신유망상품 수출 강화하고 글로벌 창업 생태계 활용하여 창업 교류확대로 사업기회 창출할 수 있을 것이다. 화남지역은 웨강아오대만구와 주강삼각지 경제권 활용 수출지원이 필요하며 의료바이오, 문화콘텐츠 등 고부가가치 서비스 시장 진출도 가능하다. 서부지역은 서부 내륙 개발 프로젝트에 참여하여 내수 소비시장 진출의 가속화가 필요하며 권역별 협업 강화로 일대일로, 스마트시티 등 대형사업 공동참여로 자동차, 반도체, 디스플레이 등 제조 분야에 한국과 중국의 협력을 확대해야 한다. 중국의 광역도시화와 한국기업의 미진출 내수시장을 공략으로 수출시장의 다변화를 추진하여야 하고 권역별 특성화, 협업의 고도화 및 산업전환에 따른 수요에 부합하는 새로운 유망상품을 발굴하고 중국 지방정부와 파트너십을 강화 및 기술개발 협력 등으로 새로운 진출방식을 모색해야 한다.[4)]

4) KOTRA(2020). 상게서.

표 12-1 ▌ 중국의 미래 신성장 산업 분야

미래 신성장 산업	상세 내용
5G	• 2019년 6월, 공업정보화부 중국 이동통신사에 5G 상용 라이선스 발급 허가 • 5G 보급에 따라 산업 네트워크, 커넥티드카(Connected Car), 현대 농업, 스마트 에너지 등 분야에서 5G 응용 통한 전통 산업 디지털화, 네트워킹화, 스마트화 전환 촉진될 것으로 예상 • 2020~2025년간 5G 상용화로 인한 직·간접 경제효과 각각 10.5조 위안, 24.8조 위안 전망
인공지능	• 인공지능 산업 시장규모 415억 위안 달성(2018년 기준) • 2019년 3월 기준 전 세계 5,386개 기업 중 1,200개 중국 소재(그 가운데 유니콘 기업 17개) • 인공지능 관련 기업 자금 융자규모 1,311억 위안, 투자 건수 597건 기록 • 의료, 금융, 전자상거래, 교육, 안보 등 다양한 분야에서 인공지능이 응용
블록체인	• 블록체인 시장 규모 2018년 6,700만 위안 규모 시장으로 성장 • 2018년 3월 기준 총 456개 관련 기업 중국에 소재 • 금융, 물류, 저작권보호, 의료 건강, 산업 에너지 등 분야에서 응용 확대
빅데이터	• 빅데이터 산업 시장 규모 4,385억 위안(2018년 기준) • 주로 금융업, 통신업, 정부 서비스업 및 교통업 등 분야에서 활용도가 높음 • 빅데이터 거래소 설립 통한 데이터 거래 활성화, Ict 신산업 발전에 기여
드론	• 드론 시장 규모 전년 대비 46% 증가한 201억 위안(2018년 기준) • 2019년 5월 기준 드론 생산기업 약 1,300여 개 • 드론 활용 산업 범위 촬영 분야, 기상 분야, 산업 분야, 재난구조 분야뿐 아니라 물류, 지하, 수중, 인체 탐험 나노봇 등 다양한 영역으로 확대 중 • 국유, 민간기업, 대학 등 다양한 혁신 주체 연구개발, 응용·도입에 매진

출처: KOTRA 선전무역관(2020).

4. 한국기업의 성공 및 실패사례

1) 성공사례

(1) D전자

D전자는 2018년 알리바바로부터 베스트 브랜드상을 받았다. 알리바바의 입점 브랜드 가운데 매출, 소비자평가, 브랜드 인지도 등에서 우수한 평가를 받은 9개

글로벌 기업이 선정됐는데 D사는 벽걸이 드럼세탁기 '미니'를 앞세워 영유아를 위한 가전 시장을 개척한 공로를 인정받았다. D사는 이러한 벽걸이형, 소독 등 다양한 기능의 드럼 '미니' 세탁기로 중국 시장을 공략했으며, 욕실, 다용도실, 주방 등 원하는 장소에 벽걸이가 가능하며 영유아 옷 세탁을 위한 95도 삶음 세탁 기능을 포함했다. 또한 세련된 디자인으로 젊은 엄마들을 공략했으며, 물 및 전기료 절약, 스피드 업 등 기능을 추가해 중국 소비자들의 인기를 끌었다. 중국 세탁기시장은 한국, 일본, 중국 현지 기업들의 경쟁이 치열한 가운데 D전자의 '미니'는 중국 3kg급 미니 세탁기의 64.6% 시장점유율 차지하고 있다. 최근 중국 현지 백색가전 선두 업체들도 세련된 디자인에 IOT, 소득 및 살균 등 기능을 포함한 벽걸이, 슬림형 제품을 출시하며 해외 브랜드를 추격하고 있다. 이처럼 한국 기업들은 다양한 고객층을 면밀히 분석한 후 제품 포지셔닝과 유통채널을 확정해야 할 것이다.[5)]

(2) M유업

2014년 중국 시장에 진출한 바리스타 커피는 최근 중국 소비자늘에게서 큰 인기를 받으면서 중국 상위 20%의 프리미엄 컵커피로 자리 잡았다. 기존 냉장 커피가 거의 없는 중국 유통시장에서 중국 시장 분석을 통해 성장가능성이 높은 바리스타 커피를 중국 시장에 진출했으며 냉장커피 판매 가능 채널부터 단계적으로 진출했다. 편의점, 마트 등 오프라인 매점을 통한 유통채널을 확대하고, 편의점 중심의 콜드체인에 과감히 도전했다. 바리스타 커피는 9가지 맛을 출시해 중국 현지인들의 취향에 맞추었으며 현지 유명 라이브 방송을 통해 브랜드를 인지도 제고했다. 바리스타 커피는 주로 1~2선 도시의 직장인을 주 타겟으로 SNS 홍보도 꾸준히 해왔다. 2019년에 들어서 라이브 방송을 주기적으로 해왔는데 5분 만에 2만 개라는 판매 성공기록을 세웠다. 베이징, 상하이 등 대도시 편의점 60%에 입점해 브랜드 인지도를 높이고 현지 영업과 판매망 구축을 확대하기 위해 2018년 베이징에 매일유업 독자법인을 설립하였다.[6)]

5) 대한무역투자진흥공사(2019). 글로벌윈도우, 국가지역정보, 중국, 현지진출 성공사례.

(3) N사

N사는 헬스기구 관련 전문 제조업체로서 자체 기술개발로 머신 16종, 프리웨이트 20종 등 각종 헬스기구 제품을 생산 및 판매하고 있다. N사는 경쟁업체에 비해 튼튼하고 운동효과가 좋은 기구를 판매하는 것으로 구전을 통해 알려졌다. N사는 기술력 인증을 받기 시작하면서 국내시장을 주력으로 공략해오던 중 중국 시장에 관심을 보이면서 2018년 KOTRA 지사화 사업에 가입했다. 지난 1년 동안 지사화 직원의 지원을 받아 바이어 발굴 및 방문, 관련 전시회 참가 등을 통해 자사의 브랜드 홍보를 해왔다. 이후 N사는 중국 UFC 전문 운영회사 L사로부터 주문을 받아 수출계약을 체결했다. 1차 계약에서 4만 달러 규모로 수출에 성공했으며, 제품 품질과 전문성을 인정받으면서 중국 내 IFBB(국제보디빌딩연맹) 프로리그에 헬스기구를 협찬 중이다.

(4) A사

A사는 국내 화장품 업계 중 가장 먼저 중국 시장에 진출했다. 2000년 7월에 중국 법인 설립을 시작으로 중국에서 브랜드 다각화를 통해 성장 동력을 강화해 나갔다. A사는 2017년 기준 중국 상하이에 위치한 A사 코스메틱스 유한법인과 A사 트레이딩 유한법인을 포함한 3개 법인의 매출이 꾸준히 증가하였다. 뿐만 아니라 A사는 유통 채널 다각화와 브랜드 인지도를 높이기 위해 중국에 지속적으로 투자를 확대했다. 또한 A사는 2014년 10월 중국 상하이에 상하이 뷰티사업장을 신축해 생산, 연구, 물류를 통합하는 허브를 구축했다. 상하이 뷰티사업장 내 연구소를 중심으로 중국 시장과 고객에 대한 연구 역량도 보다 강화하고 있다. 현지화를 더 많이 접목시키기 위해 연구소와 생산 시설을 확장해나가고 있는 상황이다. A사의 중국 진출전략으로는 시장세분화, 다양한 제품라인 구축, 한류스타를 활용한 문화마케팅 등을 들 수 있다. 한국의 바이오 기술, 식물 해조 등 다양한 원료를 사용함으로써 높은 기술력과 제품의 질을 보유하고, 중국소비자의

---

6) 대한무역투자진흥공사(2019). 상게서.

잠재된 니즈와 아시아인만의 피부 특성을 연구하여, 중저가 브랜드로 중국시장을 진출한 후 저가 브랜드로 시장점유율을 확보하였다. 이후에 최고급 브랜드 출시하는 전략으로 A사의 중국 내수시장 공략함으로써 고, 중, 저 가격대로 브랜드 포지셔닝을 유지하였다.

2) 실패사례

(1) E사

국내 대형 할인점 E사는 1996년 1월에 매장 임차 방식으로 중국시장에 진출했다. E사는 98%의 자본을 출자하고 중국 측에서는 2%의 자본 매장 사용권을 현물로 출자하였다. E사의 중국 진출 전략은 상품의 현지화, 관리체계의 최대한 난순화, 한국에 대한 긍정적 이미지, 무료 주차, 무료 물품 보관 등의 고객 만족을 위한 서비스 등 있었으나 현지화 실패, 현지 직원과의 마찰, 낮은 인지도, 한국산 물품 비중 과다, 글로벌화 진입 실패 등으로 중국시장 진출 후 20년만인 2017년에 전면 철수하였다.

(2) L사

국내 대형 외식업체인 L사는 1994년에 처음 중국시장에 진출하였으나 실패하고 2008년에 재도전하였지만 큰 성과를 거두지 못했다. 중국인 입맛에 맞는 새로운 메뉴를 개발하고, 타 경쟁사와 비슷한 가격대를 유지하며 한류를 이용하고 매장을 통한 판매를 시도하였다. 반면에 상대적으로 브랜드 이미지가 약한 위치에 있는 L사는 경쟁 환경의 인식과 대응 부족, 차별화된 독특한 기업 이미지가 없는 마케팅 능력 부족 등으로 중국시장 현지에서 성공적인 비즈니스를 수행하지 못했다. 중국시장에서 사업 철수와 구조조정을 하지 않고 있던 대형 할인점 L사는 상황이 더 심하다. L사는 지난 2008년 6월 베이징에 1호점을 연 이래 중국에서 매년 적자를 기록했다.

(3) S그룹

S그룹은 국내 대기업 중 가장 빠른 편인 2006년부터 중국 시장에 진출했다. 이른바 '차이나 인사이더' 전략이다. 하지만 성과는 기대에 미치지 못했다. 2008년 S그룹의 이동통신회사가 현지 GPS 제조업체 '이아이(E-eye)카오신'을 139억 원에 인수했지만 계속 적자를 내다 2015년 매각하고 손을 뗐다. 최근에는 이노베이션의 자회사 종합화학이 상하이세코 지분 50%를 인수하는 것을 추진했지만 실패했다. 예정됐던 투자 계획도 줄줄이 철회하고 있다. 종합화학은 중국 화학회사 상하이세코 지분 50% 인수전에 뛰어들었으나 고배를 마셨다. 이노베이션은 중국 베이징에 전기차 배터리팩(Pack) 공장을 운영해왔지만 2016년 1월부터 가동을 중단했다. 배터리의 핵심 부품인 셀(Cell), 합작사 설립도 무산될 위기에 처했다. 2016년 말부터 중국 현지 판매법인 설립을 추진하던 자회사 케미칼 또한 한·중 관계가 경색되면서 이를 연기했다.

(4) C사

현대·기아차를 따라 중국 시장에 진출했던 부품업체 C사는 어려운 상황에 직면했다. 2016년까지 90% 이상 유지됐던 중국 내 공장 가동률이 2017년에 절반 수준으로 떨어졌기 때문이다. C사는 중국 내에서 현대·기아차 납품 의존도가 90% 이상인데 현대·기아차 중국 실적이 부진하면서 큰 타격을 입었다. 연매출 1000억 원 규모의 C사는 중국 시장 진출 실패로 기로에 섰다. 위안화 약세에 현대·기아차의 단가 하락 압력에 시달리며 1분기 매출은 2016년 같은 기간과 비교해 30%가량 감소했다. 중국 내 인건비는 상승하는데 단가 압력으로 인해 경쟁력을 상실하였다.

Chapter

13 베트남

1. 시장의 특성

베트남은 공산당 단일 지도체제 주도의 시장경제체제와 경제체질 개선을 위한 노력을 하고 있으며 1986년 개혁정책인 도이모이를 통해 시장경제정책을 채택했고, 이후 비약적인 경제 발선을 이루고 있으며 중국 및 아세인 국가들과 경제교류가 활발해지면서 새로운 경제권으로 주목받고 있다. 세계 시장에 편입하여 생산력의 증대와 기술 발전을 이루고자 하는 목적으로 FDI 유치 등 적극적 대외개방 정책을 추진 중이다. 반면에 여전히 국영기업이 국가 내수 경제의 높은 비율 차지하고 있고 낮은 수익성과 효율성, 높은 부채 비율 등으로 부실경영을 초래하여 시장경제체제의 경쟁력 약화 요인으로 작용하고 있다. 2017년 산업무역부 소유 맥주 제조업체 Sabeco의 5억 달러 규모(54%) 지분 매각, 2019년 국영기업 Vinamilk의 30% 지분 청산(Platinum Victory 11.6%, F&N Dairy 18.3%) 등이 베트남 정부의 대표적인 민영화 노력으로 볼 수 있다. 추가 민영화 시기 발표와 금융부문에서의 적극적 IPO[1] 등은 베트남 정부의 해결 과제로 남아있다. 베트남의 대외교역은 Fdi 기업이, 내수시장은 국영 거대 기업이 장악하고 있으며 과거 계

1) IPO(Initial Public Offering)란 비상장기업이 유가증권시장이나 코스닥시장에 상장하기 위해 그 주식을 법적인 절차와 방법에 따라 주식을 불특정 다수의 투자자들에게 팔고 재무내용을 공시하는 것이다.

획경제체제에서 정부 주도의 시장경제체제로 전환되면서 대외개방 실적에 비해 베트남 시장에서 자생한 현지 중소기업들의 기반 마련 노력이 미약하다.

소규모 민영기업 육성을 통한 시장경제체제로서의 경쟁력 강화를 위해 2018년 1월 중소기업지원법을 최초로 시행하고, 법인세 감액·은행 대출 지원·중소기업 지원 프로그램 실시 등 소규모 기업들의 육성을 위한 정책 추진 중에 있다. 또한 베트남 정부는 2016년을 '국가 창업의 해'로 지정한 이후 스타트업을 위한 우호적 환경조성을 위해 창업자를 위한 각종 지원사업을 활발히 전개하고 있다. 베트남은 값싸고 풍부한 노동력, 지리적 이점, 정치적 안정성, 적극적인 투자유치 정책으로 동남아시아 및 인도, 중국 시장 진출을 위한 생산기지로서의 입지를 공고히 다지고 있다. 하지만 최근 한국기업 및 경쟁국들의 과다한 투자로 인한 생산부지 공급난, 임대료 상승, 최저임금 상승 등은 단순 노동집약적 제조업 투자진출 기업들에게는 관리가 필요한 위험 요인으로 작용할 수 있다. EU, EAEU 등 거대 경제권과의 FTA는 물론 CPTPP, RCEP 등 메가 FTA 추진에 적극 동참해 세계 주요 경제권을 아우르는 Fta 네트워크를 단기간에 구축, 아시아의 해외시장 진출 요지로서 가치 부상 중이다.

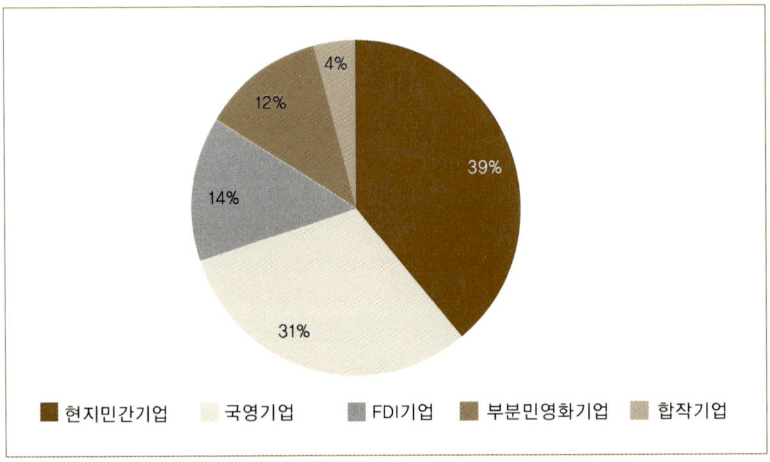

그림 13-1 ▍ 베트남 100대 기업의 소유 형태별 분류

출처: Vietnam Report Top 500 2018 재인용; KOTRA(2020). 2020 국별 진출전략 베트남.

베트남은 세계 인구 15위이자 ASEAN 3위로서 동남아시아의 대표적인 거대 소비 시장으로 떠오르고 있으며 소득 증가 및 중산층 증대로 구매력도 증가세에 있다. 2020년 7월 기준 베트남 인구수 98,721,275 명[2], 기대수명 상승과 높은 출산율의 영향으로 2023년경 1억 명 돌파, 2030년경 1억 500만 명에 달할 것으로 전망된다. 주요 소비계층인 20~49세까지 인구가 전체 인구의 절반을 차지하고 있으며, 베트남 통계청에서 2020년에는 중산층 인구 비중이 전체 인구의 40%에 육박할 것으로 예상하고 있다. 도시 유입 인구 증가 및 소득수준 증대로 상품 수요의 다양화·고급화와 함께 현대적 유통망이 급속도로 발달하고 있으며 프렌차이즈 진출도 활성화되는 추세이다.[3]

2. 시장진출 장벽

베트남은 정부기관에서 국내에서 유동되는 자국산 및 수입품 중 강제품질검사 대상품목을 지정한다. 그리고 각 소관 정부기관은 2004년 10월 21일 공표된 정부령에 따라 품질 검사기관을 공식 지정해 실행하도록 규정했다. 정부기관별 대상품목과 TBT에 관한 내용은 다음과 같다.[4]

(1) 보건부 소관 검사대상 품목

대상품목은 의료 설비 및 기구와 백신 등이다.

(2) 농업농촌개발부 소관 검사대상 품목

대상품목은 해양양식용 사료, 끓이거나 열을 가한 해양양식 및 양식제품, 즉시

2) CIA The World Factbook 추정치.

3) KOTRA(2020). 2020 국별 진출전략 베트남.

4) 대한무역투자진흥공사(2020). 글로벌윈도우, 국가지역정보, 베트남, 수입규제 및 관세.

먹을 수 있는 가공 수산물제품, 식물보호제, 동물용 약품, 동물사료 등이다.

(3) 산업무역부 소관 검사대상 품목

대상품목은 질소암모니아 연료, 폭발물 및 각종 수입 폭발물, 폭발물 예비부품 및 모든 종류의 수입 폭발물 예비부품, 석탄채석장용 폭발방지 설비 등이다.

(4) 교통부 소관 검사대상 품목

대상품목은 선박용 기중기, 크레인, 이동 고소작업대, 지게차, 리프트설비, 화물 운반기기, 자주식 불도저, 그레이더, 스크레이퍼, 샤블, 굴착기, 탬핑장비, 도로용 롤러, 도로공사용 장비, 트랙터, 트럭트레일러, 운전자를 포함한 10인승 초과 자동차, 여객운송용 자동차와 기타 차량, 화물운송용 자동차, 특수 목적 자동차, 엔진이 장착된 차대, 세단형 포함한 차체, 스쿠터를 포함한 오토바이, 트레일러 및 세미 트레일러, 수송분야용 보일러, 수송분야용 가압탱크, 수송분야용 다리형 기중기, 갠트리 기중기, 철도 교통수단 등이다.

(5) 건설부 소관 검사대상품목

대상품목은 포틀랜드시멘트(인조시멘트), 혼합 포틀랜드시멘트, 포촐라나(화산회) 포틀랜드시멘트, 내황산 포틀랜드시멘트, 백색 포틀랜드시멘트, 중용 포틀랜드 시멘트, 석면 슬레이트 시멘트, Pre-Stressed 압축 콘크리트(PPB) 및 바닥과 지붕용 콘크리트 블록 등이다.

(6) 노동보훈사회부 소관 검사대상품목

대상품목은 산업용 안전모, 안면 방진마스크, 절연장갑, 절연장화, 분진마스크, 용접용 안면 보호대, 압력용기(기체를 담는 탱크, 배럴, 통, 병, 전기보일러), 리프트설비(운송부 품목 제외), 보일러, 사람용 권양기, 엘리베이터, 에스컬레이터 등이다.

(7) 과학기술부 소관 검사대상품목

대상품목은 오토바이 헬멧, 어린이용 교통헬멧, 열연철근과 건설용 콘크리트 열연 철근, 콘크리트 압축 응력용 강철선, 450/750KV PVC 절연 전선, 순간 전기온수기기, 전기보온온수 기기, 담금 방식 온수기기, 헤어 드라이기 및 기타 용구, 손건조기, 전기다리미, 전자레인지, 전기밥솥, 전기주전자, 전기스토브, 전기 오븐, 전기냄비, 전기 그릴, 커피 및 차 내림기, 전기선풍기, 무연휘발유, 디젤연료, 3세 이하 장난감 등이다.

(8) 자동수입허가(Automatic Import Licensing: AIL)제도

베트남 산업무역부(Ministry Of Industry And Trade: MOIT)의 시행세칙에서 정하는 화장품, 특정 플라스틱 제품, 도자·유리 제품, 철강 제품, 기계 및 전자 제품, 차량, 가구류, 수산물, 각종 조제 식료품 등에 대해는 수입신고 전, 물품의 하역 전에 자동수입허가(AIL)를 받아야 한다.

(9) 환경 관련 기준 및 인증제도

① 수입 관련 환경기준

베트남 자원환경부는 외국기업들의 무단 폐수 방류 등 환경법을 위반하는 사례가 급증해 사회문제로 대두됨에 따라 2014년 6월 환경보호법을 개정했다. 해당 환경법에 따라 베트남으로 수입되는 기계, 장비, 운반구, 재료, 연료, 화학물질 등은 환경보호법에서 규정한 환경기준을 준수해야 한다.

② 환경 관련 인증제도

2011년 베트남 산업통상부(Ministry Of Industry And Trade)는 전기·전자제품에 대한 유해물질 금지법(RoHS) 개정을 발표했으며, 다음 전기·전자 제품군의 경우 유럽연합특정 유해물질 규제지침(EU RoHS)과 마찬가지로 유해물질의 함유량이 일정 수준을 초과하지 않도록 해야 한다.

(10) TBT

베트남 정부는 화장품, 자동차, 휴대폰 등 베트남 정부가 규정한 사치품목의 수입통관 절차 강화 및 일시적 수입관세 인상 등 일련의 수입 규제 조치를 취하고 있다. 이는 관세, 비관세 장벽을 포함하는 조치로서 그 중 일부는 한국의 주력 수출품과도 관계가 있는바 향후 움직임을 주목할 필요가 있다. 주요 사항으로는 자동차 등 다수 소비재에 대한 수입 관세 인상, 승용차 등록세 및 특별 소비세, 부가세 인상 등의 조치들이 있다. 또한 중고자동차, 수입 농산물, 폐품, 비료, 완성자동차, 중고 기계설비 등에 대한 수입규제 조치가 있다.

3. 시장진출전략

베트남의 양자, 다자 간 무역협정을 활용하여 베트남시장 진출을 추진할 수 있다. 베트남은 양자 및 다자간 FTA 체결을 통해 대외교역을 확대해 나가고 있으며, 진출을 희망하는 한국기업은 관련 FTA를 활용할 수 있다. 즉 베트남을 생산거점으로 하여 부품조달, 제조, 수입 등 각 국가의 FTA 연계성을 활용함으로써 베트남에 진출한 한국기업의 이익을 극대화하는 것이다. 인프라 건설 프로젝트에 참여하여 베트남 정부의 민관합작투자사업인 PPP(Public-Private Partnership)프로젝트의 활성화를 가져오고 PPP 프로젝트 활성화를 위한 PPP 투자법을 마련할 필요가 있으며 참여하고자 하는 기업들은 수익 확보와 위험 완화를 위한 세부 전략방안을 자체적으로 수립할 필요가 있다. 4차 산업에 대한 유망품목에 진출해야 한다. 베트남 정부가 주도하는 인더스트리 4.0의 유망품목을 주목하고 베트남 정부의 높은 관심도를 활용하여 AI, 스마트시티, 스마트팩토리 등 4차 산업 관련 양국 간 교류 및 한국기업 진출할 기회를 포착해야 한다. 또한 자동차, 전기, 전자 소재부품 산업에 관심을 가질 필요가 있다. 자동차 및 전자부품 산업에 직접 투자를 통한 진출을 고려해야 한다. 베트남은 자동차 내수시장 성장세에 비해 현지기업들의 부품소재의 기술력 부족하다. 안정적 현지 납품으로 시장을 선점하고 동시에 해외 전진 수출기지로서 활용해야 한다.[5)]

표 13-1 ▌ 2019년 상반기 베트남 주요 수출입 품목

(단위: 백만 불)

수입품목	수입금액	순위	수출품목	수출금액
컴퓨터 및 부분품	23,904	1	휴대폰 및 부분품	23,495
기계 및 장비	17,646	2	컴퓨터, 전기제품	15,521
섬유	6,564	3	섬유	15,091
휴대폰 및 부분품	5,815	4	신발	8,740
철강재 제품	4,823	5	기계 및 장비	8,234

출처: KOTRA(2019). 하노이무역관.

4. 한국기업의 성공 및 실패사례

1) 성공사례

(1) L사

L사의 화장품은 1998년 초부터 베트남시장에 선보인 이래 2016년 기준 베트남 화장품 시장점유율 Top3에 포함돼 있으며 지속적인 판매 증가세를 보이고 있다. L사는 베트남 최초로 현지 판매 회사를 설립, 홍보에서 판매에 이르기까지 체계적인 마케팅 활동을 하고 있으며, 소비자들의 클레임 발생 시 신속하게 해결해줄 수 있는 체제를 구축해 고객 만족 마케팅을 추구하고 있다. L사가 베트남에서 성공한 요인은 공격적인 마케팅 전략에 따른 결과라는 점에서 주목을 끌고 있다. 현재 베트남에서 판매되고 있는 외국산 브랜드 화장품의 경우 대부분 베트남 업체와 에이전트 계약 체결 및 Shop를 통한 판매에 그치고 있는 형편이다. L사는

5) 대한무역투자진흥공사(2020). 상게서.

1998년 판매 회사를 설립한 이후 베트남 소비자들과의 직접적인 접촉을 통한 친밀한 관계를 형성하기 위해 다각적인 마케팅 전략을 시도했다. 우선 후발주자로서의 불리함을 극복하고자 다각적인 홍보 전략에 주력했다. L사는 베트남에서 화장품 판매를 시작함과 동시에 미스베트남 선발 대회를 공식 후원함으로써 베트남 젊은 여성들의 호기심을 자극했다. 이와 동시에 가두 무료 메이크업 행사를 개최해 소비자들과 함께 하는 최초의 외국 브랜드라는 인상을 깊이 남겼다. 또한 베트남에서 전례를 찾아볼 수 없었던 방문 세일즈 방식을 도입해 가정을 방문, 직접 메이크업을 지도한 후 판매해 높은 성과를 거두고 있다. 아울러 분기별 1회 메이크업 잡지를 발행해 무료 배포하는 등 공격적 마케팅을 구사해 베트남 여성들의 뇌리에 L사의 생활건강 브랜드 이름을 각인시킬 수 있었다. 가격 결정 시 고가 정책으로 고급 브랜드 이미지를 창출한 것 또한 성공 비결 중 하나이다. L사 생활건강은 베트남에서 판매되고 있는 최고급 외국산 화장품의 판매 가격과 거의 동일 수준으로 가격을 책정함으로써 '오휘' 브랜드가 랑콤, 시세이도, 레브론 등 외국산 유명 브랜드와 비추어 전혀 손색이 없다는 평가를 받고 있다.

(2) P건설

P사는 초기에 동남아 건설시장 진출의 거점을 확보하기 위해 현지업체와 합작으로 포스리라마(Poslilama)를 설립했으나 2010년 3월 베트남 건설업체의 지분을 인수해 한국 단독투자법인으로 변경했다. 베트남의 경제수도 호치민으로부터 60Km 떨어진 동나이성 롱탄 지역에 위치한 포스리라마는 총 투자비 2120만 달러, 공장 부지 2만 4,124평, 근무 인원 150명 규모로 1995년 6월에 설립됐다. 1996년 철구조물 연산 1만 5,000톤 규모의 공장을 설립하고, 이후 철골, 배관, 탱크 등 다양한 40여 프로젝트를 수행해 법인이 설립된 지 불과 4년만인 1999년 ISO9001 인증을 획득하는 성과를 거뒀다. 분야별 전문 엔지니어가 체계적으로 프로젝트를 관리하고 철구조물 제작 외에도 건축, 기계 설치 등 그 영업 분야를 확대해 2001년 이후 수주 실적이 지속적으로 증가하고 있다. 베트남 정부가 주도하는 경제 개발 계획이 중화학 공업 육성에 초점을 맞추고 있어, P사의 P건설은

동남아 시장 진출을 위한 중추 엔진으로 그 역할이 더욱 커질 것으로 기대하고 있다.

(3) L사

L사는 2006년 자본금 1500만 달러로 L마트가 80% 지분을 갖고 민반(Minh Van)이 20% 투자를 하는 합작법인 쇼핑센터를 설립했다. L마트의 베트남 진출이유는 연평균 7%를 상회하는 경제 성장률과 월마트 등 글로벌 유통업체가 진출하지 않은 점 등이 있었고 실제로 베트남 소매시장은 외국계 기업에 대한 선별적인 허가가 이루어져 당시 프랑스의 BIG-C 5개점, 독일 메트로 6개점만이 베트남 시장에 진출한 상태였다. 국내기업으로서 최초로 베트남 유통시장에 진출한 L마트는 2008년 1호점인 호치민 점의 첫 개장 이후 자본증자나 투자강화를 계속 추진했으나 파트너사와의 갈등으로 어려움을 겪어왔다. 매장 개장은 2호점 푸토점 이후 답보상태에 머물렀고 2011년 5,000만 달러 규모의 증자와 사업확장도 민반의 반대로 원만하게 이뤄지지 않았다. 그러나 L사는 2012년 7월 베트남 합작투자사의 지분을 100% 매입, 확보에 합의했고 베트남 내에 총 13개 대형마트 매장 운영중이며 계속해 확장할 예정이다. 한편 L그룹은 베트남 수도 하노이에 'L타운'을 건설했고, L홈쇼핑도 베트남 현지에서 사업을 확대하고 있다.

(4) H사

2002년 H사는 베트남 동나이성 연짝 공단에 3,000만 달러 규모의 투자를 해 종업원 수 약 1만 4,000명 규모의 아디다스 및 리복 운동화 제조공장을 설립했다. 초창기 공장 설립 때 여러 가지 열악한 사업 환경 속에서도 리복 아동화, 매자닌, 클래식 등 비교적 단순한 모델 40만 족으로 출발해 해를 거듭할수록 성장을 거듭했다. 기술 혁신과 설비 및 종업원 교육에 대한 과감한 투자로 2014년 기준 월 180만 족의 다양한 품종 및 하이테크 신발을 개발, 생산하고 있다. 품질경영을 통한 고객만족, Speed경영을 통한 납기달성, 건전한 조직문화 구축을 통한 원 팀(One Team)경영, 체계적 교육을 통한 작업자 복지강화, 전사적인 기업의 사회책임(CSR) 활동을 통한 이미지 제고 등으로 H비나는 2014년 리복 신발 개발의 최고 파트너 회사가 되어 리복 로열(Roayl) 개발 센터를 추가로 설립하고 명실공히 아디다스 및 리복 신발의 최고 OEM 파트너가 되었다.

(5) K사

1992년 베트남 수교가 재개된 이래 K사는 1993년부터 베트남 시장 개척을 시작했다. 1996년 VSIP 공단 3Ha부지에 자체 생산 공장을 지은 이래로 연간 1,620만의 연질캡슐, 620만의 경질캡슐, 1,240만의 정제약을 생산 중이다. 아울러 베트남 복합비타민 시장 1위 자체 브랜드인 'Homtamin Jinseng'을 보유하고 있다. 또한 고부가가치 의약품인 'CLANZA CR' 소염진통제 개량신약의 경우 2017년 한 해에만 60% 증가한 80만 달러 매출을 달성하고, 이외 'Newbutin SR', 'Allipem' 등도 각 280%, 252% 매출 증가를 달성, 베트남 의약시장의 무궁무진한 가능성을 보여주었다. 2017년에는 3분기 기준 이미 320만 달러를 수출했고 질적으로는 부가가치가 높은 개량신약 매출이 급증해 내년 행보가 더욱 기대되며 글로벌 제약기업과 격차를 줄일 수 있을 것으로 예상된다. 종합 비타민제 '홈타민'으로 베트남 복합 비타민 시장에서 1위를 차지하고 있으며, 장학금 지급과 의약품 지원 등 지역 사회 공헌 활동을 통해 베트남인들에게 현지 기업이라는 이미지를 심어주고 있다. 또한 베트남에 공장을 보유한 국내 제약사 중 최초로 PIC/s GMP 인증[6]을 획득했다.

(6) L외식업체

1998년 베트남에 현지법인을 세운 L외식업체는 지난 20년간 베트남인들에게 국민 패스트푸드로 각인되었다. L외식업체는 현재 베트남 내에 직영점 174개와 가맹점 51개를 포함해 225개 매장을 거느린 1위 패스트푸드 업체다. 2위인

---

6) PIC/s 는 제약 분야의 제조 및 품질관리기준(GMP)과 제조공장 시설의 규제 조화를 주도하는 국제 협의체다.

KFC(131개)나 3위 졸리비(101개)와 100여개 안팎으로 격차가 크다. 버거킹(18개)과 맥도날드(17개) 등 브랜드 인지도가 높은 글로벌 패스트푸드 업체보다 앞서있다. 이는 버거킹이나 맥도날드가 베트남에 진입하기 10년 전에 이미 진입해서 선점 효과에 따른 인지도를 쌓았기 때문이다. L외식업체는 진입하기 전부터 베트남인들의 식사 문화와 주로 소비하는 식자재가 무엇인지 등을 철저하게 조사했고 현지의 입맛에 맞는 메뉴를 개발하였다. 베트남인들의 마음을 사로잡은 건 음식뿐만 아니라 현지인들에게 적합한 가격, 신속한 서비스를 제공하였다. 또한 개방된 베트남의 일반 식당과는 다르게 현대식 인테리어와 에어컨 그리고 와이파이를 구비하여 쾌적한 공간을 제공하였다. 유소년 축구 대회, L외식업체 베트남 서포터즈를 운영하는 한편, 베트남의 비엣젯 항공사에 기내식으로 L외식업체의 메뉴를 제공하기도 하여 브랜드 이미지를 제고하였다. 이와 같은 현지 사회 공헌 활동을 통해 베트남에서 긍정적인 브랜드 이미지를 구축하는 데 성공한 L외식업체는 질적 성장을 추구하고 있다.

2) 실패사례

(1) S사

S사는 2000년에 국내업체와 공동으로 투자하여 베트남에서 S폰이라는 이름으로 이동전화 서비스를 시작했다. 2008년 S베트남으로 사명을 변경했지만 이듬해인 2009년 성과를 내지 못하고 시장진출 8년 만에 사업을 포기하였다. 이후 베트남 S폰 사업은 법인으로 전환됐지만 2016년과 2017년 연속으로 감사의견 '한정'을 받으면서 기업 존속이 힘든 상황에 이르렀다. 다만 당시 조기 사업 철수의 대가로 S폰 사업 파트너인 호치민 시영 통신회사 사이공포스텔로부터 법인화할 S폰 지분 20%를 공여받기로 양해각서(MOU)를 맺었다. 따라서 투자금 일부를 회수하고 베트남에서 철수하였다. S사가 베트남에서 성공하지 못한 원인은 나라마다 다른 문화와 제도에 대한 면밀한 검토 없이 진출했다가 실패한 것으로 보고

있다. 또한 현지화를 위한 전략의 부족도 그 원인으로 제시되고 있으며 휴대폰은 제조업과 달리 현지 법제와 문화 등 제약이 많은 통신 서비스업 자체의 한계도 지적되고 있다.

(2) M사

M사는 국내 유명 커피 프랜차이즈 회사로서 2009년 베트남 프랜차이즈 시장이 개방됨에 따라 베트남에 진출하였다. 최초 100% 단독투자를 추진하였으나 현지 매장 임대료 등의 비용을 절감하기 위해 빌딩 및 매장을 보유한 현지인과의 합작 법인을 설립하였다. 베트남 프랜차이즈법은 베트남 내에서 Master Franchisor 사업을 위해 최소 1년간 프랜차이즈 사업이 운영되어야 한다는 규정이 있고, M사는 현지 한국 지인을 통해 베트남 파트너사를 물색하였으며, 매장 임대를 파트너사가 제공하는 조건으로 합작 법인 설립하고 합작계약서 체결 후 프랜차이즈 등록을 위해 현지 합작법인 명으로 상표권 등록을 완료하였다. 그러나 법인 설립 후 베트남 파트너는 M사에 여러 가지 계약서상 미 기재된 요구를 하기 시작하였으며 결국 사업 진척이 어려워졌다. 이에 M사는 베트남 남부 지역으로 사업을 이전하길 희망하였고 파트너사와의 합작 계약을 종료하려 하였으나, 현지 파트너사는 상표권 권리를 한국 M사에 재 양도하는 조건으로 상당한 금전적 비용 요구하였다. M사는 계약서상 위반한 사항이 없음에도 불구하고 직접 프랜차이즈 사업 이전을 위해 현지 파트너사에 상당한 보상비를 지불한 후에야 계약을 종료할 수 있었으며 최초 계획보다 약 1년 이상 사업 시작이 늦어지게 되었다. 현재는 단독 법인을 설립하여 호치민 내 사업을 운영 중이다. 일부 서비스·유통 사업 진출 시, 현지 마케팅 비용 절감 및 인허가 절차의 편의성 등을 이유로 현지 기업과의 합작을 하는 경우가 많다. 그러나 합작 계약은 사업 진행 및 결정에 있어 항상 파트너사의 동의를 전제로 이루어지는 만큼 섣부른 합작법인 설립은 한국 투자기업의 원래 사업목표를 충족하지 못하고 좌초되는 경우 다수 발생한다. 외국인 100% 단독 투자가 가능한 분야의 경우, 다소의 비용과 시간 소요를 감내할 필요가 있으며 본격적인 프랜차이즈 사업 역시, 직영점 운영을 통해

노하우를 쌓은 후 향후 투자자 모집을 하는 것이 바람직하다.7)

(3) K사

K사는 국내 봉제업체들이 TPP에 의한 기대감으로 베트남 진출을 가속화하던 2015년 베트남 빈증성의 현지 업체를 인수(M&A)해 진출했다. 그러나 M&A 당시 적절한 회계실사를 하지 않아 우발채무가 다액 발생했다. 법률검토 또한 하지 않아 계약서상 K사가 이를 모두 부담할 수밖에 없어 결국 막대한 손해가 발생하였다. 또한 판로 개척 없는 진출 및 무리한 라인 증설로 설비의 20% 가량만 가동하고 있어 K사는 현재 철수를 고려하고 있다.

(4) J사

J사는 2007년에 현지 단독법인을 설립한 후 베트남 호치민에 건설사업에 진출하였다. 첫해 백만 불의 실적을 달성함으로써 막연한 자신감을 가지게 되고 사업에 대한 철저한 사전 조사 미흡으로 인한 전문성을 갖추지 못했다. 베트남에 대한 후진국이라는 선입견에 기인한 현지 문화의 이해 부족으로 베트남 직원과의 갈등 초래하고 사업의 파트너로 신뢰했던 한국 관리인의 능력 미달로 무리한 사업 확장으로 실패하였다. 실패원인을 파악한 후 베트남 현지인들과 혼연일체가 되고 베트남어의 체계적인 습득과 베트남 역사 문화 관습 등에 대한 공부를 통한 베트남에 대한 이해를 제고하였으며 한국의 전문 기술자와의 동업을 통한 기술력을 제고하여 2번의 실패 후 소자본 업종을 찾던 중 현지에 진출한 한국 시공업체가 거의 없음에 착안하여 건설 마무리 공사인 페인트 시공·방수업으로 성공하였다.

(5) A사

A사는 베트남 호치민시 남부에 위치해 투자규모가 500만 달러에 종업원 수가 200명에 이르는 단독투자 형태의 음료 생산업체이다. 1999년대 후반부터 불어온

---

7) 대한투자진흥공사(2018). 국별 진출전략 베트남.

한류의 영향으로 많은 한국의 문화상품들이 베트남으로 유입되었고, 이를 기반으로 현지에 건강음료 공장을 건설하여 베트남 시장에 진출하게 되었다. 베트남 내 Tv 광고에 한류스타를 기용할 정도로 적극적인 마케팅 활동을 펼침으로써, 초기 시장은 한류스타에 영향을 받아 판매물량이 증가하지만 이미 베트남 내 음료시장의 경쟁이 매우 치열했고 다른 외국기업의 제품들이 베트남 시장을 미리 선점하여 이미 A사에서 투자했을 시기에는 다른 업체와의 경쟁을 했으며, 음료의 맛 또한 다른 제품들에 베트남 소비자들이 익숙하게 되어 이를 바꾸기에는 역부족이었다. 이에 A사에서는 2003년 말 철수를 결정하였다. 베트남 시장이 한류 영향으로 인해 많은 한국기업들로 관심을 받고는 있지만 투자를 위해서는 초기에 철저한 시장조사가 필요하며 베트남 소비자들에 대한 기호 파악이 필요하다.

(6) C사

C사는 보안장비 판매업체이다. 보안장비는 베트남 시장의 성장에 따른 유망 아이템이며, 현지인의 보안의식이 철저한 문화적 특성으로 시장이 넓게 형성되었다. 현지 진출을 위한 다각적 시도 중 과거 인적 네트워크를 통한 현지 딜러와 진출 프로젝트를 상의 후 검증되지 않은 채로 Show Room을 설치하고 샘플 디스플레이, 물품 제공 등의 투자를 진행하였다. 투자 관리를 현지 에이전트에 일임하여 체계적 관리가 되지 않았으며, 원천 기술력이 인정된 제품이 베트남 시장에 샘플 규모로만 판매되는 데 그쳤다. 현지 베트남 파트너를 믿고 매장 개장 및 기본적인 샘플을 제공하는 등 투자를 했는데 파트너는 동의 없이 무료로 제공받은 샘플을 판매하였다. 결국 관리의 부재로 샘플만 소진하고 철수를 하였다. 현지 진출을 위하여 현지 네트워크 활용 및 에이전트의 개발은 필수요소이지만, 검증되지 않은 현지 인력을 활용할 경우 투자금액의 소진 및 기업 이미지 실추의 역효과 발생한다. 안정적인 파트너 발굴도 중요하지만, 발굴된 파트너는 한국인 및 한국기업 문화와 다른 생각을 가질 수 있다는 것을 인지해야 한다. 현지 에이전트는 프로젝트 입찰을 제시하며 대량의 시장진출을 설명하였으나, 실제로 검증되

지 않은 내용을 현지인의 설명만으로 신임하였고 사실이 아닌 것이 판명되었다. 현지 네트워크 및 에이전트에게도 지속적인 업무 연락 및 경과, 결과 확인을 소홀히 하지 않는 관리가 필요하다.

14 인도

1. 시장의 특성

인도시장은 중국 이후의 대체할 수 있는 시장으로 급부상하고 있으며 중국 다음의 진출 유망 국가로 볼 수 있다. 중국의 경제성장률이 6%대로 둔화되고, 중국 경제가 내수 중심으로 변화하고 있으며, 근로자 임금이 연 8~10%씩 크게 인상되었다. 2018년 초부터 미국이 중국산 철강재에 대한 25% 관세 등 중국산 제품에 관세를 부과하고, 중국 역시 이에 맞대응하는 미·중 무역분쟁 속에 베트남을 비롯한 아세안과 인도가 대안 국가로 부상하게 되었다. 특히 인도는 사업 용이성, FDI Index 등 주요 평가에서 경쟁력 보유하고 있고 저렴하고, 풍부한 노동력을 가지고 있다. 미국, EU, 러시아, 중국과 일본 등은 이러한 인도시장의 중요성을 인식하고 인도와의 협력에 박차를 가하고 있으며, 한국도 인도시장의 성장 가능성을 내다보고 2009년 8월에 한-인도 포괄적 경제동반자 협정인 CEPA를 체결하여 신흥 거대 경제권과 경제 협력관계를 구축하였다. CEPA의 혜택으로 기본관세율이 단계적으로 인하될 계획이어서 한국기업들의 가격 경쟁력 확보 및 교역 증진에 도움이 되면서 경제 파트너로서 인도의 유용성이 점점 커지고 있다. 따라서 인도시장은 향후 한국이 집중적으로 분석해야 하는 대상이며 서남아시아 무역의 교두보로서의 그 중요성을 인식해야 한다.

표 14-1 ▌ 주요 기구 경제 용이성 평가 인도-경쟁국 간 비교

주요 지표	인도	중국	브라질	인도네시아	베트남
사업 용이성(세계은행, 2019년)	63	31	124	73	70
경제자유도 (헤리티지 재단 등, 2018년)	129	110	150	56	128
Fdi(At Kearney, 2018년)	11	5	25	-	-
국가 경쟁력(Imd, 2018년)	44	13	60	43	-
국가 경쟁력(Wef, 2018년)	58	28	72	45	77

출처: KOTRA(2020). 2020 국별 진출전략 인도.

2018년 세계은행에 따르면, 인도에서는 매달 130만 명의 신규 생산가능인구가 유입되고 있으며, 2017년 블룸버그는 2027년 인도의 15~64세 예상 인구수는 10.02억 명으로, 향후 10년간 1.15억 명 증가할 것으로 예상하였다. 13억 인구의 거대 소비 시장이며 활발한 창업 환경을 가지고 있다. 거대 소비 시장이며 중산층이 확대되는 시장이다. 2018년 기준 스마트폰 사용 인구는 5억 명으로 중국, 미국에 이어 세 번째이며, 향후 9억 명 이상으로 증가할 전망이다. 이들을 대상으로 하는 모바일 서비스 수요가 인도의 창업 열풍의 원인이 되고 있다. 모디 정부는 Digital India 정책을 통해 낙후 지역 인터넷 보급하고 주요 대학에 기술난지(Research Park)를 설치하는 등 첨단 분야에 창업을 지원하고 있다. 인도 스타트업 중 최대 결제 앱인 페이티엠(Paytm)은 다운로드 횟수 1억 5,000만 건을 기록했으며, 워런버핏의 버크셔 해서웨이가 첫 인도 직접투자로 페이티엠의 지분을 확보했다. 또한 인도에는 19개의 시장가치 10억 달러이상 기업인 유니콘 기업이 존재한다.[1] 향후 인도시장은 외국기업과 현지기업들 간의 경쟁이 치열해질 것으로 예상되고 시장 전반에 대한 분석이 활발하게 이루어질 것이며 시장 진출을 위한 세밀한 전략도 수립될 것으로 보인다.

1) KOTRA(2020). 2020 국별 진출전략 인도.

2. 시장 진출 장벽

인도의 비관세장벽은 다음과 같다.[2)]

(1) 품질인증제도 BIS(Bureau Of Indian Standards)

BIS의 제품인증제도는 최종 소비자가 사용할 제품의 품질, 안전성, 신뢰성을 보장할 것을 목적으로 하고 있다, 이는 선택이 아닌 강제 시행제도로 해당하는 품목이 매우 많고 BIS 인가 신청에 소요되는 신청 수수료, 수속료, 현장 방문 관련 경비, 테스트 비용 인가서 등의 비용 또한 부담해야 되기 때문에 이는 실질적으로 비관세장벽으로 작용하고 있다. 의무인증 품목(Mandatory Certification Scheme)은 시멘트, 가전제품, 식품, 유압스토브, 차량용 악세사리, 실린더, 밸브, 의료기기, 철강 제품 등이며 강제등록 품목(Compulsory Registration Scheme)은 전자 및 IT제품 등이 있다.

(2) 화장품인증제도(Central Drugs Standard Control Organization: CDSCO)

인도는 2010년에 수입되는 화장품에 대한 규제 조항을 담은 Gazette Notification G.S.R 426(E)을 발행하여 수입 화장품 규제를 강화하였으며 이에 따라 인도 내에 화장품을 수입 판매하기 위해서는 중앙의약품표준관리기구 CDSCO에 화장품을 등록해야한다.

(3) 무선통신인증제도(Wireless Planning & Coordination: WPC)

인도 내로 무선송신기, 무선수신기, RC 장난감과 같이 무선통신을 이용하는 제품을 수입하기 위해선 WPC(Wireless Planning & Coordination)기관으로부터 ETA(Equipment Type Approval) 승인을 받아야한다.

---

2) 대한무역투자진흥공사(2020). 글로벌윈도우, 국가지역정보, 인도, 수입규제 및 관세.

(4) 식품안전 인증제도(The Food Safety And Standard Authority Of India: FSSAI)

FSSAI는 Food Safety And Standard 2006 법령에 의거해 창설된 인도 보건복지부(Ministry Of Health And Family Welfare) 산하 정부기관이다. 2006년 제정된 식품안전규정(Food Safety And Standard)에 따라, 식품의 제조, 보관, 유통, 판매, 수입과 관련된 절차와 규제를 운영하며, 세부내용은 2017년 9월 11일에 발표된 Food Safety And Standard Regulation 2017 규칙에 의거하여 시행하고 있다.

(5) TBT

① 식품에 대한 유효 기간 규정

수입 당시 식품의 유효 기간은 본래 제품 수명의 60% 이상이 남아있어야 하며 제품 수명은 제조일과 유효기간 만료일을 기초로 산출하는데 이러한 규정은 인도 제품과 비교하여 수입산 제품에 대한 차별적인 장애요소로 작용한다.

② 라벨링 규정의 확대 적용

소매를 목적으로 인도에 수입되는 모든 제품들은 Standard Of Weights And Measures Rules의 조항들을 준수해야 한다.

③ 중고 자동차 수입규제

인도 정부는 중고 차량 수입 시, 중고 차량의 연수가 제조일로부터 3년이 넘지 않고, 이륜차 및 삼륜차를 제외하고 모든 중고 차량의 운전자석은 오른쪽에 위치해 있는 차량만 수입이 가능하도록 규정하였다.

④ 중고 전자기기 수입규제

인도 대외무역총국(Directorate General Of Foreign Trade: DGFT)은 2019년 5월 7일 중고 전자기기 국내 판매 및 수입에 대한 'Electronics And Information

Technology Goods(Requirement Of Compulsory Registration) Order, 2012'를 개정하였다. 수입하거나 인도 내에서 중고 전자기기를 판매하기 위해서는 중고 전자기기에 대한 BIS인증을 다시 받고, 그에 맞는 라벨링 및 포장을 재 실시하여야 하며, 대외무역총국(DGFT)으로부터 중고 전자기기 판매를 허가받아야 하는 조건이 따른다.

3. 시장진출전략

인도는 거대 내수시장 및 성장 잠재력에도 불구하고 세계시장에서 경쟁력 있는 자국 상품이 적고 농업중심의 경제구조로 기후 및 대외경제여건의 변화에 민감하여 국내경제가 안정되어 있지 못하다. 인도시장은 섬유, 의류 등 인건비 절감을 위한 노동집약적인 투자보다는 인도의 일부 첨단기술과 한국의 상용화기술을 접목시키는 분야로 투자하는 것이 바람직하다. 또한 인도의 소득격차가 상대적으로 큰 점을 감안하여 초기 투자 시부터 목표 소비계층을 명확히 설정하고 목표 그룹에 맞는 마케팅 전략의 수립이 필요하다.

반면에 인도의 경제는 지속적인 성장을 유지하고 있으며 세계의 생산기지로 도약하고 있다. 인도 진출 기업들은 산업을 다변화하고 시장 개척의 지원을 통하여 소비재는 한류를 활용하여 수출마케팅을 강화하고 유통은 온·오프라인 유통플랫폼 및 Sns 활용하여 인도시장 진출을 모색해야 한다. 의료기기는 한-인도 CEPA 활용하여 인도 의료 시장에 신규 진출을 추진해야 한다. 인프라 부분은 EDCF의 자금지원 및 인도 스마트시티 정책과 연계하여 진출을 지원해야 하며 신재생에너지, 방산 등 양국 간 협력수요에 따른 지원책을 마련해야 한다. GVC[3]는 FTA와 GVC를 활용하고 글로벌 공급망의 안정적으로 확보될 수 있도록 지원하고 자동차, 전기전자는 대기업 동반진출로 중소기업 현지 판로를 확대해야 한다. 식품

3) GLOBAL VALUE CHAIN, 글로벌 가치사슬.

가공 등 일반 기계 진출은 품목의 다변화가 필요하며 한국기업의 진출과 인도 정부의 인프라 확충으로 일반기계, 건설기계 중심의 수출을 확대해 나가야 하며 중견·중소기업 맞춤형 지원체계를 구축하여야 한다. 한-인도 포괄적 경제 동반자 협정(CEPA) 개정 관련 진출 유망품목 발굴 및 관세·통관 정보 확대, 애로 해소를 통한 CEPA 활용도 제고하여야 한다.[4] 한국과 인도는 CEPA 이후 교역액이 대폭 확대되었다. 2009년 121억 5천만 달러 수준이던 한-인도 교역은 2010년 한-인도 CEPA가 발효되면서 크게 증가하여 2011년에는 205억 달러 기록하였고 이후 세계 경기침체와 함께 양국 간 교역액 또한 150~170억 달러 수준으로 축소되었으나, 2017년 200억 달러, 2018년 215억 달러, 2019년 207억 달러를 기록하며, 증가세를 유지하고 있다.

표 14-2 ▌ **한국의 대인도 연도별 수출입 현황**

(단위: 천 불, %)

연도	수출		수입		수지
	금액	증감률	금액	증감률	
2019	15,096,302	−3.3	5,565,259	−5.4	9,531,043
2018	15,606,221	3.7	5,884,707	18.9	9,721,514
2017	15,055,543	29.8	4,947,847	18.1	10,107,696
2016	11,596,286	−3.6	4,189,284	−1.2	7,407,002
2015	12,029,587	−5.9	4,240,565	−19.6	7,789,022

출처: 한국무역협회(2020). 국내통계, 국가 수출입, 인도. http://www.kita.net

4) KOTRA(2020). 상게서.

4. 한국기업의 성공 및 실패사례

1) 성공사례

(1) A사

2013년 창업한 A사는 향후 인도시장에 전기자동차의 수요가 증가할 것이라는 예상하고 EV Charging System을 개발하기 위해 연구소를 설립하여 지속적으로 상품 개발에 집중하였다. 인도정부가 추진하고 있는 스마트시티 정책 소식을 접하고 KOTRA에서 지원하고 있는 BuyKorea를 통해 인도 바이어와 접촉을 추진하였다. 전기자동차 충전소를 개설할 계획을 하고 있던 인도 회사와 연결이 되었으며 A사는 인도 회사와의 회의 후 KOTRA 무역관에 방문했을 때 지사화 사업을 소개받았고 지속적인 기존 거래선 관리와 추가적인 바이어 발굴을 위해 지사화 사업에 지원하였다. A사는 지사화 사업을 통해 추가적인 바이어 발굴 및 전시회 참가를 하여 EV Charging System을 소개하였다. 지사화 사업을 통해 만난 한 인도 회사에는 전기차 충전소를 소개하여 MOU를 체결하고 수출이 성사되었고 다른 인도 회사에 전기차 충전기용 PLC모뎀을 소개하여 첫 번째 수주실적을 달성하였으며 OEM 생산에 대해서도 계속 논의 중에 있다.[5)]

(2) L사

L사는 1997년에 대규모 투자계획과 부품 현지화비율 등으로 인도 정부를 설득하여 일본의 소니에 이어 두 번째로 단독진출 허가를 받고 인도시장에 진출하였다. 델리 근처 노이다 지역에 생산 공장을 건설하고 TV 냉장고 등 주요 가전제품을 생산하였다. 또한 뭄바이 근처 뿌네에 공장을 건설하여 핸드폰을 생산하고 있다. L사는 인도 소비자가 가장 선호하는 디지털 전자 브랜드로 인식되고 있으며 매년 20~30%의 성장을 달성하고 있다. L사의 성공적인 진출은 지속적인 현지화

5) 대한무역투자진흥공사(2020). 글로벌윈도우, 국가지역정보, 인도.

전략을 추진하는 데 기인한다. 부품을 현지에서 조달하는 범위를 확대하고 원가를 절감하며 현지 고객에 맞는 제품을 출시하는 전략이 고도의 성장을 이루는 원동력이 되고 있다고 보는 것이다. 또한 L사가 인도시장의 중요성을 인지하고 현지의 생산거점을 확보하기 위하여 전사적인 차원에서 집중적인 투자를 했던 것도 성공적인 결과를 가져왔다고 분석할 수 있다. 현지의 경쟁업체인 인도기업이나 일본 기업들이 유통채널과 AS망을 직접 구축하여 운영하는 것이 비해 L사는 현지 유통채널을 적극 활용함으로써 인도의 지방까지 인도 전역에 제품 공급 및 서비스가 가능하도록 하였다. 유통망 구축과 지방 곳곳에 발로 찾아다니는 공격적인 마케팅 전략을 구사하여 브랜드 인지도를 제고하였다. L사는 인도 내 판매망으로 지역거점 46개, 지역사무실 124개, 딜러는 3,200개, 간접 딜러 8,700개를 운영하고 있다. 또한 서비스망으로 인도 전국에 2,700개를 운영하여 타 경쟁사보다 우위에 있다.

L사는 지속적인 현지화 전략을 통해 인도 소비자에게 친숙하고 고급스러운 이미지를 형성하는데 성공하였으며, 투자에 있어서 전사적 지원을 받은 L사 인도법인은 주요 생산품목에 상위 수준의 괄목한 실적으로 회사 내에서도 성공적인 사례로 인식되고 있다. 현지인에게 과감하게 권한을 이양하여 주인의식을 갖고 관리하게 하는 경영현지화를 이루었다. 또한 R&D 센터를 통해 인도시장의 특수한 상황을 반영한 다양한 프리미엄 제품을 개발하고 더운 날씨에 전력 불안으로 장시간 정전을 겪는 일이 자주 발생하는 것을 고려하여 전원이 끊겨도 최장 7시간 동안 냉장실 내 냉기를 유지할 수 있도록 설계함으로써 인도 특성에 맞춘 제품 현지화를 추진하고 있다.

L사는 인도 현지에서 기업의 사회적 책임(Corporate Social Responsibility: CSR) 활동을 강화함으로써 현지사회와의 융화를 이루고 있으며 사회 공헌에 좋은 평가를 받고 있다. 특히 현지의 열악한 의료여건을 감안한 사회공헌 활동을 적극적으로 펼치고 있으며 현지 공장 근처에서 지역 주민들이 저렴한 가격으로 이용할 수 있는 헬스케어센터를 운영하고 있다. 또한 인도법인 소속 의사들과 함께 지역 주민들에게 진료소 설립과 의료 서비스를 제공하고 있고 협력회사를 대상으로 소방

과 응급처치 교육도 실시하고 있으며 미개발지역 주민들의 교육과 자립심 육성을 위한 캠페인을 실시하고 있다. 체계화된 선택과 집중을 강조하며, 영리활동을 우선하되 자신의 역량과 사회적 기대 안에서 CSR 활동을 강화하겠다는 인식이다.[6] 현재 L사는 인도 전자제품 시장에서 국내 S사와 1, 2위의 경쟁을 벌이고 있으며, 인도법인을 거점으로 하여 유럽, 중동 및 중앙아시아 지역으로 글로벌 다각화를 추진하고 있다.

(3) H사

H사는 1997년 인도 첸나이 인근에 생산 공장을 건설하여 진출 2년 만에 인도 소형차 시장에서 시장 점유율 1위를 차지함으로써 인도시장에서 확고한 기반을 마련하였다. 인도시장에서 H사는 소형 자동차 모델과 준중형차 모델 등 54개 차종을 생산하고 있으며 인도 전역에 260개의 딜러망을 가지고 운영하고 있다. 2008년에는 첸나이 지역에 제2공장을 증설하여 60만 대를 생산할 수 있는 기반을 마련하였다. 2013~2014회계연도 1분기 동안 H사는 95,115대의 자동차를 판매하였으며 시장 점유율은 21.86%를 기록하였다. H사는 인도에서 2번째로 큰 자동차 조립업체이면서 최대의 승용차 수출기업이 되었다.

이러한 H사의 인도시장 성공요인으로는 첫째, 높은 부품 현지화비율로 인도의 관련 산업에 기여했다는 것이다. 2011년 기준으로 85% 이상의 부품이 현지에서 생산되어 공급되고 있다. 둘째, 인도시장에 대한 철저한 시장조사와 경쟁사의 진출과정에 대한 면밀한 분석이 있었다는 것이다. 셋째, 열악한 도로 상황, 높은 기온 등 인도시장의 인프라 및 자연 환경을 감안하고 소비자의 저가 모델을 선호하는 특성을 고려한 소형 자동차 모델을 개발하였으며 효과적인 마케팅과 As망을 구축하였다는 것이다. 넷째, 2000년대 중반부터 복수 노조가 결성되고 몇 차례 노사 분규를 겪었으나 온화한 인도 남부 타밀나두주에 공장을 건설하고 양호한 임금과 높은 수준의 복리후생을 제공해 왔다는 것이다. 생산 조립라인 한쪽에는 힌두교의 상징물과 H사의 경영전략을 나란히 배치했다. 다섯째, 현지 R&D 센터

6) 포스코경영연구소(2011). 인도 CSR 트렌드 변화와 다국적기업의 추진 사례 및 시사점.

를 통해 무더위와 열악한 도로 사정을 감안해 에어컨과 브레이크의 성능을 높였다. 차체를 높게 하고 서스펜션을 강화하였으며, 클랙슨의 내구성을 보강하고, 인도인의 체형이나 생활 습관을 분석하였다. 여섯째, CSR 활동도 적극적이다. 공익연계마케팅을 적극 활용하여 기업이미지를 제고하고 있으며 문화적 이해를 촉진하기 위한 문화교류 프로그램 실시하고 있다. 병원건물의 개·보수와 의료용 차량 제공 등 건강 보호와 전염병 감소를 위한 무료 진료 및 상담 진행하며 열악한 도로 사정과 주민들의 무단 횡단으로 발생하는 교통사고의 감소를 위한 교통안전프로그램 실시, 교육기자재 지원 및 자연재해 발생 시 구호금 제공과 고장자동차 무상 수리 등의 현지사회와의 융화를 적극적으로 추진하고 있다.[7]

(4) R사

R사는 철도종합, 방위산업, 플랜트 등의 중공업회사로 2002년 인도 델리에 전동차를 공급하였다. 현재 델리와 방갈로르에 공장 및 사무소를 두고 인도의 지하철 차량을 공급하고 있다. 델리 사무소는 정부투자기관인 델리 지하철공사와 입찰계약, 지하철 시운전 및 운용과 관련된 업무를 수행하고 있으며 방갈로르 현지공장에서는 인도의 방위산업체인 BEML사와 철도 차량을 생산하고 있다. R사는 2001년 6월에 인도 델리의 지하철공사와 약 3억 3,000만 달러 규모의 전동차 240량을 공급하는 계약을 체결하여 2002년 12월에 델리 지하철에 성공적으로 납품하였다. 전동차 240량 중 180량을 반제품으로 현지 조립하는 SKD 방식 및 부품 공급 후 현지 조립하는 CKD 방식으로 공급하였다. 2004년 6월에는 BEML사와 스테인리스 기술이전 계약을 체결하였다. BELM사는 15년간 기술이전 대가로 초기 기술료 400만 달러와 3%의 로열티, 설계, 기술 감독, 교육 훈련비 등을 R사에 지불해야 한다.

R사가 인도에 성공적으로 진출할 수 있었던 요인은 첫째, 철저한 현지 사전 조사를 거쳤다는 것이다. 1990년 인도시장이 주목받지 못할 때 잦은 출장을 통해 인도 정부의 입찰방식, 공장 설립 가능성, 기술 및 설계 수준 등을 사전 조사하여

7) 포스코경영연구소(2011). 상게서.

타당성을 점검하였다. 둘째, 관리가 가능하고 기술력이 있는 현지 파트너를 선정하였다는 것이다. R사는 처음부터 자체 공장을 건설하지 않고, 관리가 가능하고 기술력이 있으며 열정이 있는 BEML사에게 기술이전을 통하여 생산하도록 하였다. 셋째, 인도 현지 공장의 품질 수준을 높였다는 것이다. 현지의 열악한 작업환경을 개선하고 인도의 기술자를 한국에 보내어 전동차 작업에 참여시키는 교육을 실시하였다. 넷째, 인도 근로자와의 친밀한 소통으로 생산성을 향상시켰다는 것이다. 인도 근로자의 작업속도, 근로시간 개념 등과 관련하여 한국 관리자가 솔선수범을 보이고 친밀한 대화를 통해 인도 근로자의 업무에 대한 책임과 열의를 고취시켰다.[8)]

(5) S사

S사는 Hiv, 말라리아, 뎅기열, 매독, 간염 검사 키트 등을 생산 및 판매하는 업체이며 S제약이 생산하는 주요 제품은 WHO를 비롯한 권위 있는 기관들의 임상평가에서 세계 최고의 품질을 인정받았고 WHO, UNICEF, USAID, Clinton Foundation 등의 국제기구 및 아프리카 각국 정부 납품을 포함하여 전 세계 140여 개국에 수출하고 있으며, 원료에서 완제품까지 자체 생산하는 세계에서 경쟁력을 갖춘 유일한 기업이다. S사는 창업 당시부터 동 제품의 국내 시장규모가 적다는 것을 고려하여 해외시장의 고객을 위한 마케팅에 주력하였다. S사는 인도시장을 위한 초기단계에는 딜러망을 두고 직접수출 형태로 진출하였다. 그러나 현지 딜러가 S사 제품만 집중하지 않고 다른 제품을 판매하는 것을 알았고, 현지 시장의 판매 단가가 낮았으며 운송비, 수입관세 등을 고려하여 현지에 공장을 건설하여 제품을 생산 판매하기로 결정하였다. 2005년 200만 달러를 투자하여 델리 근교의 Manesar 공단에 제조 공장 건립을 시작한 S제약은 2007년 인허가 절차를 마치고 제조 판매를 시작하였다. 이러한 결정에는 인도의 많은 인구, 만연한 질병, 고가의 검사 장비를 구매하고 운용하기 어려운 경제여건 및 전력 공급

8) 이준호 외(2006). 한국기업의 블루오션, 인도시장 진출전략 –음식료 및 정보통신 산업을 중심으로–. 중소기업연구원.

의 부족 등의 객관적인 요인들이 영향을 미쳤다. 동 제품이 생산 및 판매 가능하기 위해서는 공장 인허가와 제품 인허가를 신속하게 받아야 하는데, 이 과정이 쉽지 않는 절차였다.

S사는 이러한 문제를 해결하기 위해 인도 현지인 컨설턴트 2명과 계약을 하여, 공장 인허가, 제품 인허가를 담당하게 하였다. 현지 전문가를 활용하여 2007년에 모든 인허가를 받을 수 있었던 것은 성공적인 전략으로 평가된다. 경영 조직은 인도 현지인을 고용하여 영업, 재무, 총무에 배치하였고 본사의 한국 직원은 지사장과 생산 책임자 등 2명만 파견하여 인적자원의 현지화를 추진하였다. 인도인 영업 책임자가 지방 대리점을 구성하게 하고 영업사원도 채용할 수 있는 권한을 부여하였다. 또한 주요 구성원에게는 한국 본사로 파견하여 일정기간 교육을 실시하였다.

인도시장의 현지 제조업체들은 정부기관과의 관계 및 저가 공세로 강한 카르텔을 형성하고 있어 외국기업에게는 매우 어려운 시장이며, 대리점을 통한 단순 판매에만 의존할 경우 고객 지원, 판매대금 회수 등에 문제점이 발생할 수 있는 시장이기도 하다. 따라서 S사는 현지 생산뿐만 아니라 영업망도 직접 구축하는 방식을 선택하였다. 인도 지사에서 근무하는 한국 직원, 잘 교육된 인도 직원과 한국 본사에서 직접 파견된 마케팅 직원 등이 인도 전역에서 공공 및 민간 부문의 고객들과 직접 접촉하기 위해 연평균 50~60여 차례의 제품 설명회를 개최하였고, 품질의 우수성을 객관적으로 검증 받기 위하여 인도 내의 권위 있는 병원 및 임상기관에 임상 평가를 의뢰하였으며 영업활동 및 고객 지원, 불만 처리를 직접 수행하는 등 마케팅의 현지화를 통해 고객들의 신뢰를 쌓았다. 이런 적극적인 활동으로 인도 고객들은 S제약 제품의 우수성을 인정하게 됨으로써 S사는 2007년부터 매년 60~70%의 빠른 성장세를 기록하며 짧은 기간에 인도 진단시약 업계 시장점유율 1위 기업으로 성공적인 현지화 전략을 수행하고 있다.[9]

9) 대한무역투자진흥공사(2020). 전게서.

(6) K사

K사는 2001년 7월에 설립된 L전자의 협력업체로 Tv모니터, 인쇄회로기판, 위성방송수신용 셋톱박스 등을 생산하며 인도시장에서 L전자 인도법인과 H사에 제품을 납품하고 있다. K사는 2001년에 인도시장의 잠재력을 알고 홍콩에 회사를 설립한 후 홍콩에서 투자하는 형식으로 K사의 인도법인을 만들었다. 초기단계는 직원이 35명에 연매출액은 200만 달러 수준이었으나, 창업한 지 4년 만인 2005년에 종업원 700명, 연매출액 5,000만 달러, 노다이 및 우트란차 지역에 2개 공장을 가지는 기업으로 급성장하였다. K사가 인도시장에 성공할 수 있었던 요인은 인도 현지에서 L전자와 협력업체 관계를 유지할 수 있었던 것에 기인한다. L전자의 성장과 함께 동반 성장이 가능하였다. 또한 현지의 경쟁업체인 인도기업과 비교하여 품질, 가격, 납기 등에 앞선 경영을 통하여 엄격한 품질관리, 고객만족으로 인도시장의 고객 수요에 부응하였다. K사는 우수한 현지 노동력을 활용하였다. 종업원 500명이 있는 노다이 공장에 한국인 1명인 사장을 제외하고 전원을 인도인을 채용하여 인적자원의 현지화를 추진하고 있다. 이러한 현지화가 가능한 이유는 인도 관리자의 작업 능력이 뛰어나고 하부 노동자의 평균교육 수준 및 업무 숙련도가 높으며 영어로 의사소통이 가능하기 때문이다.[10]

2) 실패사례

(1) D사

1994년에 D사는 DCM 도요타를 인수하며 인도시장에 진출하였다. 이미 진출해 있던 일본 자동차회사인 M사가 소형차 시장을 선점하고 있었기 때문에 D사는 중형차 중심의 진출 전략을 추진하였다. 그러나 D사는 소형차를 선호하는 인도 고객의 수요를 예측하지 못했고 인도의 상관습과 사회 문화적 환경을 이해하지 못하여 현지 시장 진출에 실패한 사례로 남아있다.

10) 이준호 외(2006). 전게서.

실패한 요인은 첫째, 철저한 시장조사보다는 예약판매로 시장수요를 파악하고자 했다는 것이다. 예약은 많았으나 실제 판매는 10%도 달성하지 못하고 미리 예약숫자만 믿고 생산 설비능력을 확대하는 투자는 자동차 부품의 현지화로 원가절감을 시도하였음에도 불구하고 D사에게 상당한 부담을 주게 되었다. 둘째, 인도의 상관습, 거래관습 등의 문화적 차이를 이해하지 못했다는 것이다. 그 당시 인도인들은 예약판매라는 개념이 생소하여 실제 판매로 이어지는 비율이 상대적으로 대단히 낮다는 것을 미리 파악하지 못했다. 셋째, 여전히 인도는 카스트라는 신분제도가 존재하여 신분에 따라 자존심을 중요하게 생각하는 문화가 있는데, 이것을 인식하지 못했다는 것이다. 현지 관리자에게 청소 등을 시키고 군대식 정신무장 훈련을 받게 하여 큰 불만을 가지게 하였다. D사는 초기 단계의 과도한 투자액을 회수하지 못하고 본사의 파산으로 2001년 생산중단과 함께 청산절차에 들어가고 철수하였다.[11]

(2) C사

한국의 대표적인 방직회사인 C사는 1990년대에 들어서면서 국내 인건비 상승으로 섬유산업이 사양화되었고 중국 등 후발업체들의 추격으로 회사 경영이 어려움이 있었다. C사는 1994년에 현지 인도기업과 합작투자를 통해 인도에 진출하게 되었다. 합작투자는 투자에 필요한 자금을 합작파트너와 나누어 충당할 수 있고 시장정보 등 마케팅에 필요한 자원을 공유할 수 있으며 현지 정치적 위험을 감소를 할 수 있는 장점이 있는 반면에 일사 분란한 경영체제 확립에 어려움이 있으며 기술 등 중요한 자료가 노출될 수 있고 현지 파트너와 경영전략에 마찰 가능성이 상존할 수 있다. C사는 인도시장에 단독투자보다는 합작투자를 선택하였으나 합작투자의 장점을 살리지 못하고 현지화에 실패함으로써 철수하게 된 것이다. C사는 합작투자 파트너인 인도기업과의 지분분쟁, 유연한 기업운영의 어려움 등을 겪게 되었다. 뿐만 아니라 도로, 전력 등 인프라가 낙후되고 행정 및 법적 절차가 복잡하여 현지에 적응하는데 어려움 등이 실패의 원인으로 보인다.

11) 대한무역투자진흥공사(2020). 전게서.

비용을 들이더라도 신뢰할 수 있는 현지 관리인을 채용하여 마케팅, 관공서 및 현지 노동자 관리에 효율적인 방안을 강구할 필요성이 있었다.

(3) Y사

Y사는 한국의 대표적인 제약회사이며 1926년 12월 20일에 설립되었다. 한국 제약업체로는 처음으로 1984년에 인도 구자라트주에 인도 현지기업과 합작형태로 진출을 시도했지만 만족할 만한 결과를 얻지 못했다. 그후 인도에 결핵환자들이 많다는 것을 염두에 둔 Y양행은 인도의 GTBL사와 합작투자로 1999년 인도에 진출하여 100여 명에 달하는 인도 현지 생산인력으로 결핵치료약을 생산하였으나 중국산 저가 제품에 어려움을 겪게 되었다. Y사에 이어 인도에 진출한 대부분의 한국 제약업체들은 다국적 제약기업의 영향으로 인도시장에서 현지화에 성공하지 못하고 철수하는 상황이 되었다. 인도 제약업체는 영어와 영문 서류 작성이 능통하고 상당한 경쟁력을 갖추고 있어 한국 제약기업에게는 위협요소가 된다. Y사도 앞에서 언급한 C사과 같이 합작투자로 인도시장에 진출하였으나 합작투자의 단점을 극복하지 못하고 실패한 경우이다. 인도시장에 합작투자를 고려하는 기업은 충분한 기간 동안 신용조사와 교류를 통해 합작투자를 신중히 결정해야 한다.

(4) B사

한국의 중견기업인 B사는 국내 대기업이 인도 진출 시 자동차 부품 협력업체로 동반 진출하면서, 인도기업 Y사와 함께 합작회사를 설립하였다. B사는 인도에 직접투자를 하는 것보다는 아프리카의 모리셔스에 있는 인도인을 통해 인도에 투자하면 법인세 등 여러 부분에 혜택이 있다는 정보를 알고, 모리셔스에서 인도로 투자하는 방법을 선택하였다. 따라서 B사의 본사는 모리셔스에 법인을 설립하고 투자금액을 먼저 모리셔스에 보내고 다시 모리셔스에서 인도로 보내는 절차를 밟았다. 이러한 상황에서 자연스럽게 합작회사의 대표는 인도 합작투자 파트너가 맡게 되었다. 문제는 모리셔스에서 송금되어야 하는 투자금액이 여러 가지 이유로 지연되면서 처음부터 공장설립과 설비도입이 이루어지지 않아 생산에 차질이 발생하였고 나아가 인도에 진출한 국내 대기업은 부품 납품을 독촉하면서 B사의 본사는 공장 건설을 위해 인도 내 은행대출, 건설대금 지급보증 등에 개입할 수밖에 없었다.

이러한 문제를 해결하기 위해 B사는 인도 내 다른 한국기업의 부품을 받아 납품하는 비정상적인 방법이 이루어졌고, 여기에서 합작회사는 부품대금을 한국기업에게 주지 않는 상황이 발생하였다. 이후 합작회사는 공장 일부를 건설하고, 생산을 시작하여 대기업에 납품하였지만 원부자재를 한국의 B사 본사로부터 수입하면서 또 다시 대금을 송금하지 않아 문제가 되었다. 한국 내에서도 같은 대기업에 납품하는 입장인 한국 B사 본사는 인도 합작회사에 대한 원부자재 공급을 중단할 수가 없었다. 따라서 인도에서 관련 대기업에 부품을 공급하면 할수록, 인도 합작법인의 한국 B사 본사에 대한 원부자재에 대한 미지급 대금이 급격하게 늘어나게 되었다. 인도의 거래관습, 상관습 등의 문화적 이해의 부족과 합작회사 대표를 인도 피트너에게 맡김으로써 발생한 실패사례이다.[12)]

(5) C사

C사는 50 : 50의 비율로 합작을 하자는 인도기업 D사와 오랜 협상을 통해 51 : 49의 비율로 합작을 성사시키고 경영권을 획득할 수 있었다. 어렵게 51% 지분을 획득했지만 인도 파트너 측으로부터 합작회사의 대표는 교대로 하자는 제안을 받았고, C사는 신중한 검토 없이 파트너와의 융화를 위해 이 제안을 받아들였다. 그 결과 인도기업 D사는 대표를 맡은 기간 동안 한국 C사의 본사가 보내준 원부자재 대금을 송금하지 않을 뿐만 아니라, 은행 원리금 상환도 지연시킴으로써 미수금이 증가되어 회사를 어렵게 만들었다. 주변의 경쟁 기업들의 사업이 잘 되는 상황에서 기업을 넘기고 철수한 사례다.

인도기업들은 외국과의 합작투자를 할 경우에 50 : 50의 비율을 주장한다. 이

---

12) 양산시민신문(2012). 이운용교수의 인도 비즈니스. Http://Www.Ysnews.Co.Kr

러한 인도 파트너의 주장에 한국기업들은 신중한 자세로 상담에 임해야 한다. 기업을 경영하다 보면 시장변화에 대응하기 위하여 증자를 하거나, 신규사업진출 등 중요한 결정을 해야 하는데, 이 경우에 인도기업들은 자기에게 유리한 기회로 활용한다. 50 : 50의 합작인 경우, 중요한 의사결정이 필요할 때에 고의적으로 의사결정을 하지 않아 시간을 지연시키거나, 아예 계획 자체를 무산시킴으로써 기업을 어렵게 만든다. 인도의 경우에 기업경영이 어려워지면 기업퇴출회생 심사기관인 Bifr(Board For Industrial And Financial Reconstruction)에 회부된다. 이 기구는 의사결정에 상당한 기간이 소요되고 정부의 고용유지 정책에 따라 부채탕감 등으로 기업회생을 유도하는 경우가 많다. 절차가 지연되면서 회사대표의 책임은 자연스럽게 감소되고 합작회사가 더 부실화가 될 가능성이 많아진다. 결국 외국기업이 기업을 포기하고 철수하게 하여 합작회사를 인도회사가 소유하려는데 이 제도가 악용되기도 한다.[13)]

13) 양산시민신문(2012). 상게서.

참고문헌

권영욱, 남경두 (2012). 일본 자동차시장의 경쟁구도 변화와 한국기업의 대일 수출전략에 관한 연구, **통상정보연구**, 14(4), 61-88.

권영철 (2017). **글로벌경영전략**. 법문사.

김주현, 최창범, 이재혁, 전용욱 (2019). **국제경영**. 북넷.

대한무역투자진흥공사 (2020). 글로벌윈도우, 국가·지역정보, 미국, 수입규제 및 관세.

대한무역투자진흥공사 (2020). 글로벌윈도우, 국가·지역정보, 미국, 현지진출 성공사례.

대한무역투자진흥공사 (2020). 글로벌윈도우, 국가·지역정보, 베트남, 수입규제 및 관세.

대한무역투자진흥공사 (2020). 글로벌윈도우, 국가·지역정보, 인도, 현지진출 성공사례.

대한무역투자진흥공사 (2020). 글로벌윈도우, 국가·지역정보, 일본, 수입규제 및 관세.

대한무역투자진흥공사 (2020). 글로벌윈도우, 국가·지역정보, 일본, 현지진출 성공사례.

대한무역투자진흥공사 (2020). 글로벌윈도우, 국가·지역정보, 중국, 수입규제 및 관세.

박승락, 성옥석 (2016). **해외시장개척론**. 두남.

박의범, 권종욱, 오대혁 (2017). **100가지 사례로 이해하는 글로벌경영 CASE 100**. 도서출판 청람.

박주홍 (2013). **글로벌 마케팅(제2판)**. 유원북스.

서민교, 박병일 (2012). **글로벌경영**. 서울경제경영.

양산시민신문 (2012). 이운용 교수의 인도 비즈니스.

오금식, 박병일 (2019). **한국기업의 글로벌경영사례**. 법문사.

왕군강, 권영철 (2014). 중국진출 한국기업의 해외직접투자 성과 결정요인에 관한 연구: 절충이론을 중심으로. **관세학회지**, 15(2), 191-209.

이준호 외 (2006). 한국기업의 블루오션, 인도시장 진출전략 -음식료 및 정보통신 산업을 중심으로-, 중소기업연구원.

이철 (2019). **글로벌 경영(제3판)**. 학현사.

이철 (2020). **글로벌 마케팅(제3판)**. 학현사.

이태왕 (2009). 일본 자동차시장에서 현대자동차의 경쟁력에 관한 연구. **무역보험연구**, 10(3), 151-169.

장성열 (2018). **해외시장조사론(제2판)**. 두남.

장세진 (2017). **글로벌경영(제8판)**. 박영사.

최창범, 전용욱 (2011). 한국진출 외국기업의 독점적 우위의 변화에 대한 탐색적 연구.

국제경영리뷰, 15(1), 125-145.
포스코경영연구소 (2011). 인도 CSR 트렌드 변화와 다국적기업의 추진 사례 및 시사점.
한국무역협회 (2010). 국내통계, 국가 수출입, 인도.
한국수출입은행 (2020). 해외직접투자통계, 국가별통계.
Cavusgil, S. T., Knight, G., & Risenberger, J. R. (2011). *International Business,* 2nd eds., New Jersey: Pearson Education.
Dhanaraj, C., & Beamish, P. W. (2004). Effect of Equity Ownership on the Survival of International Joint Venture. *Strategic Management Journal, 25*(3). 295-305.
Gale, B. (2008). *Political Risk & International Business*, Coronet Books Inc.
Global Trade Atlas(2019).
Green, M., & Keegan, W. (2020). *Global Marketing Management,* 10th eds., Pearson Education.
Hill, C. W., & Hult, G. T. M. (2016). *Global Business Today,* 9th edition, New York: McGraw-Hill Irwin.
Hill, C. W., Udaysasankar, K., & Wee, C. H. (2014). *International Business* (2th edition). New York: McGraw-Hill Irwin.
Keegan, W. J. (2014). *Global Marketing Management*, 8th eds., New Jersey: Pearson Education.
KOTRA (2018). 2018 국별 진출전략 베트남.
KOTRA (2019). 하노이무역관 내부자료.
KOTRA (2020). 2020 국별 진출전략 미국.
KOTRA (2020). 선전무역관 내부자료(2020)
KOTRA (2020). 2020 국별 진출전략 베트남.
KOTRA (2020). 2020 국별 진출전략 인도.
KOTRA (2020). 2020 국별 진출전략 일본.
KOTRA (2020). 2020 국별 진출전략 중국.
Maria, J. O., & Josef, W. (2014). The Choice of Governance Modes of International Franchise Firms: Development of an Integrative Model. *Journal of International Management, 20*(2), 153-187.
Mckinsey & Company (2020). China consumer report 2020.
Porter, M. (1986). *Competition in Global Industries.* Harvard Business School Press.

Sashi, C. M., & Karuppur, D. P.(92012). Franchising in Global Markets: Towards a Conceptual Framework. *International Marketing Review, 19*(5). 499-524.

http://www.globalwindow.org

http://www.kita.net

http://www.koreaexim.go.kr

http://www.ysnews.co.kr

찾아보기

ㅇ

ㅈ

ㅊ

ㅋ

ㅌ

저/자/약/력

서민교

현재 대구대학교 경상대학 무역학과 교수로 재직 중이며, 동 대학 경상대학장을 맡고 있다. 영남대학교 무역학과를 졸업하고 고려대학교에서 경영학 석사와 박사 학위를 취득하였다. 그동안 한국인터넷전자상거래학회, 한국국제경영관리학회, 한국산업경영학회, 한국국제경영학회 등의 회장과 「인터넷전자상거래연구」, 「국제경영리뷰」 등의 편집위원장을 역임하였으며, 현재 EXCO의 사외이사를 맡고 있다.

그동안 활발한 연구활동의 결과, 한국국제경영학회 · 한국산업경영학회 · 한국인터넷전자상거래학회 · 한국지식정보산업연합학회 등에서 우수연구상을 수상하였으며, 2007-2018년 대구대학교 우수연구상 및 2014년 Best Teaching Professor상을 수상하였다. 그리고 한국경영학회에서 제1회 우수경영학자상과 2019년 특별공로상을 수상한 바도 있다.

Journal of Business Research, Journal of Korea Trade 등 여러 편의 SSCI 논문과 국제경영연구, 국제경영리뷰, 무역학회지, 경영연구 등 등재학회지에 150편이 넘는 논문을 발표하였으며, 글로벌 경영(서울경제경영, 2020, 공저), 글로벌 마케팅(이프레스, 2016, 공저), 전시마케팅(이프레스, 2019, 공저) 등의 저서를 저술하였다.

정갑연

현재 국립안동대학교 경제무역학부 무역학전공 교수로 재직 중이며, 미국 조지아 대학(University of Georgia) 사회학과에서 Bachelor of Art & Sciences 학사, 한국외국어대학교 경영대학원 마케팅학과에서 경영학 석사, 한국외국어대학교 대학원 경영학과에서 국제경영 전공으로 경영학 박사 학위를 받았다. 한국외국어대학교, 덕성여자대학교, 강릉원주대학교, 대구대학교, 신한대학교 등에서 강의를 하였으며, 경북대학교 BK21 플러스 계약교수로 연구를 하였다. 한국국제경영학회, 한국외식경영학회, 한국상업교육학회에서 이사와 편집위원을 역임하고 있다.

국제경영연구, 국제경영리뷰, 무역학회지, 국제지역연구, 경영학연구, 무역연구, Canadian Journal of Administrative Sciences, Journal of Applied Business Research, Journal of Distribution Science, International Journal of Multinational Corporation Science 등 국내외 학술지에 논문을 게재하였다. 현재는 수출업자의 인문학적 소양 및 감성지능, 해외 서비스 종사원 관계관리 및 고객과의 라포르(rapport), 글로벌 메가브랜드 등에 관심을 가지고 연구를 진행하고 있다.

해외시장진출론

초판발행 2020년 12월 25일 **1판 1쇄 인쇄** | 2020년 12월 31일 **1판 1쇄 발행**

지은이 서민교 정갑연
펴낸이 최용구 | **펴낸곳** 도서출판 **이프레스**
주소 (04316) 서울시 용산구 원효로 89길 19 (원효로1가)
전화 02) 537-1720(영업부), 537-1721(편집부), 537-1711(팩스)
이메일 epress01@naver.com | **홈페이지** www.epress1.com
등록 2009년 12월 10일 제16-2710호
기획마케팅 최용구 장만동 최충구 전소희 | **책임편집** 석기은 황가연

ISBN 979-11-91348-05-7 93320
정가 18,000원

이 저서는 2020학년도 대구대학교 학술연구비 지원에 의한 연구결과임.